妇女口述历史丛书 ⑫

丛书主编　刘利群　周应江

新时代中国妇女口述史研究

本卷主编　李慧波

中国妇女出版社

图书在版编目（CIP）数据

新时代中国妇女口述史研究 / 李慧波主编. -- 北京：中国妇女出版社，2023.12
（妇女口述历史丛书 / 刘利群，周应江主编）
ISBN 978-7-5127-2349-8

Ⅰ.①新… Ⅱ.①李… Ⅲ.①妇女－历史－研究－中国 Ⅳ.①D442.9

中国国家版本馆CIP数据核字（2023）第228317号

责任编辑：陈　元
封面设计：吴晓莉
责任印制：李志国

出版发行：中国妇女出版社
地　　址：北京市东城区史家胡同甲24号　　邮政编码：100010
电　　话：（010）65133160（发行部）　　65133161（邮购）
网　　址：www.womenbooks.cn
邮　　箱：zgfncbs@womenbooks.cn
法律顾问：北京市道可特律师事务所
经　　销：各地新华书店
印　　刷：北京通州皇家印刷厂

开　　本：170mm×230mm　1/16
印　　张：19.75
字　　数：282千字
版　　次：2023年12月第1版　　2023年12月第1次印刷
定　　价：128.00元

序

PREFACE

党的十八大以来，中国特色社会主义进入新时代，中国特色哲学社会科学事业取得历史性成就。在习近平新时代中国特色社会主义思想指引下，妇女口述史无论是涵盖的议题还是涉及的材料，都非常丰富和多元。与此同时，学界还对妇女口述史的界定、方法论立场以及妇女的个人记忆等理论和方法论进行了深入探讨。可以说，妇女口述史研究学术共同体在逐渐形成。学者们的拓疆和深耕为妇女口述史的进一步发展奠定了基础，催动了新时代妇女口述史向纵深方向延展。本书主要回顾并总结新时代以来中国妇女口述史研究的成就和特点，探讨学界在“妇女口述史”领域的知识生产的路径，发现其中特点并展望其今后的发展趋势，以期为建构中国特色哲学社会科学学科体系、学术体系和话语体系添砖加瓦。由于阅读有限，加之以问题为导向，笔者无法尽数列举所有成果[①]，如有疏漏不当之处，还请诸位学友指正。

新时代以来，妇女口述史的理论方法论研究不断发展。一是对妇女

① 另有一部分新时代以来发表的妇女口述史研究成果收录在“倾听与发现 · 妇女口述历史丛书”第 10 卷《女性人生价值的诠释及口述史本土化探究》中。

口述史的存在基础探讨走向深化。妇女口述史离不开两个要素，一为“妇女”，二为“口述史”。学界从关注对象、研究视角、研究方法和研究定位等方面对二者的关系进行探讨，认为二者都关注边缘群体，都注重宏大历史事件背后的细节，都不否认研究者的自我立场，都注重凸显被研究者的“主体性”，都将研究者和被研究者看作一种平等关系。[①] 在此基础上，指出二者的相互促进关系：口述史的特质可以凸显女性主体存在的意义和价值；女性主义者借助口述史的方法，可以更深入探究女性的生活和经验；女性口述史实践构成口述史的一个重要组成部分，无疑可以丰富口述史的内容和层次，甚至可以推动口述史事业的发展。[②] 这些研究从多层面探讨了口述史与女性主义的关系，体现了中国本土学者对妇女口述史存在基础的深入思考。

同时，新时代以来，在以往学者提出的妇女口述史价值与功用基础上，学界从长时段、多维度进一步阐明了妇女口述史的价值。第一，阐明妇女口述史对于多层面理解人类社会发展变迁的作用。认为，妇女口述史既是生动描绘广大妇女生活的流动画卷，又是折射国家宏大话语变迁和社会结构变化的一面棱镜。它能使人们对社会生活运作本身有更为全面的体察和理解，女性记忆带有的情感维度可以使历史带有新的可能性。即妇女口述史在为历史“增添人性的温度”的同时，还可以揭示当代中国的国家形态与社会机理以及女性在其中的参与过程，为“理解历史发展的宏观线索、社会结构的变迁、个体日常生活的生成与型塑等问题提供助益”。[③]

① 李洁：《口述史与女性主义研究的亲缘性》，《中华女子学院学报》2012 年第 6 期。

② 刘亚秋：《口述记忆中的性别因素与社会力：兼评女性口述史》，《妇女研究论丛》2023 年第 1 期。

③ 刘筱红：《用她们自己的语言说话——农村妇女口述史的价值》，《中国农村研究》2019 年第 2 期。

第二，妇女口述史的社会功用。即妇女口述史成果还有可能在可持续的社会实践中推动性别平等。[①]“为改变妇女生存状况，消除性别歧视和实现社会公正政策制定和发展计划提供参照和依据。”[②]

二是对妇女口述历史概念的不断厘清。概念可以反映客观事物的一般的、本质的特征，它能帮助人们更准确、快捷地识别信息。早期的妇女口述史是一个笼统的概念，即以女性研究主题或女性受访者为对象的口述历史都可以被认为是妇女口述史。随着妇女口述史的不断发展以及性别视角的介入，有学者将妇女口述史与社会性别结合起来，对妇女口述史的概念进行界定。有学者认为，妇女口述历史应贯穿女性主义宗旨。即妇女口述历史是“关于妇女”“为了妇女”以及“和妇女一起”[③]的行为，否则就无法摆脱“就女性问题问女性”[④]的窠臼。有学者指出：“任何女性口述史在某种意义上都是女权主义的，但是就批判性别压迫、促进性别平等而言，两者的盟友关系并非天然。”至于“战友”关系，“口述史有成为女权主义的战友的潜质，但未必真的会成为战友”。[⑤] 在指出女性口述史的女性主义特质的同时，学界对女性主义口述史进行了更为严格的界定。有学者将妇女口述史分为广义和狭义两个层面。即广义的妇女口述史是一般意义上的以女性研究主题或女性受访者为对象的口述史，而狭义的口述史是具有

---

① 畅引婷：《中国妇女研究的本土经验和在地实践——以〈记录她们20年的行动足迹〉为中心的考察》，《中华女子学院学报》2023年第2期。

② 杜芳琴：《追寻 · 发现 · 倾听：融生命史于宏大叙事中的妇女口述史——评〈追寻她们的人生〉系列》，《山西师大学报（社会科学版）》2016年第6期。

③ 魏开琼：《中国妇女口述史发展初探》，《浙江学刊》2012年第4期。

④ 刘晓丽：《口述访谈中的女性生命史——基于对大寨村和西沟村的口述访谈》，《山西师大学报（社会科学版）》2017年第6期。

⑤ 李文芬：《女权主义口述史：作为女权主义行动的口述史》，《中华女子学院学报》2015年第6期。

明确女性自觉意识和社会性别视角的收集史料与治史方法的结合的口述史，即持有女性主义立场的口述史。[①] 还有学者指出，女性主义口述历史既包括以女性主义者为主体的历史，又包括女性主义视角下的口述历史。“二者在关注的主体、认识的视角、研究的内容等方面存在差异。”[②] 以上研究有助于厘清作为口述史子集的女性口述历史与女性主义口述历史之间的关系，并帮助人们在不同场合合理运用妇女口述史的概念。

三是以综合动态眼光探讨妇女口述史的方法论。在妇女口述史概念不断被厘清的过程中，学界进一步追问：是否存在一种女性口述史的方法论？有学者指出，性别维度给口述史提供了一个视角，但它仅是口述史的一个组成部分，女性主义口述史没有超出一般口述史提供的方法和理论建构范畴。进而指出，性别虽然是其中一个变量，但它不是最终决定因素。换句话说，女性主义口述史意味着一种性别视角下的口述史实践和行动，它更多是政治层面的主张，而非学科层面的要求，因此，不存在一种独特的女性口述史的方法论。如果从研究的角度过度凸显性别视角可能会低估其他社会因素的作用，或错过对性别因素和其他因素的杂糅机制的分析，从而在结论上出现偏差，导致对现实的误判。因而，性别实践分析需要一个综合分析框架。[③] 可见，随着妇女口述历史研究的不断发展，学者对妇女口述史的方法论有了进一步思考，强调以一种动态的、综合的、多层面的眼光来看待妇女口述历史。进而需要思考的是，社会性别视角虽然不是决定性因素，但它对妇女口述史而言却是非常重要的。那么，在做妇女口

① 魏开琼：《中国妇女口述史发展初探》，《浙江学刊》2012 年第 4 期。

② 李慧波：《女性口述历史与女性主义口述历史关系辨析》，《图书馆研究与工作》2018 年第 1 期。

③ 刘亚秋：《口述记忆中的性别因素与社会力：兼评女性口述史》，《妇女研究论丛》2023 年第 1 期。

述史的时候，哪些方面不需要社会性别意识的介入，哪些方面应该凸显性别意识？即妇女口述史中性别意识的基本“锚点”到底是什么？ 这也是妇女口述史研究中进一步要思考的问题。

四是妇女口述史对权力关系的持续关注。在史学“叙事转向”的影响下，口述史实践中权力关系也受到了关注。就妇女口述史的访谈过程而言，有学者指出，访谈员需要以适当而又巧妙的方式与受访者互动，在访谈中要保持对“细节”的敏感，深入挖掘女性当事人的感受，使其“从‘我们’还原到‘我’”。[①] 有学者甚至强调妇女口述历史实践中女性访谈员的重要性，指出相同性别的访谈者和受访者之间的互动“会获得活生生的具体事实”。[②] 就妇女口述史的整理过程而言，有学者认为，妇女口述史成果应由双方共享。因为个体的生活感受是在微观偶发性处境、中观时代境况和宏观结构状况互动过程中产生的。从这个意义上讲，妇女口述史是访谈员与受访者在互动中共同编织的“主体再生成”过程。因此，有学者指出，妇女口述历史成果是访谈员、受访者以及收集／出版机构共同形成的。[③] 就妇女口述史的研究过程而言，该过程其实是研究者通过受访者的口述资料，形成对作为主体“行动者”的意义世界的理解，进而对行动者意义进行“重构”的过程。因而，有学者强调，妇女口述史研究者需回到女性受访者主体经验本身[④]，回到受访者的世界，挖掘受访者本人的知识生

---

① 李小江：《口述史学与口述访谈的若干问题——从“妇女口述史”说起》，《山西师大学报（社会科学版）》2017 年第 6 期。

② 黄秀蓉：《口述史方法与中国少数民族妇女史研究》，《西南大学学报（社会科学版）》2013 年第 4 期。

③ 李慧波：《口述历史资料持续性收集模式的探究》，《兰台世界》2014 年第 17 期。

④ 杨国才、吴双双：《聚焦少数民族女性口述史研究的理论与方法》，《中国妇女报》2017 年 1 月 24 日 B2 版。

产体系。

此外，多元化的妇女口述史文本诠释在不断升温。新时代以来，不同学科、不同知识体系的学者在各自研究领域内积极利用多种理论、方法来阐释丰富的妇女口述资料，书写着中国本土妇女口述史经验。这些研究既关注女性日常实践和生命体验，也关注女性在参与社会决策与管理过程中的角色身份，同时还关注女性在参与社会经济发展中的作用。这些研究借助多学科知识体系产生的问题意识和思维方式，既注重把妇女问题放在国家经济社会发展的背景下去解读，又注重探究妇女的主体性的发挥，使妇女史研究呈现出丰富的面向。

当然，在妇女口述史研究的不断推进中，也暴露出一些值得注意的问题。首先，利用妇女口述史文本进行研究的主题、群体、时代相对集中，研究成果分布尚不均衡，部分研究仍属于空白。其次，目前的妇女口述史有待于进一步让中国女性发展经验与国际进行对话，在当下世界格局中形成自足、自信之文化定位，并将自身的有效经验推广到更大的范围中。再次，妇女口述史理论研究虽然得到推进，但主要研究成果并非出自妇女口述史的实践者。最后，在妇女口述研究中，普遍存在就事实论事实偏向，亟须加强理论与实证研究的深度融合。有鉴于此，中国未来的妇女口述史研究者既要关注现有领域，也要探索不同领域妇女口述历史书写的可能性；既需要兼顾“中国元素”，也需要加入“世界关注”，讲好中国女性故事；同时在实践与理论之间不断交汇，实现知识生产上“生态位”的跃升。

目　录

CONTENTS

第一章　妇女口述史理论与方法

第二章　妇女口述史书评

第三章 妇女口述史的多元应用

第一章

妇女口述史理论与方法

口述史学与口述访谈的若干问题

——从“妇女口述史”说起

李小江 *

摘要：口述访谈作为一种追念历史的流行方式，近年来在学界内外被广泛采用。口述的历史不能简单地被看作“信史”，必须遵循一定程序在严格的甄别界定中才具有学术价值。作为“20世纪中国妇女口述史”项目的组织者和负责人，作者针对口述史研究实践中的具体问题，如学科分界、史学定位、客观性问题以及口述资料的征集、管理和使用等，逐一辨析，对乱象横生的“口述历史”做必要的校正。

关键词：口述访谈；口述史学；女性口述史

口述方法在当代学界被广泛使用，“口述历史”的说法亦在近年耳熟能详。口述史打破了单纯以文献为资源、以史家为代言人的传统规范，极大地拓展了史学研究范围，让历史展现出有血有肉的个性特征。20 世纪 50 年代以来，随着录音、录像设备的普及，口述采访成为人文社会科学领域中一种重要的研究手段，在新闻、文学、社会学、人类学等领域中被广泛使用。1980 年代中期，杨立文教授在北京大学历史系开设“口述史选修课”，首次在我国高校中系统介绍口述史学。北京社科所的钟少华先生自 1982 年起采访了 150 多位 80 岁至 96 岁有成就的科学家，出版了口述史专著《早年留日学生》（1997 年）……他们的先期探索为今天的相关研究提供了难得的本土资源。

---

* 李小江，女，江西九江人，陕西师范大学女性研究中心教授。本文转自《山西师大学报（社会科学版）》2017 年第 6 期。

我最早接触口述史，是1991年秋在哈佛大学Radcliffe女子学院座谈会上。学界朋友介绍“美国黑人妇女口述史”，当时就让我动了心思，想回来做我们自己的女性口述史。1994年夏，我在英国访问期间，去到一些大学和社区详细考察地方性的口述史项目，受益匪浅。大不列颠国家口述资料档案馆馆长Robert Perks先生带我参观了整个管理系统，让我对口述资料（磁带、录像等）的保管工作有了较多的了解，为我们后来的资料整理和存放提供了重要的借鉴。可以说，我与口述史的因缘，从一开始就与妇女研究有关，试图在大历史的框架中为妇女的历史遗存搭建新的平台。

一、口述史与妇女研究

口述史与妇女研究具有天然的盟友关系。

“让女人自己说话”是建构妇女史的基本原则。长期以来，女性一直作为社会弱势群体被认知，女性的话语权利和能力一向被轻视，女性的声音很少得到学术界特别是史学界的关注——鉴于此，发掘女性的历史，记录女人的经历，成为女性研究者不容推卸的责任。1992年正式启动的“20世纪妇女口述史”项目，是将口述方法与妇女研究结合的一种尝试，这是新时期以来启动最早、规模最大的一次口述历史实践。截至2003年，参与者逾千人次，上述北伐战争，下不封底，涉及30多个民族。2003年第一批成果以《让女人自己说话》面世，三联书店出版，首推四卷（“战争卷”“时代卷”“文化卷”和“民族卷”）。这个项目中，山西方面有两个专题：一个是“山西女兵连”，由山西省妇干校时任校长郗胜利组织承担；另一个是女性人生的历史变迁，由山西省委党校刘宁老师承担，讲她家四代女性的生命故事。

“20世纪妇女口述史”全部访谈均采用录音形式，配合笔记和照片，所有个案都打印成册，独立存档。整理成册的个人档案700余份，逾2000万字，连同录音磁带和相关文献，现存陕西师范大学女性研究中心资料馆。自

2003年起，陕西师大女性研究中心主持“新中国妇女口述历史”，在原有的基础上加入了诸多新内容，如“50年代入疆女兵人生纪实”“西北地区非物质文化遗产女性传承人的口述人生”“当代比丘尼生存状况”“贞节牌坊的后述与重述”“西北回族女子教育”以及对乡村代课女教师的访谈……项目是开放的，以专题形式持续进行，成熟一个结项一个，希望能形成传统，以后就这样一直做下去，为长久以来“未载史册”的女性存留一份自己的历史记录。

二、口述方法的学科运用

我们起步的时候，口述史在国内还是一个新的领域，没有什么前期经验可以参照。当时我们总说“一个老人就是一部史书”，抢救意识非常突出，强调采访老人的紧迫性，呼吁更多的人理解、支持、参与。这些年情况不同了，口述访谈铺天盖地，真伪难辨，极大地影响了口述史的品质。因此，我看现在的主要问题是史学规范，对现有口述资料应做严格的甄别和鉴定，对“口述史”做必要的界定。

如自述（自传），主要记录个人记忆中的重要事件和个人生活中刻骨铭心的感受，与口述史比较，其不同在：(1) 口述访谈是“他人”参与的过程，可以打破个人封闭的思维空间和话语空间；(2) 访谈中的提问可以帮助个人追踪和挖掘已经淡忘或丢失的记忆；(3) 访谈和对话可以增加双向“反省”的角度，对主述人和访谈人原有的思维架构和认知都会产生校正作用。

又如新闻采访，有对话，也有录音或录像设备的介入，不同的是：(1) 新闻采访是即时的，没有预设前提，不必具有做“史”的目的；(2) 播放中以人物口述为实证，不必文献资料的鉴别和补充；(3) 即时的观感和事实，没有“记忆”的参与。说到底，它是新闻即新鲜的，不是历史。正因此，所有的新闻采访均具有一定的史料价值，可以在甄别之后被口述史利用。

再如，纪实文学使用口述资料，但它的归属是文学而不是史学，其差别在：(1) 不必核实口述人所说是否“真”；(2) 允许当事人和编者合理的想象和虚构；(3) 可以与时代背景相对分离；(4) 访问对象可以是个性化的而不必是“典型”，口述史则要避免选择特例，有意在“时代”中讲述个人故事。

口述方法较早在人类学中使用，与人类学的诞生几乎是同步的。与口述史不同，人类学中的口述材料可以是片面的、局部的、零碎的、自在的，重在“自圆其说”，不要求与外部社会或历史发生关系。它要求“原始”资料的真实性，尽量避免“他质”因素的介入，一旦出口便是“真实”，不可被校正，以避免研究者依照自身文化背景做僭越性的过度阐释。

口述方法在社会学领域中也被广泛运用，在问卷调查的基础上增加了访问。发展研究领域强调实地访谈，让弱势群体自己讲出需求，自己评估项目成就。社会学访谈中不怕材料的重复，重复（量的积累）恰恰是它的目的。史学之不同，就在它选用的材料有必要在时间段上完成质的跳跃，由此展示出历史的演进过程。用口述方法做史，就是要从个人的、零碎的口述材料中发现具有整体特征的东西，与大历史融为一体。独立于“脉络”之外的个体材料，在文学中是有价值的，在史学中另当别论。

三、口述史研究的问题

“20 世纪妇女口述史”项目涉及领域广阔，参与者跨民族、跨国籍、跨性别，有很多可谈的话题。这里我主要谈问题，多是我们在实践过程中切身遭遇的，析出二三，与大家分享。

最重要的问题，有关口述史的史学定位。口述历史与口述史不是一回事：前者是现场活动，当事人讲历史上的事，可能有史料价值（也可能没有）；后者是一个研究过程，是史学工作者利用口述资料产出的研究成果。前者采集到的口述资料是粗矿，需要甄别、提炼和打磨；后者是成品，一定出自历史学者之手。没有被甄别的口述资料不能直接进入史料范畴。现有的口述史一般有三种形式：事件、传记和专题研究。“20世纪妇女口述史”在不同主题下兼容这三种形式：(1) 历史事件，前期准备最重要，文献资料的收集、阅读、甄别必不可少；(2) 个人生平，仅仅“这个人”的叙述是不够的，必须做相关人的采访，查阅有关传记和档案资料；(3) 专题研究，要尽可能地穷尽相关文献资料，也要多多参考相关的研究成果——这是说，为了校正偏差，仅仅“口述”是不够的，口述与文献结合，互为补充，缺一不可。最近十几年，随着录音、录像设备的普及，名人访谈很多，出了很多书，还有社会学和人类学领域的专题访谈，口述方法被广泛利用，“史”的界定问题凸显出来。这个问题处理得是否得当，直接影响口述资料的使用和它可能具备的史学价值。做口述史研究，心中应该保有清晰的历史大脉络，避免认识的碎片化。任何事件或个人故事，必须与大历史发生关系，在“主脉”上找到位置，才可能具有历史认识价值。可以说，口述史的史学定位是辅助史，好比行车走辅道，没有主道，辅道不成立。因此，做口述史项目，前期准备和案头工作是绝对必要的前提。在访问主述人之前，不仅要充分了解正史／主车道／大历史的脉络，也要了解主述人的生平经历及其主要社会关系，对地方志和当地的历史文化都要做足准备。

其次是口述资料的整理、征集和管理。这是一个很容易被忽视的问题，常常造成资源的重复和浪费，阻绝了持续研究的可能性。做口述史必须善始善终，不能只满足于一次性使用。要想长久被利用，口述资料的有序整理、征集和管理非常重要。整理工作必须及时，尽可能由资料采集者自己完成，在第一时间完整地记录一些不可或缺的现场信息（如人名、性别、年龄、职业，谈话时间、地点、氛围以及在场者，等等）。所有的录音资料都应该及时转换成文字资料，文字资料必须与原始口述内容保持高度的一致性（如方言、语调、情绪等，要做即时标注）。怎样征集口述资料？一种是比较被动的，从已经做过口述研究的人手中征集有关资料，比如最近几年有学者、研究机构和宣传单位（包括电视传媒）为纪念“抗日战争胜利60周年”做了不少遗存抗日老战士的访问（如散落在云南保山一带的远征军老战士），大都使用了录音机或录像机这些现代手段。20 世纪，各级政府或机构曾经有组织地做过一些调查，如 1950 年代的民族识别、1960 年代的村史调查，虽采用了口述访问形式，没有录音，却在“客观记录”的要求下存留了一些以口述为主要资料来源的笔记，也可以是采集口述资料的一个来源。“20 世纪妇女口述史”档案中即有不少征集资料，如“最后的满族妇女”“最后的女书传人”……都是从研究者手中征集已经完成的研究成果，能够保证学术质量。另一种是积极主动的，由研究部门根据自身的特点设立项目，以做“口述史”的方式收集口述资料。比如在美国，有私人老板自己组织用口述方式记录企业发展史，有专门机构做总统和各类名人的口述，也有将口述方法用于民族研究、军史研究、地方方言研究、音乐（特别是民谣和民乐）、电影、心理学等人文领域。又比如英国，口述项目深入社区，很多地方政府以社区为平台，为当地人的口述资料和回忆录建立永久性的档案馆，记录了社区发展的进程和变迁（如一条街道的改造），为居民的人生故事立档存证。中国社会近百年的巨变，尤其是这 30 多年的变化，还有新中国成立后的历次运动、事件……由于种种原因，曾经经历过的“事件”可能恰恰是我们这个民族正在“集体遗忘”的事。

最后，关于口述资料的使用。所有口述资料都可以假设它们至少被使用过一次。但凡做口述的人，都有先期目标，可以说，他正是为了“用”才去有选择地做某些特定人群的访问。这是说，凡是进入档案馆的口述资料，都曾是“名花有主”的，档案工作因此有必要做些调整，超越原始专题，对口述资料的内容进行细致的筛选、分类、摘要、编索，尽量使之具有再使用和多次使用的价值。这个工作不做，口述资料再利用的价值就非常有限，后来的查阅者很难从杂乱无序的个人故事中找出有价值的线索。比如我们的档案，在“妇女”名下采集到数千盘口述磁带，打字成文逾 2000 余万字，最费神操心的就是对内文的阅读和分类编索。根据 20 世纪妇女的历史特点，我们将内容分为 12 个专题（如教育、参战、就业、婚姻、民族、计划生育等），在各专题中又有阶段性的细则（如就业中又分为新中国成立前、1950

年代、1980年代等；旧俗中有缠足、弃婴、婚俗等），将摘要附在每份档案资料的封面上，做成主题索引卡片并且输入电脑，尽可能方便未来查阅。国外不少口述档案馆也做了多方面的探索，比如大英图书馆口述项目的责任人Robert Perks先生，主张将口述资料用于教育，利用馆藏最多的“二战”口述资料做成教育课件，题为“战争时期，我的童年”，进入校园，成为英国中小学历史教学参考资料，用他的话说，这样做是“为赤裸裸的历史骨架增添血肉”。

四、女性口述访谈中的问题

与一般女性主义学者不同，我们的项目并不主张过分张扬女性的历史作用，而是特别关注“性别差异”在历史记忆中的表现。为了避免任何单一性别认知偏差，在长达10余年的项目执行过程中我们曾三次聚会，将在女性口述访谈中涉及的一些具体问题提示如下。

第一是“大历史”观问题。一般妇女叙述个人经历过多，不习惯让个人故事与“历史”发生关系。访谈人因此有必要事先做足功课，了解被访人的家庭、社会关系、个人经历的历史背景，熟知相关文献资料（包括地方志），在访谈中保持对“细节”的敏感，避免肤浅的生平经历叙述，帮助被访人挖掘个人故事中的历史价值。

第二是社会身份问题。进入陌生人群或家庭，有必要通过熟人或朋友事先介绍或作陪，争取被访人的理解、支持和配合，继而与被访人交朋友，在相互信任的前提下进入访谈。采访“有成就的”（革命先辈或劳模）妇女，则要避免行政套话，防止主述人习惯性地用现行政治话语评述历史事件。为破解主流意识形态造成的话语囚牢，访谈人有必要不断把话题从“社会”和“革命”引向私人生活领域（如月经、生育、婚姻、孩子等），从“我们”还原到“我”的个体经验。

第三是性别意识问题。最好在女性之间做"一对一"访谈，尽量避免男人或家人介入，以保证被访人在"无人代言"和"无人监听"的环境中畅所欲言。因此，事后有必要做相关人士的访谈，补充或纠正主述人的记忆偏差和主观情绪。女性陈述通常有"诉苦"倾向，尤其涉及个人命运的，其感受大多是"即时"的而非客观的，访谈人因此有必要对所述内容存疑，通过立场转换或反向追问，寻找更多的旁证资料，以便去伪存真。

第四是"代际"差别问题。旧时的老年妇女（特别是文盲）缺乏或完全没有编年意识，叙事模式如缠足、说媒、婚嫁、生育……婚前，多以娘家境况做生活背景；婚后，多以丈夫的经历和变迁作为个人经历背景。访谈人要有意识地打破这种封闭的叙事结构，善于将个人故事引向社会场景或民俗、风俗，防止落入个人的生活流水账。采访重点可以是个人经历背后的妇女史或历史事件，如读私塾、上学、进工厂、新法接生等；对年长的农村女性，可以挖掘个人故事中的民俗、风俗资料，如缠足、说媒、婚姻过程、生育等。

第五是访谈目的问题。与传统史学的侧重点有所不同，女性口述史的重点在日常生活而不是"宏大叙事"。通过妇女的叙述，可以记录生活变迁，如日用品、物价、衣食住行、生活水平等历史细节；不仅要关注历史事件，还要关注当事人的感受。有些情况下（如隐私，一些不愿公开的想法）不便录音甚至不能带录音机，可以采用笔记或事后追记的方式，做口述史的辅助材料。传统史学重在"事件"的真实，从来不去问询事件对人的影响；口述史不是这样的，它更看重"人"，看重不同人群乃至个人对同一历史事件的不同感受和不尽相同的评价，让历史呈现出它原本是立体的、人性的和多元的品质，涉及口述史自在的人文价值——基于此，我在"20 世纪妇女口述史"《战争卷》导言中这样概括：

传统的记史方式重视历史人物和历史事件本身的真实性，口述历史侧重于"事件"对"个人"命运的影响，让身临其境者以真实的生命体验对历史发言。因此在这里，我们只是把"事件"作为叙事背景，看它对人们、对女人、对日常生活和个体命运的影响——说出来就好，错便错了，并不要求她的叙述对历史细节的真实性负责。

这种做法有悖于“信史”的宗旨，却可能更加接近历史研究的终极目的，涉及史学中一个十分重要的命题即“历史与个人的关系”：个人感受的重要性，可能并不亚于“事件”的真实性，它对人类生活的影响不会随岁月流逝而消失，相反，越是久远的越可能被强化了。

近一个世纪以来，口述历史种类多、数量多，却不意味着学术上已经有了大的突破。尤其在我们国家，文献资料和考古资源极其丰富，口述史游离在正史边缘，至今未见大起色。尽管如此，口述方法方兴未艾，“口述历史”风头日盛，学界与界外社会各走各的路，让试图入行者无所适从。我以为，就学术而言，口述是一种方法，说到底，它只是诸多历史研究方法中的一种。你不重视它不对，但你以为它是最重要的也不对。学者利用口述方法，就像利用文献一样，“辨伪”之警钟长鸣。一个好的学者，如果你做现代／当代研究而不会使用口述方法，就像作茧自缚。你能看文献也能做口述，有更丰富的资料来源，同时还兼有互相校正、拓展思路的渠道。过去我们说“史学家”就是“死”学家，研究死人的东西。你用了口述方法，你就必须跟活人打交道，这是一个“起死回生”的契机，何乐不为呢！

口述记忆中的性别因素与社会力：兼评女性口述史

刘亚秋*

摘要：女性主义和口述史有一定的亲缘关系。口述史的特质可以凸显女性主体存在的意义和价值；女性主义者借助口述史方法，可以更深入探究女性的生活和经验。女性口述史实践构成口述史的一个重要组成部分，无疑可以丰富口述史的内容和层次，甚至可以推动口述史事业的发展，但很难说存在方法论意义上的女性口述史。不能否认女性主义强调的性别视角之重要意义，但在分析女性的生存处境时，它不是唯一重要的因素。女性生存处境还受除了性别观外的其他社会因素影响，例如嫁给当地农民的女知青口述中的婚姻解组，与其说是受机械的平等观和传统性别观的影响，不如说是农民和女知青在价值观方面的巨大差异导致的。在性别实践中，重视女性口述史背后的“整全性”社会力十分必要。

关键词：口述史；社会记忆；性别观；社会力

一、问题的提出

是否存在一种方法论上有差别的男性或女性口述史？对这一提问需要慎

---

* 刘亚秋，女，中国社会科学院社会发展战略研究院研究员，研究方向为中国社会学史、社会记忆、社区发展、知青口述史。本文转自《妇女研究论丛》2023年第1期。

重回答。笔者认为，它至少涉及两个层面的问题：口述史资料在内容上天然具有一种性别特征吗？口述史方法具有性别上的独特性吗？这里所说口述史的性别差别，是指女性的口述内容与男性的口述内容存在一种本质上的差异，而且性别是这类差异的决定性因素，甚至由性别主导的口述史可以生发新的、迥乎不同的记忆或口述理论。

从学科史的角度看，口述史作为历史学的分支学科，在20世纪40年代末，由美国学者阿兰·内文斯（Allan Nevins）发起，继而形成“自下而上”的历史书写运动；自20世纪80年代开始，口述史被女性主义者引为工具。借助口述史方法，女性主义者提取一直以来被忽略的女性生活经验和故事，进一步将女性的声音引入历史的中心[1][2]。她们挑战传统历史观念，甚至以此重塑历史样态。鲍晓兰认为，尽管口述史既非始于妇女史的研究，也非妇女史研究的专利，但它一经引入，就深受女性主义史学家的欢迎，甚至出现了“女性主义口述史”这一概念。她强调，女性主义口述史是为了使议题有别于一般的妇女口述史；缺乏社会性别观念的访谈，就无法成为女性主义口述史[3]。但是鲍晓兰提及的女性主义视角带来的新发现，例如妇女口述史具有主观性、唤醒女性主体等特征，都不是“女性主义口述史”的独有特征；即便是“赋权女性”，也是口述史价值带来的——“赋权边缘群体”。笔者认同口述史方法会给女性主体带来新面貌（如赋权女性），但这一作用在其他群体（尤其是边缘群体）中也是存在的。

对于口述史方法与女性研究二者间的关系，笔者较为认同“口述史和女性主义有一定亲缘性”的说法[4][5]。口述史在研究实践中，被女性主义者用于向男权文化主导的传统史学发起挑战，将妇女置于历史的主体地位来研究，以揭示形成社会性别的历史过程[2]，在这一过程中赋权女性，唤起女性的觉醒意识。但这更多是一种政治行动，它的主张非常鲜明：关于女性（重视女性存在和经验）、为了女性（批判男权）、和女性一起（站在女性的立场）[6]。李文芬就是从这个角度界定“女权主义口述史”的：口述史作为一种女权主义行动，它鼓励女性发声，挑战不平等的性别关系。具体表现为：采纳口述史收集、整理、分析史料的方法和理论，以口述历史的系统性、鲜活性和深刻性更有效地让妇女及性别不平等关系可见，提升女权主义观念、理论与行动的说服力和感染力[7]。在学术层面，女性主义口述史很大程度上就是在女性口述历史过程中更好地体现女性视角[8]。女性主义口述史实践确实可以减少一般口述史可能存在的性别盲视，发展出更为强大的批判力，但需要警醒的是，女性主义仅为口述史的一个视角，如果过于强调这一先入为主的政治主张，也会造成一定的褊狭，例如夸大性别视角的作用，忽视其他因素的共同作用。定宜庄在《最后的记忆：十六位旗人妇女的口述历史》出版之后，遭到一位妇女史研究者的质疑，批评者认为定宜庄虽然研究的是女性，却没有表现出自觉的女性意识[9][10]。定宜庄对此的回应比较中允：妇女史引入社会性别概念，提供了一个理解和阐释历史的全新视角，但是应该尽量开拓史料收集范围，不能置其他研究视角于不顾[10]。

持比较温和态度的学者还有游鉴明。游鉴明发现，历史书写是把女性当成典范，而典范之外的女性生活或性别关系不被记载。她指出，口述史让我们增加了一种研究性别史的工具。一方面，不否认建筑于自然性别差异上的社会观念的顽固性，例如在历史长河中，女性声音匮乏，她们长期被排除在精英史之外，强调性别视角，有助于发掘被淹没的女性声音，构建女性的主体地位。另一方面，她提出以下反思性洞见："在既定的性别限制下，男女两性必须符合自己的特质，但在现实的日常生活里，男女两性果真都画地自限、不曾逾越或是置换角色？再者，僵化的性别规范让男性享有高度的社会权力，也赋予他们更多的社会责任和养家糊口的任务，他们把家庭的各种活动、亲子关系交给女性，但男女的家庭位置从传统到近代，是否固定不变？在女性外出工作日增的时代，可曾起了变化？她们怎么看待家庭与工作？"[11]

她的这些提问有助于我们更全面地思考男女两性的关系。她提供的性别研究案例展示了另一种情形：当一群男性坚持既有的性别形象时，还有一群男性试图挑战性别藩篱、改变女性的命运，并建构新的性别认同。她的研究丰富了我们对女性生命史的认识，一定程度上纠正了性别刻板印象。这在性别实践中也较为常见，例如父亲在培养优秀的女儿方面可发挥积极作用，有时父亲的作用甚至超越了母亲，因为有些母亲反而是传统性别观念的忠实拥趸和实践者。

与这一思考相关，笔者认为，不存在方法论意义上的女性口述史。女性的口述内容和男性口述一样，受制于社会性因素，包括社会历史文化背景、人生境遇等。性别可以作为受其他社会性因素影响的因变量，当然，它作为自变量也会影响女性生活的各个方面。不论作为因变量还是作为自变量，刻板性别观都不构成一个最终的决定性因素。笔者认为，最终决定性力量是一种涂尔干（Émile Durkheim）意义上的社会力。一些女性主义研究者也注意到了性别观念背后的各种社会性力量，例如琼·斯科特（Joan Scott）指出，社会性别身份和关系由家庭、宗教、医学、国家以及各种其他制度和习俗所规定，有时也被它们所破坏[12]。

笔者认为，从权力视角进入，存在女性研究者所强调的女性口述史的独特性，但从学科角度进入，则不存在方法论上具有独特性的女性口述史。毋庸置疑，性别维度给口述史提供了一个视角，但它仅是口述史的一个组成部分，女性口述史的理论和实践并没有超出一般口述史的方法和理论范畴。

二、女性口述记忆的特点及其决定性因素

（一）女性口述记忆的特质不唯女性所独有

方慧容在农村口述史的研究中发现了“无事件境”的记忆特征。这一概念得自一个女性的讲述，但这一概念所指在农村生活中具有普遍性，即不仅适用于女性，它也是农村社会的一个特点，甚至对人类社会来说都有一定的普适性[13]。方慧容提出的“无事件境”具有如下两个重要特征：第一，不能在事件间建立起一种线性的因果联系；第二，这是农村社区的心态特征。这

一概念来自对河北西村一位70多岁农民贾翠萍的口述特点的归纳。这位5岁开始做童养媳的女性，年轻时被虐待，婆婆曾多次用针扎她，但被问及这些事情时，她是平静的，甚至不觉得“苦”。

我们问她婆婆怎么样？她却不知道我们在问什么，反问我们：“什么怎么样？”或“那怎么样啊！”我们问：“婆婆打你吗？”她用手比画，婆婆用针扎她。但是很平静，不觉得“苦”[14]487。

方慧容据此提出“无事件境”概念：因为事件发生的次数多，已经不具备“事件性”，事件混沌于日常生活中，无法提取出一个因果叙事，例如，因为苦，所以控诉。这个概念得自一位女性的受虐待的家庭生活，她之所以受虐待也是其性别身份使然，而且施虐者是一位年长的女性。但是，“无事件境”这一概念的适用范围却不限于女性，被方慧容延展到整个农村社区：它是农民日复一日生活形成的心态，除贾翠萍事件外，还包括农业生产周期性时间积淀下来的农忙和农闲，也包括婚丧嫁娶、民间娱乐活动等，这些都很难抽象出一个因果叙事。农村社会使用的时间用语多为早起、晌午、秋后等，与现代的钟表时间相比，它是随意的、杂乱的，因此看起来也是无序的[14]516-517。但是，“无事件境”表达了村民的生存状态和心态，尽管它无法被纳入一个以钟表时间为标志的现代因果系列，但它也有着自身的道理，这就是农村社会的情理，来自农村朴素的生活经验。这在杨善华、孙飞宇的“社会底蕴”概念中多有提及[15]。周飞舟的社会伦理研究中也有相当部分涉及这些道理[16]。这里所谓的“因果叙事／系列”在方慧容的研究中是指外来调查权力的“求真意志”以及国家层面的线性因果关系，在它进入农村社会时，会与农村社会的情理之间产生张力。

笔者在这里强调，基于女性独特生活的口述史研究所发现的社会力，就是农村社会的情理。“无事件境”相当于描述了该情理形成的机制过程，即便今天看起来，这里面都有一个无法忽视的“事件”——贾翠萍被婆婆用针扎，这一点无论如何都值得讲述；但由于这件事发生的次数过多，已经不具备“事件性”，在日后的回忆中日渐“平淡”，并沉寂下去，变得不值得讲述，而从中浮上来的却是某种社会情理。我们猜测，贾翠萍即便被婆婆虐待，但她还要在这个家里继续生存下去，因此她只能在主观上（被迫）接受这些“苦”，客观上却造成了对“苦”的“遗忘”／淡忘。从另一个角度看，即便这些“苦”发生的次数多，但对其生命安全没有构成致命性伤害。“无事件境”作为一种社会心态，事实上就是受苦主体对苦难的淡化和遗忘，而且，它是一种自然生成的状态。这也可以解释农村社会口述史的一些特点，例如缺乏“求真意志”，而只呈现为一些生存性知识（“生存智慧”①）。方慧容提到村民面对外界的调查权力是如何“回避”的。因为追究“真相”会给村民带来麻烦和尴尬，从而破坏村民间的关系。而不去追求“真相”的“无事件境”心态恰是农村社会（共同体）得以维系的一个基础，在个体角度这还是自我保全的一个方法，经过某种机制转化后的“无事件境”心理，可以滤去事件发生时带给人们的巨大痛苦、震惊、无奈或任何其他不愉快的情感，而只剩下了“可笑”[13]。这类心态一般指向的是规矩、重复，指向村落秩序的维持，而不是革命／革新。

在其他文明社会中，也存在“无事件境”记忆的情况。例如，重复性讲述也会构建一种“无事件境”的心态。而对过去的重构，受制于一时一地的“社会框架”[17]，不能复原事件最初的“真相”，这是记忆社会的典型特征。讲述所受制的社会框架，就是涂尔干意义上的社会力。贾翠萍讲述时已经70多岁，她具有了“多年的媳妇熬成婆”的心态，看起来不必执着于早年的苦痛了。这些重构的记忆即便不精确，甚至不真实（如贾翠萍不觉得“苦”），但表达了人的某种心态，是人类社会存续的一个社会性基础。

---

① 所谓“生存智慧”，是指老百姓“知道如何在观念和行动方面达到和社会环境的协调，以获得自己生存和发展所需要的空间；也知道如何将自己个人的利益融入家庭（家族）或集体的利益，以在‘家本位’或‘集体本位’的体制下获得‘自主性’”。参见杨善华、孙飞宇：《“社会底蕴”：田野经验与思考》，《社会》2015年第1期。

（二）女性口述记忆受制于其工作生活经历

不可否认，男性和女性由于生活经历的差异，会在一些口述内容上有所差别。笔者认为，如果说这个差异多是由性别带来的，不如说是性别背后的社会文化模式导致的。性别远不是一个最终的决定性力量，例如，中国的传统性别模式——“男主外，女主内”的话语影响了女性和男性的生活经验，进而影响了他们的口述内容，而探究“男主外，女主内”性别观念何以形成，则是在社会、文化、历史等方面溯源它的生成。如此也会更全面地去理解与性别相关的多重因素及其相互作用。

从口述实践的角度，性别是一个变量。例如，受制于女性生活的经历，她们的口述确实有别于男性。郭于华在骥村女性口述史的研究中，提出了女性记忆的特点。在她的口述史项目开展过程中，也遭遇过访谈女性的困难，这印证了女性处于“社会的边缘”这一传统社会印象。当面对有关土改和集体化这类重大历史事件的提问时，女性经常的回答是“不晓得”和“忘记了”；或者直接让访谈员去问她们的男人，因为那时是“男人当家”。这事实上是提问方式引发的问题[18]，因为所问的并不是女性熟悉的。不过，这也说明一个情况：女性生活在所谓“宏大历史”的边缘，她们也自觉认可这一状态，把自己置于较低的地位。事实上，口述史的实践有赋权女性的意涵——让这些边缘者、沉默者发声。以口述史视角介入的研究表明，骥村女性有着自己独特的历史，她们也是历史的参与者和创造者，是历史的主体。

女性口述史有其自身的特点：她们对某段历史的记忆和表述，只有当这些历史与其有切身的关联时才会浮现出来。骥村女性的口述内容集中于对病痛的记忆、对养育的记忆和对食物的记忆三个方面[18]。女性的讲述也出现了照顾孩子和干农活儿之间的矛盾，因为参加大田劳动，导致孩子无人照顾，这也给她们带来了痛苦。毋庸置疑，这些口述内容具有很强的性别特征。

不过，上述记忆来自普通妇女，而非女干部。贺萧（Gail Hershatter）的研究说明，性别仅是其中的一个变量。她对集体化时期农村女性的口述史研究发现：农村妇女的记忆带有明显的社会性别特征，但妇女内部是有差异的，如劳模、妇女干部与普通妇女的记忆是不同的，普通妇女多讲述家庭生活过程，而劳模、妇女干部的记忆中则充满对公共生活的叙事[19]。贺萧将社会性别看作嵌套在一个不断变化的语境中的、依具体情形而定的实践。这说明，需要将社会性别放在一系列权力关系中去理解，而社会性别不是唯一的分析范畴和工具。笔者则进一步认为，性别不是一个最终的决定性力量。例如，女干部也可以讲述公共生活，这和郭于华访谈的农村男性的讲述在内容上差异很小，生活经验决定了人们讲述的特点。这么说来，性别这一维度并不能作为最基本的决定性力量。影响口述史讲述的决定性因素是一种更具综合性的社会性力量。不同性别的社会经验是一个表征，更重要的是性别背后的力量。

笔者强调作为整体性的社会性因素，并不否认性别观作为一种力量，以及它影响女性生活的独特性，也不否认对女性生活做口述史的意义，或者说不否定性别视角下口述史实践的意义。例如，直到20世纪70年代，至少在美国，还很少有女性参与公共生活，而女性自身独有的生活节奏是怎样的，更是很少受到关注。通过口述史视角的介入，可以探究女性生活节奏是如何影响公共生活以及历史进程的。加入性别角度重新审视传统就会发现，在既有传统中，不仅男性的历史重要，女性的历史同样重要[2]。笔者强调女性口述史背后的“整全性”社会力，意味着决定女性讲述特征的不仅是性别观的差异，还需要考虑其他因素，这些其他因素甚至是更深层的决定性力量。本文认为，仅从政治和行动角度介入女性口述史研究，有时会引发较为激进的女权主义视角，会存在褊狭和不全面之处。

三、女知青讲述的婚姻生活及其社会性基础

毋庸置疑，在影响女性生活处境的社会性因素方面，传统性别话语的力

量十分强大，它甚至对妇女解放话语（男女平等话语）构成一种解构的力量，也容易导致不幸福的婚姻，身处其中的女性难免身心俱疲。例如，笔者采访的“老三届”知青XY、CYF以及被广为报道的女知青廖晓东、白启娴等，都是这类案例。

在性别讲述中，婚姻是一个重要场域，从中可以发现不同方面社会力的作用状况[20]。对女知青口述史的研究发现：性别平等话语（妇女解放）对女知青普遍产生影响，她们在下乡期间，愿意为农村作出一份贡献。但农村的传统观念认为，女性就是“锅台转”的角色。这种来自传统性别观念的压力，在女知青尚且单身时对其伤害并不大，至多是当农民看到女知青像男性一样卖力参加劳动时表示不理解①。但是，当女知青进入农村的婚姻生活时，就会面临很多约束，甚至可能引发悲剧。

（一）女知青口述的不幸福婚姻生活

嫁给当地农民的女知青讲述的婚后生活的主题往往是婚姻不幸福，研究者强调的多是“传统性别观念”的约束与“妇女能顶半边天”的观念之间发生冲突，她们的丈夫——农村男性多半无法接受“女性在外打拼（不顾家）”这个现实，这给女知青带来了痛苦的婚姻生活。

笔者访谈的XY是北京“老三届”女知青，20世纪50年代生人。她下乡后因参加劳动腿受伤，从此无法参加田间劳动，也无法养活自己，而远在北京的家庭也无法提供有力支持，于是她选择嫁给当地人。在婚后的头两年，她过着“锅台转”的生活，并养好了腿伤。这时她注意到学校在招小学老师，于是去应聘并被录取。但她的丈夫不同意：“这个家不用你去挣工分，你只要

① 有些农活儿，女性是不被允许干的，如扶犁、冬天淘粪，等等。在农民看来，这些是“苦重”，是专属于男性的，但有些女知青很想挑战这一“局限性”。例如卢小飞所说，“一年下来，所有的农活儿都干过了，连吆喝牛扶犁那种纯男人世界的事也体验了一把。最后剩下的，是冬闲里淘茅粪，被称作‘苦重’。熬不过我的软磨硬泡，几个队长同意我去”。参见卢小飞：《青春方程式》，载刘中陆主编《青春方程式——五十个北京女知青的自述》，北京大学出版社，1995，第48页。

把家料理好就行。女人出去做事是疯疯癫癫跳得放不下了。”（2015 年访谈）她一气之下回到北京，丈夫请大队书记去做说客，大队书记答应 XY 回去可以到农村合作医疗机构工作。这时她的儿子 1 岁多，她说“为了儿子就回去了”。但参加工作后的她依然面临困境。一次公社培训，她带着儿子吃完晚饭才回家，这时天已经黑了：“自行车还没支好，他（丈夫）就从后面上来踹了一脚，边踹边骂，‘你还回来，扑你妈呼呼地’。”（2015 年访谈）这次冲突也是由村干部出面说和，才暂时调和了他们之间的矛盾，但最后二人还是以离婚告终。女知青 XY“偷”回孩子后，定居北京，至此他们的家庭关系彻底破裂。笔者在 2015 年访谈时，XY 提到，她的丈夫后来郁郁寡欢，很早就离开了人世，她甚至有些后悔没早点儿把他接过来。

据其他知青讲述，XY 回北京后有过一段婚姻，但也以离婚告终。笔者访谈时，她已过花甲之年，一个人单独生活。儿子距离她所在的小区不远，但她和儿子儿媳无法处好关系。

我们看到，XY 之所以离婚，被强调的原因是“女性也可以外出参加工作”的“妇女解放观”与传统话语中“女人只能围着锅台转”的观念发生冲突。深受妇女解放话语影响，同时具有较高文化程度的女知青一般无法接受传统性别制度安排①，这是导致 XY 和丈夫冲突的一个重要原因，但可能不是根本原因和最具决定性的力量。

（二）不幸福婚姻背后的顽固社会力

笔者认为上述性别观的冲突甚至也只是表象，更深层的原因则是社会力的“顽固性”。性别观念本身是一种社会性因素，其他方面的社会性因素也应该被指出和强调。例如，“门当户对”以及与之相关的“三观”（世界观、人生观、价值观）的相近对提升婚姻生活质量的重要影响。这里的“门当户对”

① 女知青响应下乡号召的口号之一就是：“一切可以到农村中去工作的知识分子，应当高兴地到那里去，农村是一个广阔的天地，在那里是可以大有作为的。”这个口号本身并没有性别之分。参见刘小萌：《中国知青史：大潮（1966—1980 年）》，当代中国出版社，2009，第 5 页。

主要是从社会阶层、受教育水平等方面来定义的，这些因素决定了夫妻二人的思想观念是否相近，它是决定婚姻幸福与否的社会性力量，其发挥的作用是持久的。即便“革命观念”可以暂时打破这个“传统”，即一些女知青可以跨阶层完成婚姻，但多数人的婚姻最后还是会被这个传统所“摧毁”。

跨阶层婚姻的不和谐之处首先表现在女知青和农民丈夫在交流上有障碍。例如，笔者访谈的“老高二”女知青 CYF，也是嫁给了当地农民。他们在看电影时经常看不到一起去，CYF 意识到他们在思想层面无法深入交流，而这些思想层面的交流影响了婚后信任关系的构建以及婚姻的稳定度等。笔者在实践中发现，在有些婚姻中，即便丈夫在性别观念上是传统的，认为“女性应该顾家”，但如果丈夫和妻子在“三观”方面相近，则在很多事情上是可以商榷的，由此协商建立起的信任关系会调和很多家庭冲突。当然，这种信任关系不能解决一切冲突，但至少会降低类似女知青和农民之间不幸福婚姻的发生概率。

在女知青和农民的不幸福婚姻案例中，一般人都强调男性传统性别观念十分顽固导致的冲突，例如不允许妻子外出工作，甚至怀疑妻子不忠，这样就建立不了夫妻间平等、信任的对话关系。笔者认为，这一观察重视性别观差异是没问题的，却忽视了一些其他因素的作用，例如“门当户对”因素。这导致在既有观察中，传统性别观念成为决定婚姻幸福与否的最重要因素。

他们婚姻不幸福，表面上看是受传统性别观念影响的结果，但更深层原因是这类婚姻的“门不当户不对”。广为人知的女知青白启娴的婚姻也是例证。白启娴在北京的父亲反对她与农民结婚，一个重要理由是：“一个大学生不简单，不讲女攀高门、门当户对，也应找个差不多的对象，嫁个农民，一辈子落在农村，有什么前途？”[①] 白父深谙社会性力量的强大，但这在当时被认为是传统旧思想而遭受激烈的批判。

① 白启娴写给《河北日报》的信登在 1974 年 1 月 27 日头版，1974 年 3 月 7 日《人民日报》转发，白启娴由此变得家喻户晓。参见宋瑞璇：《反潮流英雄？国家话语与个人记忆中的女知青典型——以白启娴为例》，硕士学位论文，复旦大学，2012，第 29 页。

如果是“门当户对”的婚姻，夫妻二人更容易有共同的思想基础，因此，即便在性别不平等话语中，二人也可以商量很多事情，从而建构一个有基本信任度的婚姻生活，这种婚姻幸福的概率也会随之增大。白启娴以一个大学生身份嫁给当地农民，这种身份地位反差很大，这是白启娴婚姻不幸福的根本原因。她也遭遇了类似XY的经历，也曾几次提起离婚，但最后都因为舍不得孩子而放弃了。但是，下乡女知青的婚姻并不都是如此。例如，家喻户晓的吕玉兰也是下乡知青，在她面临婚姻问题时，头脑是清醒的，她期待配偶“必须是忠厚老实人，必须是文化程度比俺高，能帮俺一把的”[21]64，吕玉兰最后和新华社记者江山结为夫妻，虽然日后她事业有起落，但家庭生活是幸福的；另一位女知青蔡立坚选择了同在杜家山插队的大学生王和平结为夫妇，她的婚姻也是美满的。

（三）影响女知青婚姻选择的社会性因素

我们有必要追问：类似“门当户对”这一社会力为何没在女知青选择配偶时发挥作用？她们为什么选择了“门不当户不对”的婚姻？

观察那些与当地农民结婚且婚姻不幸福的女知青①，笔者发现以下几个主要原因影响了她们的选择：第一，女性体力天生比较弱，在农村独立生产生活无法支撑自己的生存，尤其是在身体受伤后（如XY）；第二，有些女知青家庭出身不好，认为回城无望（如CYF），指望不上原生家庭的支持；第三，部分女知青对生活认识不深，没看清在婚姻生活中发挥作用的社会力之顽固性，如白启娴；第四，响应革命号召的女知青，如为了“扶贫”而嫁给农民的廖晓东，特意嫁给找不到媳妇的贫下中农丁法（化名）。值得指出的是，上述第三点中女知青与农民结婚，也有“自己犯糊涂”的因素，这在笔者的访

---

① 据统计，女知青在插队时期成婚的比例明显高于男知青。女知青的婚姻有三种形式：与男知青结婚、与城镇居民结婚、与当地农民结婚。其中，女知青与当地农民结婚的居多。刘小萌指出，知青与农民的婚姻是插队知青婚姻的主体，其中又以女知青嫁农民为多，占比超过65%。参见刘小萌：《上山下乡知识青年的婚姻问题》，《青年研究》1994年第8期。

谈中被讨论得比较多。在一些男知青看来，与当地农民结婚是女知青“偷懒”（想放弃农村劳动）的表现，这样也被其他知青瞧不起。笔者访谈的男知青ZSS提到一位嫁给当地放羊农民的女知青的婚后生活，说是“特别惨”，家里甚至连盐都没有。他说，在农村只有特别懒的人才去放羊，而这个女知青却选择了这样一个人。当时同学们去看她，“结果同学来了，家里连盐都没有”，她去供销社把头上的大辫子给卖了，换了点儿盐回来。这位男知青说，“当时就觉得她特别惨”。（2001年知青访谈）

综上，女知青嫁给当地农民的婚姻口述，也表达出了性别不平等现实对于女性生存境遇的影响。女性在这类婚姻生活中的生存状态，表面上看是性别不平等观念造成的，背后则是综合性的社会性因素在起决定作用，是社会的整体作用导致了女性的境况。

“性别不平等”现实不是铁板一块，是可以在其他社会力作用下被解构的，即可以通过两性间的商榷而让这一观念发生变化。决定性别关系样态的是一种综合性的社会力量，除传统性别观念因素，更包括社会阶层、教育水平等影响下的世界观、人生观、价值观等因素。尤其在今天，我们发现，性别远远不是一个决定性的力量，而是一个借助其他社会力可以改变的实践情态。性别可以作为自变量，同时也可以作为因变量。

（四）时间性作为综合分析框架中的一个因素：口述记忆的美化作用

口述记忆突出的建构性特征之一是记忆的美化，即通过记忆的过程对过去进行美化，但这个特点不唯女性口述所独有。事实上，口述的核心就是记忆，如果记忆不可靠，那么如何评价基于回忆基础的口述史料？[22] 因为记忆本身是不稳定的，所以口述史料也具有不稳定性特征。如果仅从客观真实的角度去衡量口述史料，那么口述史料的局限性似乎不可原谅，因为同一个人在不同情境下，对于同一件事的讲述可能差异很大，讲述本身带有很强的主观能动性。但是，口述史具有独特的意义，例如可以凸显主体性、尊重情感的真实。事实上，对口述史料的分析，固守传统史料的方法论是不合适的，必须引入记忆研究的视角。如同莫里斯·哈布瓦赫（Maurice Halbwachs）对记忆的研究，其核心问题是：记忆是如何建构的？这是在社会科学视角下的提问。通过这种提问，可以获得对一份口述记忆的相对客观的判断。

例如XY讲述的婚姻生活，在客观上，我们了解到她的婚姻是一种不幸福的婚姻，在婚姻存续期间，夫妻间经常发生冲突，她最后将孩子“偷”走，永远离开了下乡之地。但是在她年过花甲且经历了再婚的失败后，在孤身一人的生活处境下，当回忆起往事，说起自己“偷”走孩子导致丈夫郁郁寡欢、英年早逝时，言辞之间，她大有悔意——未能早些将丈夫接到身边。我们发现，她的记忆发生了转向，由婚姻不幸福到“怀念”死去的丈夫。这是记忆的建构特征引发的。在这个案例中，是记忆的情感发生了变化，从记忆建构论的视角来看，现在的生活处境决定了其口述的特点：她现在孑然一身、老来无伴，子女似乎也指望不上。这是上述所谓“情感真实”的一个体现。这对于我们全面理解回忆主体具有重要意义，尤其对于理解口述主体的人生意义建构具有不可或缺的价值。

如果从“历史真相”的角度去考察这些女性的婚姻，她们的生活显然是不幸福的，但口述记忆往往会美化过去，而如何美化则取决于口述者当下的处境。这一特点在口述记忆研究中具有普遍性，不是女性独有的记忆特征。例如，普希金的诗歌写出了这样的现象：“现今总是令人悲哀。一切都是暂时的，转瞬即逝，而那逝去的将变为可爱。”[23]241

笔者认为，这一特点对于口述主体建构一种整合性的人生意义是必需的条件，它是不分性别的。笔者建议从人生价值感整合、意义建构的角度去理解这一口述现象，这也是回到了“人”这一存在本身去理解人的行为，而不是先入为主地去理解性别实践。这也从另一个角度说明建构性别实践的综合分析框架的必要性，除上述提及的“门当户对”类型的社会性因素，时间性也是其中的一个因素。

四、口述史方法对于女性意味着什么

口述史在史学领域是通过研究边缘历史而树立起自身的独特地位的。所谓边缘历史，包括女性口述史、底层工人口述史，等等。口述史观强调真正的历史知识不只来自纸面的档案，也来自亲历者的口述实践。口述可以让弱者发声，这与口述史浪潮的民主化倾向密切相关。在西方，20 世纪六七十年代的社会运动与社会思潮对口述史研究有重要影响。口述史研究者开始在工人社区做访谈，主题涉及男人和女人的不同家庭生活经验以及少数族群在极端受限的环境中创造的有意义的生活经历。口述史视角关注的问题包括："发生了什么？""当时的情形如何？""你做了什么？""你是如何理解所发生的事情的？"早期口述史研究者多访谈精英群体，到 20 世纪 70 年代，口述史视野才有所拓展，研究者们将普通群体命名为"匿名的美国人"（anonymous Americans）。有学者总结，拓展后的口述史试图记录史学家之前忽略的各阶层民众的生活经验与历史行动，特别是工人阶级，也包括少数族群、女性、性取向的少数派，等等[24]667。借助口述史方法，女性从被忽视的边缘者成为受关注的群体。这与口述史这一学科的价值 / 行动有一定关系。笔者认为，口述史价值与女性讲述之间的关系主要表现在如下方面。

第一，口述史在方法层面注重细节。在口述史中，一声叹气、一句插话都有意义，甚至连一次沉默也会被记录下来。这些停顿、插话、沉默、遗忘、姿势和噪声，在传统史研究中难以引起关注，但在口述史中有着独特的价值。同时需要注意的是，对口述史料的理解，仅通过语言难以全面和深入。理解亲历者的口述，除细节性的符号外，还离不开他们当前的处境，即只有通过对坐在我们面前的口述者的观察和综合性的调查，才可以找到理解那些声音的入口。正如应星所强调的：

口述中的沉默或者"稀薄"的声音常常和那些接近独白式的"丰富"的

口述同样重要，因为前者同样是在讲述，只不过使用了更微妙的语言，更深地侵入了我们的现在，甚至口述中那看似毫无意义的噪声却能更直接地将讲述活动本身的历史铭刻在磁带的声音中。尽管它们是不可书写的，但这些书写之间的空白往往正是口述历史的力量所在[25]。

也就是说，口述史料包含的是多层面的符号，而不仅仅是“口述”语言。可以说这是注重细节的社会学。借助细节，可以凸显女性存在的意义。像剥洋葱这样的活儿，总得有人去做[26]。这是细节被关注的原因。女性的婆婆妈妈不再被认为是琐碎的，而被认为是有意义的，尤其在个体生命意义的建构中是有价值的。在口述史以及相关的理论反思中，边缘和中心的划分有了新的认定，至少在观念上，边缘不再被忽视。

应星提出，底层的苦难更多是烙在身体上的，而女性对此有着更强的敏感性，她们关于身体记忆的“闲聊”有着更重的分量。像郭于华关于骥村女性的研究展示的女性对病痛的记忆、对养育孩子的记忆以及对饥饿的身体记忆等，让我们可以探及底层的生活逻辑。底层苦难有弥散性、“无事件境”的特点[25]。郭于华的研究，就是要透视与世界历史遭遇的底层受苦人的命运，倾听无声的底层发出的声音，记录普通生命的历程，书写从未被书写过的生存与反抗的历史[27]13。尽管底层不等于女性，但多数女性是底层的一个组成部分。

第二，口述史凸显口述主体的存在性。我们知道精英群体一直是有主体性的，他们在历史中的形象也是鲜明的，传统史恰恰就是一部精英史。而边缘群体在口述史方法下，主体性得以凸显，例如女性的主体性，包括她们主动改变世界和影响世界的能力和过程。在这方面，口述史方法对于观察女性的存在状态以及让女性觉醒具有特别的意义。

口述史方法下的女性主体，呈现的是一种丰满的形象，不再是辅助形象。毋庸置疑，口述史是凸显女性主体性的一个有效方法。女性在男性熟悉的领域往往无法发声，但在自己熟悉的领域可以展现出鲜明的主体性。口述史研究结果表明，在社会生活实践中，男性和女性各自发挥了不可或缺的作用，但是在社会领域中，女性往往处于边缘位置，因此她们中一些人有了进入公共领域的冲动，而且这种行为也给她们带来了自我实现的快乐。虽然这种活动会挤占家庭育儿的空间，如骥村妇女有一种因为劳动顾不上孩子的狼狈，但劳动可以挣得工分，改善家里的经济条件，所以社会劳动还是处于中心的位置。

第三，口述史凸显情感范式的重要性。口述史作为一种方法论，在传统史中之所以被置于较为低下的地位，就是因为口述史料具有不稳定性的特征，亲历者在不同情况下所讲的内容可能有很大差异。口述史料有一定的“流动性”，而档案资料则是固定的，也被传统史观认为更值得信赖。但这一观念受到情感研究范式的质疑。如同保罗·利科（Paul Ricoeur）的提问：从口述到档案，是否就是一件好事？[28]220 他站在捍卫口述价值的立场，认为档案资料缺乏人的情感性因素，而口述史料则相反，因此口述有档案无法比拟的优势。这与口述的记忆性质相关。当口述者打开尘封的记忆时，他们讲述的动力往往就是情感驱动的。例如阿莱达·阿斯曼（Aleida Assmann）提到的经历过奥斯维辛集中营的一位女士，当她提及 1944 年 10 月发生在奥斯维辛的起义事件时，她的面部出现了激情和色彩，整个人都似乎“活”了过来。而之前她的讲述是面无表情、声音苍白的。她说：“我们看见四个烟囱着了火，爆炸了……人们四散奔逃。真是不可思议。”[29]313−315 后来历史学家认定这份证据无效，因为当时只有一个烟囱爆炸了，而不是四个。但心理学和记忆研究者认为，这份资料的价值不在于这一数字是否客观、真实，而在于人的情感真实，它对于个体生命意义的建构具有无法比拟的价值。

传统社会学主要从功能主义视角将情感问题女性化。如孔德（Auguste Comte）把妇女视为承担社会三大动力（智力力量、情感力量与物质力量）中情感力量的阶级代表。涂尔干、帕森斯（Talcott Parsons）认为女性承担着社会分工中的情感表达性角色[30]。将情感和理智的二元对立和性别的二元对立结合起来，就形成男性代表理性、睿智和女性承担情感功能的误识。有研究者指出，这样的划分与女性在劳动力市场上的不平等地位密切相关，它暗含着一个假设：情感被视为劳动力的边缘和社会的边缘[31]。而口述史方法让情感得以凸显，强调情感在社会构建和人生意义构建中的积极价值。伴随这一立场的是将情感相关的因素从边缘纳入中心的努力。

五、结论与讨论

本文的基本结论包括：第一，口述史对边缘群体包括女性给予了特别的关注。在口述史实践中，由于生活阅历不同，存在区别于男性的女性口述史内容，但女性口述史内容和特征的决定性因素，在很大程度上不是我们通常强调的传统性别观念单独发挥作用或主要发挥作用，而是一种更为综合的社会性力量。除性别因素外，还有其他方面的因素，有时后者更为重要；后者甚至可以解构、重构传统性别观念，使其在实践中有不同的表达样态。在女知青嫁给农民的口述案例中，笔者认为，性别不平等观念不是唯一的决定性因素，夫妻二人间的价值观是否接近也构成一种重要的社会力，因此应该综合考察这类悲剧婚姻的社会力。

笔者不否认性别因素影响下的独特女性口述史的存在。郭于华的骥村女性口述史在讲述内容上偏重女性特质，这受制于骥村女性的生活阅历和经验，她们对于没有参与的生活表现出不自信的状态，但这并不意味着她们在真实的历史中是缺席者。骥村女性的口述记忆有着自己的特点，例如聚焦在饥饿记忆、养育子女的记忆、身体疲劳和病痛的记忆，也包括参加集体劳动的记忆。参加集体劳动拓展了女性的生活空间。

这些记忆特点表面上看是由传统性别观决定的，但事实上，性别观仅是其中的一个原因，其他社会性因素也需要纳入讨论，甚至可以说，深层原因是由其他社会性因素决定的。贺萧的研究证实了这一判断，她对集体化时期女性口述史的研究发现，普通女性和干部身份的女性口述内容是不同的。从这个角度看，骥村女性口述记忆涉及更多的是普通女性，而有过干部经历的女性口述也充满对公共生活的记忆。

第二，有必要提出一种综合性的性别实践分析框架。除性别因素外，还需纳入其他社会因素。而决定女性讲述的其他社会性力量，在女知青口述史中表现得较为突出。例如，那些嫁给当地农民的女知青，很少能过上美满的婚姻生活。表面上看，这是不同性别观念导致的。女知青之所以与丈夫发生激烈冲突，多是由于她们婚后想要参加社会劳动所致：女知青秉持男女平等的观念（妇女解放观），农民则深受传统性别观念影响。但如果进一步探究影响这类不幸福婚姻的因素，就会发现“门当户对”的社会力是一种更为顽固的存在。女知青与农民的婚姻是“门不当户不对”的，表现在他们在受教育程度、家庭背景等方面存在差异。事实上，“门当户对”顺应的是一种较为顽固的社会力，而这种社会力决定了夫妻二人在世界观、人生观、价值观方面的特征。在一些案例中发现，即便男性多秉持传统性别观，但如果夫妻二人在“三观”上较为接近，则传统性别观在现实生活中还是可以商榷的，是有弹性空间的。也就是说，在婚姻生活中，这一传统性别观有不同的实践样态。在“门不当户不对”的婚姻中，激烈的冲突往往不是由传统性别观和性别平等之间的张力导致的，而是由不同的价值观龃龉引发的；这些不同因素交织在一起，甚至会导致婚姻解组。

第三，口述史方法在凸显女性的主体性方面有突出贡献。口述史学科的初兴，就与历史研究转向性的少数派、女性等边缘群体有关。即便口述记忆存在不稳定性等特点，但它具有独特的价值，如重视讲述的细节、凸显讲述者的主体性、重视讲述者的情感特征。这些独特价值在凸显女性生活和经验方面有重要作用。

在女性研究中，口述史可以提供一个有效的方法，以深入对女性生存状态、精神特质的探究。不过，上述女性主义口述史对性别实践原因的解释尚有值得拓展之处，因为即便是专门针对女性的口述史料，性别都不是唯一重要的因素，很多时候甚至是其他方面的社会力影响得更为深入。女性是处于社会之中的，她们除受到性别观影响外，还受其他社会性因素的影响。而她们的口述记忆除了表达女性的经历和经验外，更涉及广阔而深入的人类社会经验。方慧容的“无事件境”是从女性的讲述中总结出来的，但它表达的是农村社会的一种社会心态，它是一种社会底蕴，而非女性特有。

女性口述记忆也受制于一般记忆规律，本文提到的记忆美化作用便是其中之一。人们在回忆中对过去的生活进行美化，这是一种不自觉行为，它来自人们过滤苦难的本能，并受当下生活处境的影响。事实上，这种美化带有一种期待和愿景的意味。对于讲述主体来说，这是一种整合人生价值、建构人生意义的方法，否则人在世界上将无法独存。综合来看，口述记忆方法也是女性建构人生意义的途径。

综上，笔者认为，女性主义口述史意味着一种性别视角下的口述史实践和行动，它更多是政治层面的主张，而非学科／科学角度的提法，因此不存在一种独特的女性口述史的方法论。事实上，口述史视角天然就具有关注底层和边缘群体的特点，而底层和边缘显然不限于女性，也包括处于弱势地位、失去话语的男性。

笔者不否认性别视角的贡献，对社会性别的关注不仅能够阐明妇女的生活和经验，更为根本的是，能使我们对社会生活运作本身有更为全面的体察和理解[12]。女性口述史作为口述史的一个构成部分，在借助口述史视角的同时，也在推动口述史事业的进展。本文强调女性主义口述史是政治主张而非学科化／科学化存在的观点，不是抹杀女性主义口述史多年来的实践及其政治意义，而是期待在学科的意义上，更全面看待女性口述的社会性基础及其与一般口述史的关联性。女性在社会上的各种不平等遭遇，除了性别观念的影响，还有其他社会性力量参与，甚至后者有时更为重要。我们需要借助包括口述史在内的社会科学方法去甄别那些不平等状况的根源。对于一个领域的研究，如费孝通所说，在方法论上需要改变概念化的、抽象的、刻板的思维方式，而代之以一种动态的、综合的、多层面的眼光[32]541-543。这对女性口述史研究领域也是适用的。

值得指出的是，将性别因素单独拎出来讨论，本身就有很大风险。因为女性讲述是一个不可分割的“整体性”行为，背后的社会决定力量是综合性的，甚至这些社会力之间也是彼此交错的。因此，单独抽离出一个因素，无论对其做何种评价，都要冒着“在这个个案中适用，在其他个案中不适用”的风险。社会性别在女性主义学者笔下是一个被不断深描的变量，它对于我们理解女性的境况作出了突出贡献，但在这一过程中也产生了一些误识，比如对与性别因素交织的其他社会因素重视不足。

此外，一个不得不面对的现实问题是，过于强调性别视角，有时会失去“盟友”，女性解放事业应该联合更多的力量。这取决于一个前提：更客观、全面、真实地看待女性在社会中的处境。而决定女性生存处境的，存在一种类似“性别的社区情境”的力量。这不是个人力量决定的，甚至不是某一特定群体如男性或传统的婆婆决定的，它是综合性社会力作用的后果。

当然，本文的讨论是在承认以下基本事实的基础上进行的。首先，基于生理上的差异，男女两性在社会分工上有很大差异。其次，社会在评价不同类别的劳动时会低估家庭劳动，导致女性的社会地位普遍偏低，继而导致多数女性家庭地位偏低。这使女性在社会上更容易成为弱者。最后，男女两性发生冲突时，女性在体力上弱于男性，导致女性在身体上更容易成为受害者。即便面对如上事实，本文坚持强调一种针对性别实践的综合分析框架，因为从研究的角度过度凸显性别视角可能会带来偏误，比如低估其他社会因素的作用，或错过对性别因素和其他因素的杂糅机制的分析，从而在结论上出现偏差，导致对现实的误判。这是需要我们保持警醒的地方。

【参考文献】

[1] 黄慧贞．“主体的追寻”：口述历史作为香港妇女史研究的进路 [J]. 社会科学战线，2011（2）．

[2] Sherna Gluck．What’s so Special about Women? Women’s Oral History [J]. *Frontiers：A Journal of Women Studies*，1977，2（2）．

[3] 鲍晓兰．西方女性主义口述史发展初探 [J]. 浙江学刊，1999（6）．

[4] 李小江．口述史学与口述访谈的若干问题——从“妇女口述史”说起 [J]. 山西师大学报（社会科学版），2017（6）．

[5] 李洁．口述史与女性主义研究的亲缘性 [J]. 中华女子学院学报，2012（3）．

[6] 魏开琼．中国妇女口述史发展初探 [J]. 浙江学刊，2012（4）．

[7] 李文芬．女权主义口述史：作为女权主义行动的口述史 [J]. 中华女子学院学报，2015（6）．

[8] 杨祥银．妇女史、口述历史与女性主义视角 [J]. 浙江学刊，2004（3）．

[9] 许斌，定宜庄．一个口述史学者的口述：定宜庄博士访谈 [J]. 黑龙江民族丛刊，2003（5）．

[10] 李慧波．女性口述历史与女性主义口述历史关系辨析 [J]. 图书馆研究与工作，2018（1）．

[11] 游鉴明．口述历史与性别史研究 [J]. 郑州大学学报，2009（2）．

[12] 贺萧，王政．中国历史：社会性别分析的一个有用的范畴 [J]. 社会科学，2008（12）．

[13] 刘亚秋．中国社会学早期口述记忆研究的特征 [J]. 社会建设，2022（1）．

[14] 方慧容．“无事件境”与生活世界中的“真实”——西村农民土地改革时期社会生活的记忆 [A]. 杨念群编．空间 · 记忆 · 社会转型 [G]. 上海：上海人民出版社，2001.

[15] 杨善华，孙飞宇．“社会底蕴”：田野经验与思考 [J]. 社会，2015（1）．

[16] 周飞舟．论社会学研究的历史维度——以政府行为研究为例 [J]. 江海学刊，2016（1）．

[17] 莫里斯 · 哈布瓦赫．论集体记忆 [M]. 毕然，郭金华，译．上海：上海人民出版社，2002.

[18] 郭于华．心灵的集体化：陕北骥村农业合作化的女性记忆 [J]. 中国社会科学，2003（4）．

[19] 贺萧．记忆的性别：农村妇女和中国集体化历史 [M]. 张赟，译．北京：人民出版社，2017.

[20] 刘亚秋．社会记忆中的性别话语——以女知青与农民婚姻的两类叙事为

例 [J]. 青年研究，2019（3）.

[21] 宋瑞璇 . 反潮流英雄？国家话语与个人记忆中的女知青典型——以白启娴为例 [D]. 硕士学位论文，上海：复旦大学，2012.

[22] 周海燕 . 见证历史，也建构历史：口述史中的社会建构 [J]. 南京社会科学，2020（6）.

[23] 普希金 . 假如生活欺骗了你：普希金诗选 [M]. 查良铮，译 . 南京：译林出版社，2017.

[24]Linda Shopes. 口述史 [A]. 诺曼 · K. 邓津，伊冯娜 · S. 林肯主编，朱志勇，等，译 . 质性研究手册：资料收集与分析方法 [G]. 重庆：重庆大学出版社，2018.

[25] 应星 . 叩开“受苦人”的历史之门：读《受苦人的讲述：骥村历史与一种文明的逻辑》[J]. 社会，2014（1）.

[26] 佩内洛普 · 菲茨杰拉德 . 蓝花 [M]. 熊亭玉，译 . 北京：中信出版集团，2019.

[27] 郭于华 . 受苦人的讲述：骥村历史与一种文明的逻辑 [M]. 香港：香港中文大学出版社，2013.

[28] 保罗 · 利科 . 记忆，历史，遗忘 [M]. 李彦岑，陈颖，译 . 上海：华东师范大学出版社，2018.

[29] 阿莱达 · 阿斯曼 . 回忆空间：文化记忆的形式和变迁 [M]. 潘璐，译 . 北京：北京大学出版社，2016.

[30] 郭景萍 . 西方情感社会学理论的发展脉络 [J]. 社会，2007（5）.

[31] 马冬玲 . 情感劳动——研究劳动性别分工的新视角 [J]. 妇女研究论丛，2010（3）.

[32] 费孝通 .“美美与共”和人类文明 [A]. 费孝通全集（第 17 卷）[G]. 呼和浩特：内蒙古人民出版社，2009.

口述访谈中的女性生命史

——基于对大寨村和西沟村的口述访谈

刘晓丽*

摘要：口述访谈之于女性来讲，除了基于特定人群和特定事件的访谈外，就是要立足于每一名女性作为一个完整生命体的访谈。比如，知青口述史，首先要访谈的是女性知青在“知青”这个特定群体特定岁月中的经历，但除此之外，女性作为一个性别整体，每一名女性作为生命个体，立足于女性自身独有的心路历程和生命体验，这种体验是不同于男性的，需要访谈者与被访谈者共同挖掘这一段生命经历，充分唤醒被访谈者过去的生命记忆。更重要的是，访谈者提出的问题要有社会性别意识，要有深厚的研究积累，要充分体现“女性生命史”这一主题，这一点非常重要。即使在以女性为主体的访谈项目中，如果访谈者没有具备社会性别意识，不了解社会性别基本理论知识，其提出的问题就摆脱不了“就女性问题问女性”的窠臼，只见树木不见森林。

关键词：口述访谈；女性生命史；大寨；西沟

在针对女性的口述访谈中，每一名女性丰富的生命史体验，无疑是访谈者需要下大力气挖掘的。《口述大寨史——150位大寨人说大寨》是针对大寨村民群体的访谈，《口述申纪兰》是针对特定女性人物的访谈，《西沟口述史

---

* 刘晓丽，女，山西省社会科学院思维所研究员。本文为国家社科基金项目（16BKS131）、山西省宣传文化系统“四个一批”人才工程资助项目（宣发〔2016〕2号），转自《山西师大学报（社会科学版）》2017年第6期，本次出版略有修改。

及档案史料（1938—2014）》（十卷本）中的访谈部分，是对西沟全体村民的访谈。[①] 在上述三项访谈成果中，除了《口述申纪兰》是针对女性专题人物访谈之外，另外两项成果在访谈人数上涉及大量女性村民，在访谈主题上特别注意到了“大寨铁姑娘”和西沟“男女同工同酬”这样的主题。沿着这两个主题，这些女性在特定历史阶段的生命体验是立体化的、多层次的，这些体验既有正面的，也有负面的，但总的基调是向前的、坚韧的、平和的。

一

大寨村位于山西省昔阳县，是 20 世纪六七十年代闻名全国的农业典型，“农业学大寨”由最高领导人提出，它的影响远远超出了农业领域。新中国成立后，以毛泽东为首的第一代中央领导集体，始终把治水作为农业最重要的大事来抓。从 20 世纪 50 年代开始在全国各地兴起农田水利基本建设，对于中国广大的北方地区来说，大寨精神就是在这种环境下激发出来的一种精神，大寨人战胜特大洪水，三战狼窝掌，修筑海绵田，在“十年九旱”的一个不适宜人类居住的小小山村内，创造了人间奇迹。它契合了当时国家大规模开展农田水利基本建设的时代大环境，因而得到了最高领导人的肯定，大寨模式进而向全国推广，成为有着鲜明时代特色的政治标本。

早于大寨闻名全国的是山西省平顺县的西沟村。西沟村的出名，是源于它的带头人李顺达。李顺达在 20 世纪 40 年代的抗日根据地晋冀鲁豫边区，创建了太行山区第一个互助组，在新中国成立初期的互助合作化运动中，成绩备受瞩目，它契合了 20 世纪 50 年代国家急需发展工业化的现实需要，也被最高领导人关注，由此一路走来，迈向全国。西沟互助合作的成就，被收

① 孙丽萍主编，刘晓丽副主编：《口述大寨史——150 位大寨人说大寨》，南方日报出版社，2008；申纪兰口述，李中元、刘晓丽编著：《口述申纪兰》，人民出版社，2017；李中元、杨茂林主编，刘晓丽执行主编：《西沟口述史及档案史料（1938—2014）》（十卷本），人民出版社，2017。

录在毛泽东 1955 年出版的《中国农村的社会主义高潮》一书按语中。同大寨一样，西沟人在极端恶劣的生存条件下，互助合作，治山治沟，西沟精神与朴实的民风相结合，产生了中国农业金星奖章获得者、全国劳动模范、第一届至第十三届全国人大代表等代表人物，这也是中国农民获得的足以载入史册的历史性荣誉。西沟村在很长一段时间内，也成为中国地图上唯一标出地名的行政村。

大寨铁姑娘和西沟女性，就是在这样的历史环境中涌现出的女性群体，同她们所在的村庄一样，成为闻名全国的女性群体，而且分别有着自己特有的具有鲜明时代特色的标配。

先说大寨铁姑娘。大寨铁姑娘缘起于大寨治沟治坡的艰苦劳动中，形成于 20 世纪六七十年代。当时，郭凤莲、贾存锁等 20 多位大寨姑娘正值豆蔻年华，她们都参加了艰苦卓绝的生产劳动。隆冬腊月，与男社员一起修梯田，治理荒山荒坡，大寨村党支部书记陈永贵看到她们的表现，赞叹道："真是群铁妮妮！""妮妮"是大寨方言，就是小姑娘的意思。从此，大寨铁姑娘的名字就传开了。大寨村的生产和劳动也因她们的参与而多姿多彩，有声有色。大寨铁姑娘与大寨村其他女性一起，不仅参加集体生产劳动，还参与了当年大寨各项政治活动和文艺演出，她们陪同外宾、做讲解、演节目、习武艺，是大寨村最活跃的一支建设力量，也是方圆百里年轻女性们羡慕效仿的青春偶像。由于大寨很快成为全国名村，铁姑娘们在大寨村的各项工作中表现不凡，大寨铁姑娘也跨越一个村庄的地域范围，走向全国，并在 20 世纪六七十年代妇女解放的时代背景下，成为中国最耀眼的农村建设队伍，产生了这些年轻女性未曾预料到的政治影响。

再论西沟女性与"男女同工同酬"。西沟村作为太行山深处的一个小山村，能在 20 世纪 50 年代闻名全国，除了李顺达成立的第一个互助组外，还有西沟农林牧生产合作社副社长申纪兰发起的"男女同工同酬"。申纪兰担任副社长之初，为了完成集体生产劳动任务，必须发动女性劳力，走出家门，而使女性们走出家门的动力，就是争取到在同样劳动成果下与男劳力获得同样的工分待遇，这是实实在在的看得见的东西。申纪兰与西沟村女性骨干们一起，首先身体力行，又经过挨家挨户的发动，终于使“好男走到县，好女走到院”习俗下的西沟女性走出了家门，凭着自己的能力，与男劳力出一样的工，挣到了一样的工分，改善了自己的经济地位和家庭地位，丰富了自己的人生经历。这其中的意义，也是申纪兰和参加同工同酬的西沟女性们没有想到的，它同样契合了20世纪50年代我国发展工业化、急需大量劳力的时代背景。1953年，《人民日报》报道了西沟女性争取同工同酬的经过[1]，申纪兰和她的姐妹们发起的男女同工同酬由此走向了全国。

二

大寨与西沟，作为中国当代历史上山西走向全国的两个名村，已经成为山西的两张名片。“大寨铁姑娘”和西沟的“男女同工同酬”在中国当代历史上的影响和意义，超越了大寨和西沟这两个发源地。从20世纪50年代到今天，几十年过去了，当年风华正茂的铁姑娘，当年意气风发的“同工同酬”发起者们，那段岁月在她们的生命史上占据怎样的位置？这正是我们做女性口述史要探索的。

对于以往岁月的回忆，大多以正面为主，有着很强的时代荣誉感。大寨和西沟的这些女性，在20世纪五六十年代，全部处在十几至二十出头的年龄，正是生命力最旺盛的年龄，加上她们置身于大寨和西沟这两个闻名全国的村，耳濡目染，具有一种与生俱来的荣誉感，精神生活比同时代的其他农村女性要丰富得多，所以在口述时，首先谈到的就是集体劳动的场景，集体经济的成就，自己为集体作出了什么贡献，并为这种贡献而自豪。这种自豪感在于荣誉本身，在于自己对国家、对集体实实在在的贡献，这种贡献就是自己生命史中的最珍贵的收获，而没有丝毫物质索求。“山高高不过决心，地硬硬不过决心，只要你努力来，吃苦耐劳干这个事情，没拉人（没有人）干不到的，山再高，你硬往上，你不是也就站到高处了？地再硬吧，你硬往下做它了，它还能做不下去？”[2]99“那会儿当了劳模，就是领个奖状，还有一身绒衣。”[3]105“有时候我就觉得，自己再干也报答不完党的恩情，就是一生对党的贡献不大。（自己）也不受罪，也不受气，挺好的。”[3]105

在男女平等的时代大环境下，从家庭走向集体，从自身小天地走向外部大世界，这种坚实的步伐丰富了自身的生命史。大寨铁姑娘中，当时最小的不到15岁，最大的只有十七八岁，她们为了改善家乡的面貌，为了自己和家人过上温饱和富裕的生活，与同时代同年龄女性相比，确实吃了太多的苦，经受了更多的磨难，口述时对当时的艰苦环境记忆深刻，访谈者通过她们的口述，对她们改变家乡面貌的强烈渴望感同身受。“那时候（大寨）遭灾了，没办法不干活儿。当时有大人就在那儿喊：‘零下二十二度，太冷了！’当时没有棉鞋，穿的还是那单鞋，当时一天能让你休息一两个小时就不错了。”[3]130“那会儿像我们这群铁妮妮，这男人干甚我们干甚。像这冬天开石头，一打，这手就都给震得裂开了，流的那血！那会儿不像现在，连个这胶布也没有，最多有时候戴上副那线手套。那会儿这心里总想的是怎样才能快些修起这窑和这田，修起来后就好了。”[3]135 对从同工同酬中走来的西沟女性来讲，家乡的面貌从穷山恶水变为绿色银行、生态园林，这种巨大的变化有自己的努力在里面，看得见的自豪感油然而生。“山上青松和山桃，核桃山杏半山腰，道路两边都是柏，梨子挂满枝树梢，西沟的山西沟的水，西沟的山水真是美，永远是咱西沟人，奋发图强向前进。（我们）感到自豪。毛主席号召学大寨，陈永贵是好领班，我们一天天变好了。我们不觉得（累）。早上，我们五点多就去劳动，就往地里走了，每天晚上都得加班，十一二点才能睡。”[3]139

将自己的生命史融入了对历史进程有深刻影响的标志性历史事件，使历史事件具有了性别色彩。其中最具标志性的历史事件，就是以申纪兰为主的西沟女性发起的“男女同工同酬”。“男女同工同酬”作为当代中国妇女运动史上的标志性事件，它的意义在于“标志性”。对于申纪兰和西沟的女性来讲，她们在“无意识”之中将自己的青春融入了这样一个“标志”，由此丰富甚至改写了自己的生命历程。尤其是申纪兰，她从一个普通的农家女性，成为第一届至第十三届连续当选的全国人大代表，成为全国劳动模范，成为载入中国妇女运动史的人物。对于西沟的其他女性来讲，男女同工同酬在当初实实在在地改变了她们的人生，她们通过参加家庭以外的集体劳动，增加了家庭收入，改变了在家庭中的地位，这种动力和喜悦是内生式的，由此获得的人生尊严伴随了她们一生。另一个具有强烈性别色彩的是人民公社化时期的大办食堂，在她们的口述中，首先是家里不用开火做饭了，“我副社长就管这个食堂哩，一黑来（一晚上）倒食堂化了。那会儿吧群众也好组织，要这会儿来就不行。把大家家里头的粮食都集中到一处”。[4]151 在那样一个特殊的历史时期，女性们获得了家务劳动的“集体化”，每天参加集体劳动，省去了回家操持做饭这个劳心费神的家务劳动，这其中的体会也是独特的，这一点在很多研究成果中都有所提及，在本文中，通过口述者的叙述，再一次印证了集体化这一历史时期在女性生命史中留下的独特印记。

除了作为女性参加集体劳动外，由于当时大寨和西沟都是闻名全国的名村，国内外参观、学习、取经的各界人士很多，这些正值年富力强的女性就成为政治接待的首要人选。她们的出场，代表的是大寨的形象、西沟的形象，体现的是大寨和西沟全体村民的精神面貌和追求，所以这不是简单的接待任务。在她们的口述中，除了拥有的巨大荣誉感外，就是加倍小心、加倍重视，不让自己的工作出现任何一点儿差错，并保持自身农家女性的本色，确保不受外界不健康思潮的影响，把自身最健康的形象展现在中国和世界面前。“铁姑娘队是一个整体，当时到大寨的人很多，来的记者也很多，从山西到北京，搞农业的，农学院的，他（陈永贵）就要求我们女孩子一定要做到自尊、自重、自强，（外头）来的这些人也不都是（好人），得多注意。”[3]148 “墨西哥、阿尔巴尼亚这些国家的人都来过。美国人杨早、韩丁都来过。”[3]148 除此之外，组织参与各级各类文体活动，组建女民兵连，除平日训外，还经常代表当地到外界参加文体比赛和大比武活动，这也是这些女性当之无愧的政治性任务。从她们的口述中，可以感受到她们生活是怎样的丰富多彩。“我们铁姑娘，

23个人，有什么政治活动，我们都要参加。来了外宾，全上。接见外宾，陪外宾，我们都去，好像是挺活跃的一支队伍。白天干活儿那么累，我们还自编自演演节目，演什么跳脚舞，没有枪，就用木头枪。都是自编自演演节目，郭凤莲带着我们。”[3]149 “我们干活儿歇下来的时候就唱歌儿，我们那伙是郭凤莲领导的唱嘞，那凤莲会拼谱，经常搞文艺。”[3]158 “西沟的女民兵打得可好了，有些男的就不如女的，女民兵也是一个连，一百多号人，西沟的女民兵可算话了。”[2]105

对艰苦集体生活的口述，看不出悲观色彩，给人强烈的紧张、向上的时代感，并且对细节记忆深刻、准确。如晚上挑灯做鞋、参加大炼钢铁、修水库多少天不睡觉，口述过后，甚至她们自己都惊异于自己当年的精神头和体力。有的通过参加集体劳动给家里挣工分，见证了自身的成长：“我和我妹妹当时小，一天挣三分工，后来就涨成了五分，最后最多涨到七分。当时是每天啥也干，早上起来就挑粪。”[3]198 具有时代色彩的个人体验感超越了艰苦的劳动生活：“有一天晚上，狼来了，郭凤莲开了一枪，把狼打中了，外边的人都说，姑娘们不但都是劳动能手，还都是神枪手。把那只狼打死以后，后边狼就不来了。我们小的时候在狼窝掌核桃树底下开荒，山上狼可多了，有五六只狼相跟着，那时候我们跟住老社员，狼叫我们就学着叫，老社员就说不敢学狼叫，你们叫唤了黑夜狼就跟着去了。”[3]145 “我们真枪实弹都打过。那会儿解放军经常来，我们跟他们比赛，还扔过真手榴弹，打过枪。那时候郭凤莲、贾美荣打酒瓶她们都能打了，经常跟解放军比赛，还到过北京军区比赛过。”[3]145 “我姨夫（指李顺达）说有什么动静你不要下马，一直在马身上。他知道，我走到川底（西沟邻村）（天）就大黑了，可能是有了狼了，那个马就变了样了，叫了两三声，两腿拔刺、拔刺盘着蹄子，尾巴一摆，一收身子，叫了两三声，盘了两三下蹄，人家厉害，狼就走了。”[2]132 对集体时代劳动生活的愉快回忆中融进了对建设家乡的深深的自豪感：“那会儿集体去地里，又说了，又喜（高兴）了，又乱（扎堆）了，那个生活就可愉快了。好像西沟的集体观念特别强，就是一个老百姓也是特别认真，特别负责，西沟的人很忠实，干甚都是认认真真的，说干甚咱就干甚，作甚也是踏踏实实，反正是有一种吃苦耐劳、勇往直前的精神。”[2]

三

对于每一个女性个体来讲，对个人生命史中独有的足以影响以后个人和家人生活的重大事件的口述还是多面的，情绪也是立体的、多样化的。如在集体劳动中受重伤，口述很细致，并多次重复，看得出对当事女性个体的生活产生了负面影响，如影响以后做家务，身体多年伤痛，但是，口述者回忆时的情绪是积极的，并未怨天尤人，这可能跟个人性格有关：

这条腿掉了，这条腿曲了。冬天冷呗，冻的身上冰的，湿的呀，一抱我，我要起了，起不来了，没感觉了，腿给掉了。腿不在这了，不会站了，它已经撇一边了，后来那个组有个青年男人，人家青年人跑过来，老申（申纪兰）也在来，赶紧人家把我掐起来，站不开了，腿掉了，搁车上，把车弄开，把我来掐（抱）到车上，两三人掐我车上，人家一掐我，这就撅（疼）死我了呀，撅得我呀，像小铁榷弄得一样，嗷嗷叫唤哩。疼得不行，腿掉了，老申也乱了。老申说，她这个脚朝了后了，那次垫地，老婆们饥荒（差不多）有七八个在哩，掐起我来，我腿就提溜了，脚蛋子朝前。后来搁那个车上，叫那个男人跟后底搂着我，老申就这么硬扭，给我把个腿扭到里头了，就那么的我坐了四个月都不行。[2]111

在集体劳动中，青年女性不可避免地遇到生理期的问题。对于这个问题，大寨的陈永贵和西沟的李顺达都给予了充分的叮嘱和关照，从这里也可以看出这两位领头人确实称得上是中国农民的代表，有着中国农民的淳朴情怀。但是在当时的大环境和生产发展水平下，家务劳动社会化程度还不高，整个社会政治经济发展的惯性，掩盖了每个女性甚至男性对于自身生理的理性关切，所以女性在这种大规模强体力劳作中受到伤害是难以避免的："我那会上地，来了例假一个是腰疼、肚疼，有时候咱就不说呀，那年假如我嫂（申纪兰）早上不见我上地，就骂我。上地，有水，我是一见水，一激就没了。那时也不说，有一天早上，我嫂不知道，就骂我了。我在茅房哭一早上，不吃饭。"[2]152 "冬天，那时候咱不懂，我腰往下肿哩，后来子宫一直有毛病。胖（肿）了足足二十天我这身上。那会也穷呗，没啦个钱，伤筋动骨一百天，到家个委（待着，不活动）上一百天就行了。中午回那会，烧了，就身上难受，发汗，抽搐，心难受，去炕正躺着哩，起来了吃上点，跟人家走，起来吃冷捞饭，过去小米捞饭硬呗，我这就得了阑尾炎了。从那个以后，我的病就可多了。一样的，一样的，多的哩。从那个往后一年不如一年。"[2]200

还有女性生命史中具有重要地位的出嫁、生育问题、婆媳关系。说到出嫁当天就参加劳动，村里也没让休息，即使从外村嫁过来也是如此："娶过来了就参加劳动，我那个弟媳妇就是，上午来了下午我倒引上去了地里了。"[4]212 怀孕和生育后参加劳动的口述，这个情绪就比较复杂，因为这是女性不得不独自承担的重负，与当时的时代氛围相纠结，大多数女性身心俱疲。"那会纪兰就带着老婆（妇女）们去地里，到（了）地里，老婆们就说孩子难受哩，她说孩子不吃奶，她说真费事，大的哭哩，小的乱哩。"[2]210 有的女性生育后，因为婆婆去世或身体不好，就把孩子放在村里的托儿所，其实说托儿所，也就是村里组织几个老人帮着照看一下孩子，哺乳期的孩子，母亲上下午需要回来喂奶。"找个两家互看，一个老的看两家的。"[2]215 白天到地里干活儿，晚上孩子睡了以后，还得做全家的活计："黑夜把孩子弄住吃了，躺住挨住身上，就开始做活儿，就睡不醒觉，那会也没有表，多会觉得瞌睡，多会睡。早起早早地就要上工哩，队长安排，（上地）动了，下午弄了家务，还得去地。"[2]215 这类女性没有人手帮忙，只能里里外外一把手，就更加艰辛，但也更加坚强。

当时大多数女性都有两至三个子女，女性生育后的负担与当时婆家人手有关，更与婆媳关系有关，且大多数女性参加集体劳动时，都把孩子放给婆婆照看，这是基本模式。总之，在物质匮乏、需要全家竭尽全力才能维持温饱的年代，这两个村的婆媳关系大多是平稳的，也是基本和谐的。但也有个别的婆媳关系不好，丈夫在家里做不了主，不会协调婆媳关系，这类女性不但身心俱疲，往往还带着情绪，这对处于哺乳期的女性身体极为不利。“生了孩子不去（劳动）能行？哪能吃上饭了？那时候生了孩子 70 天就得去动了，孩子找人，要不两人打帮，动上一小会回来。那时候冬天下雪，还不让你回家了。引上孩子也得往地再走了，十冬腊月天，下着雪，早起不明就起来吃饭，弄上孩子。”[2]237

在大寨和西沟这两个名村，所有未婚女性都面临着一个相同的问题：嫁在本村还是嫁到外村？嫁到本村，荣誉感强，有前途，集体生活丰富多彩，尤其是作为大寨和西沟的女民兵，比周围村的女性有了更多的锻炼机会，参与文体活动，释放了年轻女性的天性，接待外宾内宾，增长见识，也有着更为深刻的生命体验。但是留在名村，就意味着参加更多的集体劳动，吃更多的苦，对自身各项的要求必须更加严格，这也是当时很多女性纠结的地方。不过，大寨铁姑娘中的大多数，还是嫁在了大寨本村，这里还有一个原因，就是陈永贵担心大寨铁姑娘嫁到外村受苦。“大寨女性出嫁不出村，我们找对象他（陈永贵）也要过问，当时管得严，你找对象，一定要考虑好，关系到你的将来，不能轻率。大寨正红的时候，人家捧你敬你，具体到你这一个小姑娘，人家外头的人，是不是就是真心的？但是，（陈永贵）没说不让往外嫁，真正出来的也不多，就我和贾存锁来了洛阳，其他的都嫁到了当地。”[3]178对于西沟来说，李顺达时代，西沟村民的生活水平比周围村要富裕得多，所以西沟女性很多还是嫁到了本村。另外，对于接受教育，在西沟，尽管李顺达兴办了金星大学，中小学在当地也很有名，教学质量也名列前茅，西沟男女青少年受教育程度在当地是比较高的，但是与男孩相比，西沟女性的受教育程度还是差一些。“女孩上学的就不多，男女还是有分别。我们这个村上的学历，女的最高的应该就是我，我上初中，完了以后当兵，在部队考到第四军医大。”[2]250

郭凤莲作为大寨铁姑娘的带头人，申纪兰[①]作为西沟“男女同工同酬”的发起者，今天她们的同龄人早已退出公共生活，享受天伦之乐，但是她们两人还活跃在公共政治生活领域，充当着当地经济发展的领头羊和所在地的“名片”，她们个人生命史早已超越了同时代的大多数女性，她们的口述带有强烈的女性精英意识，精彩纷呈，既有共同点，又有各自的特色，对中国当代史、中国妇女运动史、中国农村变迁史研究，都弥足珍贵。她们口述史的内容有：最初参与村级政治生活、时刻关心国家大事、自强不息和不服输的个性特征、面对人生低谷隐忍向前、在时代风云中练就了宽广的胸襟、永远立足脚下的土地、精神生活极其丰富、超越常人的健康体魄，等等，她们是大寨和西沟女性中的代表。由于本文的主要考察对象是大寨和西沟这两个村的女性群体，她们的个人生命史与大寨和西沟其他女性是相融相通的，所以在此没有将她们的口述史内容展开来分析，她们的口述内容，将在专文中探讨。

【参考文献】

[1] 蓝邨．劳动就是解放，斗争才有地位——李顺达农林畜牧生产合作社妇女争取男女同工同酬的经过 [N]. 人民日报，1953-01-25.

[2] 李中元，杨茂林，刘晓丽．西沟口述史及档案史料（1938—2014）：口述史卷一 [M]. 北京：人民出版社，2017.

[3] 孙丽萍，刘晓丽．口述大寨史——150 位大寨人说大寨（上册）[M]. 广州：南方日报出版社，2008.

[4] 李中元，刘晓丽．口述申纪兰 [M]. 北京：人民出版社，2017.

① 2020 年 6 月 28 日病逝，享年 91 岁。

女性口述历史与女性主义口述历史关系辨析

李慧波 *

摘要：学界对妇女口述历史的认识存在一定的差异。“女性口述历史”比“妇女口述历史”更能涵盖全面。女性口述历史包括两个方面，即作为口述史子集的女性口述历史与女性主义口述历史。后者涉及两个层面：一是以女性主义者为主体的历史；二是女性主义视角下的口述历史。通过对关注的主体、认识的视角、研究的内容等方面对作为口述史子集的女性口述历史与女性主义口述历史的比较，可以进一步明确二者的区别与联系，从而为妇女口述历史的收集和研究做出努力。

关键词：妇女口述史；女性主义口述史；女性口述史

一、问题缘起

在口述历史蔚然成风的今天，妇女口述历史也悄然兴起，且得到不少人的青睐。从目前出版的妇女口述史著作来看，地域上涉及中原到边疆，族类上涉及汉族到少数民族，群体上涉及女童、少女、女工、女行政人员、女专业技术人员、女战士、妇女干部、妇女活动家、女性教育工作者、女新闻工

* 李慧波，女，博士，中华女子学院图书馆馆员，研究方向为图书情报、口述历史、社会性别。
本文转自《图书馆研究与工作》2018 年第 1 期。

作者、山区妇女、农村妇女、女知青等，体裁上涉及生命历程型也涉及主题型，如生育、受暴、文化艺术等。从作者姓名及相关信息推断，除了一部分作者如杨立文、定宜庄、程郁等出身于传统史学界之外，也有如社会学学者潘毅、文学学者刘文菊、民族学学者何钟华、民俗学学者杨洪恩、人类学学者张晓等人参与，其中还包括女性／社会性别领域的研究者如杜芳琴、张晓、和钟华、李小江、宋美娅、魏国英、张李玺等。但目前或多或少仍存在“妇女口述史属于妇女”现象，有些女性主义／女权主义学者对于这些虽以妇女为主体，但充溢着男性主体意识的口述历史成果进行了批判。如定宜庄曾说：“《最后的记忆》出版之后，美国就有个研究妇女史的学者提出，我这书里虽然做的是女性，却没有表现出自觉的女性意识。”[1]在中华女子学院中国女性图书馆历年举办的妇女口述史研讨会上，也不断有学者指出，某些发言者的发言内容“没有或不具有社会性别意识”。这就涉及妇女口述史应具备什么特点，女性主义意识是否是妇女口述史的确立的必不可少的要素？探讨它的特点，有助于我们理解妇女口述史的价值并对其正确使用。

二、文献回顾

目前，关于什么是“妇女口述历史”，学界没有专门的论述，但从一些研究性文章中可以看到一些学者对妇女口述历史的理解。如李小江认为“妇女史与口述史具有天然的盟友关系”。她还认为，“妇女口述历史在今天社会中兼有政治的和学术的双重使命。找回和重建女人的历史，不仅是史学的需要，更是女人找回自我，确立自主、自信的人生的必要基石”。[2]李洁认为，“口述史与女性主义视角在研究主体、研究内容、研究的真实性和研究主客体之间的关系等方面存在诸多相似之处”。“口述历史可以帮助我们从妇女对日常生活的讲述中挽救和建构妇女史”。[3]李文芬认为，“就关注弱势群体、挑战权威而言，口述史与女权主义有着天然的亲缘关系或战友关系”。“但是就批判性别压迫、促进性别平等而言，两者的战友关系并非如此‘天然’合一”。“口述史未必就能促进性别平等，能否促进性别平等取决于做口述史时是否贯彻了女权主义精神”。[4]“女权主义口述史是贯彻女权主义精神的口述史”“女权主义口述史的研究对象主要是女性及其性别经验，研究者（不仅仅是访谈员）必须具备性别意识和性别视角，能够站在女性的立场”。[4]杨祥银认为，女性主义口述历史“唯一可能的是如何在女性口述历史过程中更好地体现女性主义视角……建立访谈者与受访者之间的平等互动关系，通过让女性（所有弱势群体）自己发言，挑战现存的包括性别、阶级、种族等在内的所有不平等观念与现象，真正实现个人自由、民族自决与社会平等”。[5]魏开琼认为，“广义上，如果从事口述研究的学者在确立自己的研究主题和对象时针对的是女性，即便没有明确的女性主义意识，但其关注女性的立场同样属于妇女口述史的范畴；狭义上说，妇女口述史当是结合了女性主义理论与新社会史理论后形成的具有明确女性自觉意识和社会性别视角的收集史料与治史方法的结合”。[6]从这些学者的表达中可以看出，妇女口述历史与口述史、妇女史和女性主义、女权主义等术语密切相关。其中，女性主义、女权主义的称谓都是对英文单词 feminism 的中文翻译，“如果仅仅是从对同一个英文单词 feminism 的中文翻译来说，女权主义与女性主义其实没有区别”。[7]而在当下，“女性主义”一词要比“女权主义”一词用得更为广泛。

三、女性口述历史与女性主义口述史在概念范畴及功能方面的比较

（一）作为口述史子项的女性口述历史（妇女口述历史）

“妇女”与“女性”这两个词在汉语系统中具有一定的区别。尽管刑法对于妇女的定义是明确的，即满 14 周岁的女性，但在绝大多数人的认知中，

“妇女”习惯上指成年女子。现实生活中，常指已婚已育的女性。“女性”的称谓，表示与男性相对的生物学上的性别划分，与“妇女”相比，其指代的范围更为广泛，特别是那些引领时尚潮流的年轻女性，更不希望自己被称为“妇女”。由此，“妇女口述历史”的称谓有可能会遗漏非“妇女”的范畴，可能会使人认为女童、青少年女性等群体不属于“妇女口述历史”的范畴。所以，笔者认为，将“妇女口述历史”改称为“女性口述历史”似乎更能涵盖全面。

20世纪60年代以来，历史研究中的精英取向受到批判与反思，社会史倡导的对底层人群／弱势群体加以关注的呼声越来越高。弱势群体是社会学流行的一个主流行概念。“社会弱势群体是一个社会分层基础上的概念，它指的是由于自然与社会的、先天与后天的、人为与非人为因素的影响，在社会地位、财富分配、政治权力行使、法律权利享有方面处于相对不利地位，以及在发展方面潜力相对匮乏的人群”。他们无力掌握社会组织资源，难以影响公共政策的制定，在表达自己利益方面处于绝对边缘化的地位[8]。而口述史却可以发掘沉默的人群（如妇女、少数民族、社会底层）和人们沉默的声音（关于私人情感、生命体验等），使史学有可能更完整地记录“人”的历史。因此，很多人一直在积极地推动着口述史发展。

正如没有其他边缘群体的历史是不完整的历史一样，没有女性的历史也是不完整的历史。然而，书写方式记载的女性史料如此之少，这就使人们借助于口述历史的方法去拓展女性的口述历史资料的收集。这种收集方式不仅令历史的包容面更广，而且摆脱精英化的局限，更能兼顾一些“不登大雅之堂”的“女界琐事”和个人感受，正如Gluck和Patai所言，“口述史能令妇女在历史上变得‘可见可闻’，不再是无声、无息、无史的一群”。[9]

在这里，女性口述历史的主体为女性，它对应于以男性为主体的口述历史。最常见的就是以女性为研究对象进行分类的口述史的收集，如女工口述史、女知识分子口述史、家庭妇女口述史等。实际上这些都是与口述史相关的子项，其目的是摆脱历史记载精英化的局限，填补历史的空白，为口述史的收集开辟了更广阔的领域。如图 1 所示的集合 B（作为口述史子项的女性口述历史）与集合 A（口述史）的关系。因此，作为口述史子项的妇女口述史，仅是以填补历史空白和摆脱历史记载精英化为目的，把女性作为口述主体而进行的访谈 / 记录 / 研究的行为。它与访谈者的性别、立场和价值观无直接关联，访谈者可能具有社会性别意识，也可能不具有社会性别意识，甚至可能是反对社会性别平等的人，其收集和研究方法有可能是以父权制的价值观或男性史学的标准来进行的。

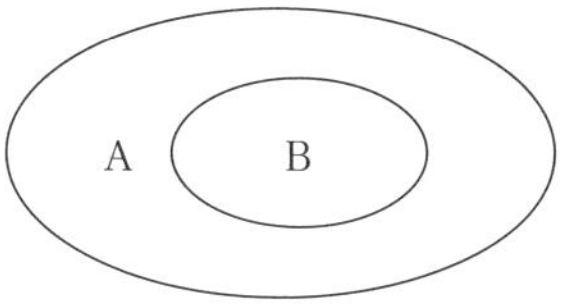

图 1　女性口述历史（B）与口述史（A）的关系

（二）女性主义口述史

女性主义口述史是随着性别研究的拓展发展而来的。我们知道，女性主义是从反抗性别歧视的斗争中产生的。很多女性主义学者也一直积极地推动口述史的发展。与社会史的倡导者一样，他们也认为，“口述史可以把被主流社会忽视的女性群体带入学术和公众视野”。[4] 在此基础上，“他们吸纳口述史搜集、整理、分析史料的方法和理论，以妇女口述史的系统性、真实性和深刻性更有效地让妇女及其经验可见，让女权主义观念、理论和行动更具说服力和感染力”[4]。可见，女性主义口述历史与一般口述史不同，它不仅具有批判的特征，而且要赋权于妇女，改变性别不平等状况。所以笔者认为，女性主义口述历史可以分为两个层面来理解：既可以理解为以女性主义者为主体的口述史，即女性主义者本人口述的历史；也可以理解为女性主义视角下的口述史，即女性主义者通过运用“社会性别”的视角来进行口述史的收集和研究行为。

1. 以女性主义者为主体的口述史

这类口述史的受访者全部为具有性别平等意识的女性主义者，如《记录她们20年的行动足迹——北京+20妇女活动家访谈录》（第7—9卷）和《妇女口述历史丛书》（第6卷）中的受访者。书中访谈员提到的问题和受访者的回答都是围绕推动社会性别平等运动来展开的，带有明显性别意识。这类口述史的受访者不仅是生理性别为女性的女性主义者，也有生理性别为男性，却具有社会性别意识的女性主义者，即具有社会性别意识的男性，如受访者方刚、李明舜、李树茁、张开宁等。

2. 女性主义视角下的口述史

这类口述史的受访者的回答尽管没有社会性别意识，但是访谈员提的问题却带有明确的社会性别意识，如《倾听与发现：妇女口述历史丛书》（第1—5卷）和《妇女口述历史丛书：女新闻工作者卷》中的访谈内容皆是如此。访谈员不仅关注女性个体在时代社会大背景下的际遇，还关注“制度性或结构性的社会和文化对女性自我发展的制约性压迫和对自我决定的阻碍支配因素”，同时还关注女性“在社会性别制度制约与空间中的主体性”[10]。甚至通过访谈，去分析、批判并改变不平等的性别权力关系。也就是说，“女权主义口述史的工作者必须具备一定的社会性别敏感度和分析能力，以及具备建设性批判与行动的能力”。[4]

由此可见，女性主义口述历史具有以下特点：

（1）具有强烈的批判精神。除了与口述历史一样，女性主义口述历史鼓励普通人发声，挑战不平等的权力关系外，还对一般口述史可能存在的性别盲视进行批判。正如有学者所言：“女权主义向口述史的注入，显然可以帮助它反思可能存在的性别盲视，甚至性别歧视，从而形成更强大的批判力。”[4]

（2）是女性主义研究的一个组成部分／一种方法，为人文社会科学提供了新的研究视角。某种程度上，女性主义口述史可以看作妇女研究的一个子项。女性主义口述史有助于促进妇女研究的跨学科（如历史学、人类学、交际学、语言学、民俗学、文学、社会学、心理学等）及跨领域（性、婚姻、家庭等）的发展。正如格拉克与达芬尼·帕特主编的《女性的话语：口述历史的女性主义实践》一书中提到的，“传统的口述历史方法已经不能很好地满足女性口述历史的兴趣，我们必须利用跨学科视角，只有如此才能更为深刻地理解女性主义口述历史的复杂性”。[5]

（3）是一种政治手段。女性主义口述史具有明确的为妇女发声，“并最终改善和提高妇女的社会地位与社会参与”[3]的目的。即实现琼·凯利－加多（Joan Kelly-Gadol）“将女性还原到历史中去，为女性重建女性历史的理想”[11]，以挑战、改变不平等的性别关系。

（4）具有行动导向。女性主义口述史不仅是女性主义研究的一种方法，同时具有明确的行动导向，是女权主义运动的一部分。如《记录她们20年的行动足迹——北京+20妇女活动家访谈录》（第7—9卷）和《妇女口述历史丛书》（第6卷）的编写目的之一就是希望通过年轻的访谈员与妇女活动家对话来梳理和总结近20年来中国妇女发展的路径，也希望1995年联合国第四次世界妇女大会的精神在青年一代群体中得到传承。年轻的访谈员在后记中写下了：“我向所有兢兢业业为社会性别平等事业默默付出的前辈们表达深切的敬意，你们就是我们青年一代前进的指明灯，是我们奋斗的风向标。我会把这次访谈所吸取到的正能量传递给更多身边的人，希望我们每一个参与者都能尽自己最大努力为性别平等事业的发展贡献力量，推动真正意义上的性别平等在我国早日实现。”[12]可见，女性主义口述历史“与一般的口述史不同，其批判精神与行动导向超出纯粹学术研究的领域，与社会生活、社会运动直接挂钩，用学术行动及其他衍生行动直接推动性别平等和妇女权益的发展”。[4]

3. 口述史、作为口述史子项的女性口述史与女性主义口述史的比较

由以上叙述可见，口述史、作为口述史子项的女性口述史及女性主义口述史之间有联系也有差异，其中的关系如表1所示。三者都具有批判的特征，但前两者主要是为底层人群／弱势群体（包括女性）发声，但女性主义口述史的目标是，使女性得到社会的承认和肯定，并建立一种两性平等的人际关系和社会秩序，实现男女两性的共同进步和协调发展。它不只在于将受访者看作资料收集的工具，也不仅是作为一种研究手段，其原动力或追求的目标是以妇女为出发点，以性别公正为目标，以口述史作为手段，使妇女状况得以改变，使理想的性别公正得以实现。

作为口述史子项的妇女口述史中的受访对象虽然是女性，但访谈员也许并不具备从性别角度进行分析的意识和能力。而女性主义口述历史虽然与受访者和访谈员的性别无关，但其立场和价值观一定是具有社会性别意识的女性主义视角，即女性主义口述史的访谈员必须具备从性别角度进行分析的意识和能力。当然，三者之间并不是截然分开的，当我们以女性为研究对象或访谈对象时，不管是否具有社会性别意识，不能不注意女性的立场、观点及生存状况。而且，女性口述历史也会涉及对两性关系的研究，因为两个性别世界的关系，如家务劳动与外出工作、私人领域与公共领域、男性与女性的社会关系等都“超越了将女性作为单一性别群体的历史考察”。[11]

表1　口述史、女性口述史与女性主义口述史的比较

	对比项目	口述史	女性口述史	
			作为口述史子项的女性口述史	女性主义口述史
异	目的	批判主流历史，为底层人群／弱势群体发声	批判主流历史，使妇女作为社会人回归社会	批判主流历史，并以女性批判的眼光看待历史中的两性

续表

<table>
<tr><th rowspan="2"></th><th rowspan="2">对比项目</th><th rowspan="2">口述史</th><th colspan="3">女性口述史</th></tr>
<tr><th>作为口述史子项的女性口述史</th><th colspan="2">女性主义口述史</th></tr>
<tr><td rowspan="4">异</td><td>受访者类型</td><td>男性或女性</td><td>女性</td><td>女性</td><td>女性主义者（男性或女性）</td></tr>
<tr><td>受访者特点</td><td>可能不具备社会性别意识</td><td>可能不具备社会性别意识</td><td>可能不具备社会性别意识</td><td>具备社会性别意识</td></tr>
<tr><td>对访谈员的要求</td><td>具备口述史的相关知识，但可能不具备从性别角度进行分析的意识和能力</td><td>具备口述史相关知识，但可能不具备从性别角度进行分析的意识和能力</td><td colspan="2">具备从性别角度进行分析的意识和能力</td></tr>
<tr><td>收集标准</td><td>遵循传统学术对资料收集的客观性的单一标准</td><td>遵循传统学术对资料收集的客观性的单一标准</td><td colspan="2">反对所谓“客观中立”原则。为女性发声，重视女性的主体经验、促进她们自我赋权</td></tr>
<tr><td rowspan="3">同</td><td colspan="5">反思性、批判性、挑战权威，鼓励缺少话语权的群体发出自己的声音</td></tr>
<tr><td colspan="5">与访谈对象建立平等协商关系</td></tr>
<tr><td colspan="5">主要对象为普通人群</td></tr>
</table>

四、妇女口述史的收集方法

（一）既要关注精英女性，也要关注普通女性

历史是延续的，口述史的价值在于继往开来、服务当代、有益后世。作为被遗忘的大多数的女性群体而言，她们每个人的经验都是独特且有价值的，每一个女性的人生故事都能折射出时代的光辉。只有倾听她们的叙述，“才能追寻捕捉她们的经历，追寻她们的历史，提供史学知识的生产。更重要的是，对妇女的这段经历已经作为过去为今天提供的珍贵史料和精神遗产而赋予教育、启示的价值”。[10] 不仅如此，“中国妇女地位的变迁，与我国的政治、经

济变革关系相当密切，如果将众多的第一手资料收集起来，对研究妇女运动史将有很大意义”。[13] 即使一些女性仅承担家庭角色，也应该看到其价值。家庭主妇付出的艰辛绝不低于职业女性。她们对于家庭的照顾以及对孩子的爱护和教育，绝不比外出工作的母亲少，对优良家风的构建与和谐家庭的建设起着良好的作用。所以，家庭主妇的力量和作用不可忽视，她们和职业女性同样为社会和国家奉献了属于自己的价值，她们的社会地位和价值理应得到肯定。

（二）既要关注女性在宏大历史叙事中的贡献，也要关注私人领域里被忽视的议题

在制度性、结构性的社会性别建构下，要建立对女性生命事件的敏感，既要关注女性在宏大历史叙事中的贡献，也要关注那些非偶然性的又被视为正常的、理所当然的具有性别特征的生命事件。在传统性别制度中，女性承受着职业和家庭责任的双重负担和压力，需在 3 种角色（女孩、妻子、母亲）中尽责，才可能被称为“完整女人”“好女人”。作为女孩需要乖巧、懂事、干净、漂亮、懂规矩……婚后作为妻子除了完成生育，还要担负起养育孩子、料理家务的重任，甚至还要尽显温柔体贴、慈爱宽厚、含辛茹苦、不求回报的品格。这些都是制度性、结构性的自我发展的制约性压迫，属于阻碍性支配系统。“再生产劳动负荷与职场工作冲突使她们中的许多人发出责任重、待遇低、家庭无助、牺牲、受歧视、窝囊、不平等的抗争之声。”[10] 如纺织女工杨美珍说：“小女儿，也是我生下她 56 天开始上班以后，就送她去托儿所了。上班的时候把孩子送去，工作时间该喂奶了，有人替着干活儿，我赶紧去奶孩子，孩子 6 个月到 1 岁的时候，我在工作时间奶两次孩子。下了班就自己抱着孩子去开会，不管开到什么时候都得抱着孩子开，带点儿吃的。晚上等孩子睡了，还想干点儿活儿，给她洗洗、缝缝、补补。那时候一天睡不了几个小时的觉，上班困得我还没络纱就用手拨穗子，明明这些纱都掉在盒子里，我就觉得是掉到地上了，赶快跟着去摸这个穗子，结果摸不着。从

盒子里拾起个穗子以为是萝卜，就啃一口，把牙硌得生疼。”[14]44-45 这些私域中家庭日常生活议题，“不仅让我们看见并重估女性在宏大历史叙事中往往被淹没的贡献，并重估历史书写的意义，更让我们从她们生命史的追寻中，发现那些被忽略的事业与家庭私域的冲突张力、生存状况复杂性和更隐秘的内在精神世界”。[10]

（三）关注女性的主体性

妇女主体在制度文化建构中不仅仅是被压迫者，她们也有自己的能动性。我们在对女性进行访谈时，除关注其家庭角色之外，还需要关注女性怎样发挥主体能动性应对父权制性别制度结构的制约和限制。其实，“每个个体都处在一连串的结构位置和主体位置的交织、嵌入甚至冲突之中，有时出现无法完全实现在结构位置中的自主选择；但主体位置在结构位置中通过不断的实践经验与话语言说也可能建构型塑个人积极的主体性，或顺势适应，或抵抗压迫，或自觉能动有意识地创造变革改变自己和所处的环境”。[10] 如初等教育工作者高春英回忆：“解放初期，大多数的人家生活贫困，孩子们都不能上学读书，我们家更不用提了。男人下地耕种、锄、耪，女人在家里除纺织就是干针线活儿，妈妈只知道干农活儿、织布纺线换粮食吃，认为女孩儿们读书无用，只让我哥哥一个人去读书……那是20世纪50年代初，我看到有的人家女孩儿上学读书了，我们姐妹们羡慕了，就哀求妈妈，开始妈妈不答应，我们就每天不停地说呀、求呀，让别人说情呀，最后妈妈让我和二姐上午到学校报名。我们高兴而去，可到了下午妈妈变卦了，说什么‘都上学去，耽误纺线、薅苗、拾柴什么的，还是不去读书为好’。我急着说：‘比我大点儿的邻居老姑都去了，就让我去吧，好妈妈。’我坚持边闹边哭，求别人说情。几天后，妈妈见拗不过我，最终决定让我一人去上学，二姐留在家里干活儿；当时二姐又哭又闹，非要上学不可，但无论怎么闹，也没让二姐去。我虽然让去上学，必须答应妈妈一个要求，就是每天纺三捆布介，我答应了，这才开始了我的学生生涯。”[15] 受访者家庭经济条件差，其母亲认为女孩子读书无用，极力反对女孩子上学。但个体是一个动力性的整体，不是受制于社会路线的被动承受者。受访者虽然受到各种限制，但是通过主观努力获得了受教育机会。可见，外部环境固然对个体的生命历程有很大影响，但个体的生命历程并非完全取决于外部环境，个体的能动性在自己的生命历程中也有很大的作用，甚至成为最终决定个人生命历程的机制。即使是对不平的倾诉，也能显示出妇女的能动性。

（四）兼顾“史”“学”结合的优势，避免各自的局限

对于女性主义口述史与作为口述史子项的女性口述史或口述历史之间的关系，我们应该关注其“衔接”或“对接”的一面，而不是“彻底颠覆”或“全盘否定”。仅仅有作为口述史子项的女性口述史或女性主义口述史是不够的，前者缺乏理论根基，后者不足以成为建构“历史”的全部基础。从妇女口述史的发展态势来看，与妇女史的研究具有相似性，首先是作为“口述史”的“添加史”，妇女口述史被添加到男性构建的口述史学中，进而构建完全属于女性的“作为口述史子项的女性口述历史”，继而把性别作为工具，发展成“女性主义的口述史”。从“挖掘”历史上“女性”这一群体，进而考虑到“社会性别”，这一发展趋势有其必然性和逻辑性，让我们用更加多元的视角来窥探、审视和构建既有的历史。也就是说，“不只关注妇女的生活与命运，以及历史上两性之间的关系，同时还担负着对以往历史知识建构的全面审视和包括两性经验在内的新的历史知识建构的任务”[16]。所以，笔者认为，作为口述史子项的女性口述史的“史”和女性主义口述史的“学”可以结合起来，“史”为原料，“学”为理论／方法，二者的结合，可以使口述史收集和研究中的理论、视角和方法更加完善。

五、结 语

我们看到，女性口述历史中涉及的非女性主义的女性口述历史与女性主义口述历史是并行存在的。并不是所有的女性口述历史都是女性主义口述历史，前者是后者的必要不充分条件。有些女性口述历史的著作是无性别意识的，甚至是按照父权制的价值观而写作。女性主义口述历史具有政治性，而女性口述历史并非一定具有政治性。但这并不是说二者是处于对立面的，也并不排除二者的合作。正如定宜庄所言，“妇女史引入‘社会性别’概念，提供了一个理解和阐释历史的全新视角；应该尽量开拓史料收集范围，但不能置传统史学文献与优良传统于不顾”[17]，这对妇女口述历史也同样适用。可见，妇女口述历史范围的广泛性和内涵的丰富性，同时也让我们感受到其复杂性与发展性。

【参考文献】

[1] 许斌，定宜庄 . 一个口述史学者的口述：定宜庄博士访谈 [J]. 黑龙江民族丛刊，2003（5）：85.

[2] 李小江 . 女性的历史记忆与口述方法：从“二十世纪妇女口述史”谈起 [N]. 光明日报，2002-08-06（B3）.

[3] 李洁 . 口述史与女性主义研究的亲缘性 [J]. 中华女子学院学报，2012（3）：94-97.

[4] 李文芬 . 女权主义口述史：作为女权主义行动的口述史 [J]. 中华女子学院学报，2015（6）：86-91.

[5] 杨祥银 . 妇女史、口述历史与女性主义视角 [J]. 浙江学刊，2004（3）：211-212.

[6] 魏开琼 . 中国妇女口述史发展初探 [J]. 浙江学刊，2012（4）：198.

[7] 女权主义与女性主义有什么区别吗？ [EB/OL].[2017-07-12].http://theory.people.com.cn/GB/49154/49156/4281407.html.

[8] 李莉．和谐社会中的妇女非政府组织：角色、作用与行动 [M]. 北京：中国社会科学出版社，2012：26—27.

[9] 叶汉明．口述的性别维度：从工作与家庭对香港制衣业男、女工人的意义切入探讨 [M]. 香港：香港中文大学亚太研究所，2014：1.

[10] 杜芳琴．追寻·发现·倾听：融生命史于宏大叙事中的妇女口述史——评《追寻她们的人生》系列 [J]. 山西师大学报（社会科学版），2016（6）：13—17.

[11] 金利杰．对女性主义史学的再认识 [J]. 妇女研究论丛，2014（1）：51—52.

[12] 张李玺．记录她们 20 年的行动足迹：北京 +20 妇女活动家访谈录（7）[M]. 北京：中国妇女出版社，2015：30.

[13] 赵金平．当代女性口述史刍议 [A]// 中国近现代史料学学会，中共石河子市委党史研究室．中国近现代史及史料征集研究（二）中国近现代史史料学学会学术会议论文集 [C]. 新疆：新疆教育出版社，2002：301.

[14] 张李玺．追寻她们的人生：女工人和女行政人员卷 [M]. 北京：中国妇女出版社，2015.

[15] 张李玺．追寻她们的人生：学前和初等教育女性工作者卷 [M]. 北京：中国妇女出版社，2015：217.

[16] 杜芳琴．历史研究的性别维度与视角：兼谈妇女史、社会性别史与经济 [J]. 山西师大学报（社会科学版），2003（4）：111.

[17] 高世瑜．从妇女史到妇女性别史：新世纪妇女史学科发展十年 [J]. 妇女研究论丛，2015（3）：118.

第二章

妇女口述史书评

追寻·发现·倾听：融生命史于宏大叙事中的妇女口述史

——评《追寻她们的人生》系列

杜芳琴*

摘要：《追寻她们的人生》（五卷本）汇集了跨越时代和社会变迁的新四军女战士、新中国第一代科技与社会科学等领域的女专家和出身工农大众受到教育进入职业生涯——务工、农垦、幼教或农村教师的女性的口述史，通过她们以出生—教育—职业—婚姻、家庭、生育—老年等生命历程为线索的讲述，让读者不仅看见并重估女性在百年宏大历史叙事中常常被淹没的革命、战争、建设等公共领域作出的贡献，启示历史学者重估女性贡献的百年历史书写的意义价值；更让人们从她们生命史的追寻中，发现被忽略的职业女性在事业与家庭私域的冲突张力、生存状况之艰难、复杂和更隐秘的内在精神世界。五卷本妇女生命口述史的设计、访谈和编辑的全过程，将“理解”和“倾听”、社会责任和学术抱负有机结合，既不回避研究者的立场和目的，同时也为改变今天妇女的生存环境和状况、消除性别歧视和实现社会公正，提供了政策制定和发展计划的参照和依据。

关键词：妇女；人生；口述史；倾听

---

* 杜芳琴，女，天津师范大学性别与社会发展研究中心教授。本文转自《山西师大学报（社会科学版）》2016年第6期，本次出版略有修改。

中华女子学院中国女性图书馆2011年启动了国内首家大规模的妇女口述历史资料收集整理项目，首批推出的十卷本《倾听与发现：妇女口述历史丛书》——《追寻她们的人生》（第1—5卷，张李玺主编、李慧波副主编，以下简称《追寻》）、《记录她们20年的行动足迹：北京+20妇女活动家访谈录》（第6—9卷，张李玺主编、李洪涛副主编）和《女性人生价值的诠释及口述史本土化探究》（第10卷，张李玺主编、李慧波副主编）相继出版（中国妇女出版社，2014—2016）。其中《追寻》系列五卷本——依次为《新四军、志愿军女战士和妇女干部卷》（第一卷）、《学前和初等教育女性工作者卷》（第二卷）、《新疆生产建设兵团女性卷》（第三卷）、《女性专业技术人员卷》（第四卷）与《女工人和女行政人员卷》（第五卷），是从近百名70岁以上受访者中遴选63名事主，记录下她们讲述生命史与职业史交织的人生历程及其背后的时代变迁。当下流行的口述史一般是以预设主题和人群为中心的口述实录，像《追寻》这样按职业事类和时段年龄分卷成册，并以妇女生命史为主轴的口述史著述并不多见，因而独具魅力。该系列展现给读者的是一幅近百年间不尽连贯但有连续性的历史画卷：从民族救亡到阶级解放，从新时期改革开放到卷入全球化市场经济战场，活跃在跨越不同时段历史舞台上的女性，讲述着她们斑斓纷呈的人生经历：她们有出生于20世纪20年代，历经南北征战、出生入死的新四军女战士；有新中国成立前受过高等教育成为共和国第一代科技、工程、医学、社会科学等领域的女专家；也有出生于20世纪40年代翻身工人与农民的女儿，新中国成立开始受小学教育、建设时期进入职业生涯的女性，她们或务工、或农垦、或从事幼教和任农村教师。她们的讲述，让读者不仅看见并重估女性在百年宏大历史叙事中往往被淹没的贡献并重估历史书写的意义，更让我们从她们生命史的追寻中，发现被忽略的事业与家庭私域的冲突张力、生存状况复杂性和更隐秘的内在精神世界。

一、追寻：讲述人生，赋百年“大历史”以新意义

（一）看见：铭刻着历经艰险磨难打天下、创新业女杰的丰碑

在第一卷的讲述中，20 世纪 20 年代出生的从少年戎马倥偬到新中国成立后治国理政的新四军的女战士中，赵征的经历最有代表性。她出身上海一小康家庭，上海沦陷后受地下党员兄姊的影响，悄悄离家到苏北新四军根据地，从文工团员到财务会计，转战苏北、山东；抗战胜利后继续投入解放全中国的战斗；1950 年转业接管上海银行开拓工作，3 年后调北京中国银行总行；改革开放退休后又奉命创业中国银行南京分行（副部级）。回顾人生，她无怨无悔：“人的一生，应该是酸甜苦辣都尝过……只有经得起磨难，才能变得更坚强……傲笑生死走天涯……晚秋红叶更傲霜！”钟青，参加革命也是受二姐的影响，15 岁只身离开上海参加新四军，17 岁当排长，屡建战功，新中国成立后走上领导岗位，经历了历次政治运动的误解和工作中的磨难，她撰写了 700 多页的自传——《阿英的故事》。陈玉生将军之女、新四军女战士陈导民，母亲和姐妹都是革命军人，丈夫也是将军，新中国成立后一直担任领导工作。她说，人的一生短暂、渺小，“每个人都是一颗小螺丝钉”，但“做人要讲奉献”，“要头顶天，两脚着地，堂堂正正，两肩挑担……对国家的贡献……对家庭的责任……”。受访新四军女战士多有如赵、钟、陈等人打天下、创新业和受磨难的经历。（第一卷）

在女性专业技术人员卷中，有着八路军、解放军、志愿军战斗经历，同时又是优秀的法律专家的刘素萍，18 岁离家加入东北抗日武工队，入关后到冀东八路军从事宣传工作，解放天津、赴朝作战，1954 年转业考入中国人民大学法学系，毕业后留校任教，担任民法学教研室主任；作为学术带头人

和教授招收研究生并建立律师事务所；1980 年新婚姻法出台后，她最早提出“外孙子女和孙子女应当有同等的继承权利”的立法建议。她晚年身患三种癌症，依然乐观地享受生活的乐趣。刘素萍的同事巫昌桢从事民法研究，著名的婚姻法专家，特别在 2001 年新婚姻法制定中作出重要贡献。翻译专家张澍智出身知识家庭，就读于贝满学校和燕京大学，精通英语，多才多艺；62 岁赴美留学，70 岁获硕士学位；90 岁高龄仍为北京农民工子女学校补习英语。出身于上层知识分子家庭的梁思萃，服从党的分配，随时调动，为避免成为“万金油”知识分子，不断学习，多次改行，行行专深。她说：“我一生为人民服务，为老百姓服务……谨记爸爸教育我的‘国家兴亡，匹夫有责’，我做了一辈子有责之匹夫！”北京医科大学教授医学心理学创立者高姝贤历经战乱、家庭遭变，仍治学不辍，她谈职业体会时说：“工作不是比出来争出来的，是做出来的！”铁道桥梁设计专家魏兆麟和同龄的医学心理学专家纪桂萍、金玮，医学工作者刘惠荣等，都是在“妇女能顶半边天”的时代受了高等教育进入职场的，正如魏兆麟所言“男同志能做好的我同样能够干好”，代表了她们共同的心声和行动！魏还讲述了野外作业的艰辛：背着沉重的仪器翻山越岭，有时超过了生理极限，行走在搭在几十米长河沟中不到一米宽的木板上……怀孕期间和生育之后照样外出工作，还要为同行的丈夫承担更多孩子照顾和家务劳动，她仍然出色完成技术设计和行政领导双重工作……（第四卷）

（二）重估：艰辛而平凡的劳动者和建设者的贡献

与上述早出生近 20 年的前辈们不同，她们没有经过战火纷飞的洗礼而成就建国功勋，也不是书香门第或中产出身受过高等教育而成为专家学者；她们多数出身农村和城市的贫寒之家，是受惠于新中国的工农翻身和妇女解放而得到受教育和就业机会的普通劳动者，同时也是挣工资有待遇的女工人、女教师，新疆生产建设兵团的女建设者。她们的讲述，充满着生活艰辛中的解放和独立的自豪感，体现着平凡而坚忍的螺丝钉式的贡献。

新中国的轻工业正式产业工人、青岛纺织女工周家秀和杨美珍，前后担任著名的国棉六厂郝建秀小组的班长。杨美珍（省劳模和三八红旗手）说，当时“三八制”三班倒，没有休假日，除了生三个孩子产假外没有歇过班。在女工队伍中还有颇具时代特色的随夫从农村迁居城市的“家属工”，张继英就是来自连云港，曾任公社和大队干部，随当兵转业的丈夫先安置到长春的“一汽”，后随夫调齐齐哈尔，再转到“三线”四川江油成为500户随迁家属工之一，她很自豪于自己的家属工班长工作；1975年丈夫调北京建设机场，开始了6年分居，她独自带两个孩子上班，在此期间又生下一儿一女，直到1980年才迁京与丈夫团聚；1989年退休后她享受530元家属工待遇，没有社保。在受访的5名家属工中都有类似的经历：王雅琴，从吉林农村随丈夫去西安的铁厂，后又随夫迁往长春；她谈起创建“五七家属连”任车间主任、“为建设城市”作贡献时充满了自豪和成就感；1992年退休后，又做居委会的工作，2010年动开颅手术，至今仍乐观淡定。来自河北和山东两省的4名家属工讲述工作给她们带来的报偿感到很“知足”——有退休金和住房，比那些吃低保的姐妹要幸运得多；但谈起丈夫对孩子和家务甩手不管、情感冷漠和婆家人重男轻女行为时，她们深表不满。（第五卷）

入疆征召到建设兵团的女性讲述显得不那么简单趋同。来自山东的刘军英和王翠丽对自己经历的感受和评价颇多负面：刘说自己入疆不知道内情，宣传说是参军，家人就是军属了，结果被骗了，是配婚姻，当家属。她说，这一辈子净受冤枉，档案搞丢了，不是职工，一直是家属待遇，没有医保，婚姻也一般。王翠丽更直截了当地谈起自己的不平：“一辈子感觉窝囊的地方有两个：一是婚姻不自由；二是工作精简‘持家’了！——这一辈子心里头不舒服！”来自湖南长沙的知识女性戴庆媛非常满意自己的新人生，她抱着“我要走向社会，要解放自己，要成为新女性，要参加革命当先锋”的态度来到新疆，以截肢多病之躯，靠着坚毅努力，当上了石河子市妇联副主任，家庭幸福，子女成才，她评价“八千湘女上天山”是历史壮举。可见政策在各地的差异和个人的条件机遇，会使人有如此不同的感受！（第三卷）

教育战线女教师除了两位来自南京的做幼教外，其余都是农村教师。高春英高中毕业放弃高考到中学任教，6 年间在公社内调动了 5 所学校，最后被分到小学依然兢兢业业。农村女教师一般身负三种责任：上班、种地、照顾老人和孩子。姚桂芝就是一肩三挑，她初中毕业担任代课老师，因与同为农村教师的丈夫在两个地方任教，教子、管家务落在一人身上，每天要工作到深夜 12 点，还要照顾娘家父母，为父亲打针，父病逝后还要给母亲种地。（第二卷）

二、发现：从女性生命史维度看妇女／性别史书写的复杂性

（一）语境：妇女生命史成长的机缘、制约和主客互构

从上述所举女性的讲述可以看出，生命主体的生成和生命史成长具有社会建构性、主体能动性和连续性交合的特点。从出生、受教育、进入职场、结婚、生育、养育子女、世事沉浮、衰老病死的人生历程，除了出身的先赋性和婚缘、业缘的偶然性外，在个体生命历程中的更多兴衰际遇、穷达祸福都与时代社会大背景（语境）和主观能动性息息相关。这里所谓的“语境”，既包括时代的变化，如《追寻》中从战争时期（抗日战争、解放战争、抗美援朝）生死安危，到和平时期（经济文化改革、动员、建设等）的基本制度、政策、法律、舆论和意识形态等际遇，这些因素展示出为妇女摆脱封建压迫、获得解放、走出家庭、参加革命以至建功立业提供了有利的空间和条件。另一方面还发现，制度性或结构性的社会和文化对自我发展的制约性压迫和对自我决定的阻碍性支配因素，造成她们人生中的挫折、无助、困惑甚至磨难。诚然，近代以来的中国，公私领域的界限越来越模糊，但根深蒂固的“内外有别”的性别分工影响仍在，妇女承受职业和家庭责任的双重负担和压力未

减，尤其在婚姻、生育、家庭照料再生产领域结构性的制度文化并未彻底改变，再生产劳动负荷与职场工作冲突使她们中许多人发出责任重、待遇低、家庭无助、牺牲、受歧视、窝囊、不平等的抗争之声。尽管如此，参与公共领域的视野拓展和职业生涯的报偿，带来贡献时的自豪、独立中的尊严、艰苦中的知足，甚至磨难中的无怨无悔心态溢于言表。

（二）能动：在社会性别制度制约与空间中的主体性

如上所说，对女性讲述的制度性、结构性的自我发展的制约性压迫和对自我决定的阻碍性支配系统中，莫过于婚姻和生育，其次是家庭照顾负担。回到微观的个人层面，如进疆女的婚姻不是按照婚姻法“婚姻自由”的原则决定，而是国家以招女兵进疆配婚，出发点显然是稳定军（男性）心，建设边疆的军国大局远比妇女个人婚姻权利重要，并延续了战争的“配婚制”。1919年出生的新四军女战士许以倩讲述自己婚姻是组织按照“285团”配婚的（为28岁以上、团级及以上并有5年革命经历的男性选配偶）；婚后频繁怀孕，7年内生了5个子女，经历难产和弃子之痛；夫妇两地分居，自带孩子还兼顾工作；新中国成立后进京夫妻得以团聚，但丈夫又因政治运动入狱……在婚姻、生育、家庭照顾方面是典型的非自我决定的“阻碍性支配”的例子。对女性不育和没生儿子的歧视现象普遍存在，连革命军人也难以幸免，如陈导民婚姻和谐，性格开朗乐观，但不能生育的“符号性”歧视弥漫在周围，连志同道合的将军老伴也在口述团队来访前对妻子说出这样的话：“妇联的？（中华女子学院隶属妇联系统）你又没有儿子，又没有什么家庭，你能谈什么啊？”有儿子才叫有家庭，妇联就是管妇女，谈家庭事的，没有儿子就没有家庭，就没什么可谈的！这样的逻辑推理背后的性别文化偏见不仅针对着妇女，也对所有人形成压迫和压力！来自农村没有生儿子的家属工们，从受到婆婆、丈夫、亲属们的冷漠对待到村里人的议论，除了气愤就是无奈。至于日常家务、孩子养育、病人老人（特别是公婆）照顾的责任，除了领导干部和科技专家有条件雇保姆代替外，更多的女性不得不独扛重担。前举两地分居的家属工张继英一人带着 4 个孩子，6 年后才与调到北京的丈夫团聚。即使同为桥梁专家的夫妻，妻子对丈夫更多的照顾，支持他的事业，牺牲自己的机会，“自觉”承担孩子教育和家务。而农村女教师通常还要身负三种责任——上班工作、下班种地、照顾双方老人。不必过多列举，这些非偶然性的又被视为正常、理所当然的现实，就是一种叫作制度性、结构性的社会性别建构。它不仅建构着每个人的价值观念、态度行为，社会交往中也结构着有关性别的制度、文化、习俗及其再生产，无论在微观领域的男婚女嫁的婚姻、传宗接代生育、养儿防老的照顾送终，还是建基于公／私、内／外领域的分工制度及相应的价值评判的中宏观层面的政策制定和推行，都在自觉和不自觉地将父权制性别制度自然化、合理化、持续化，并扩散到人类活动的所有方面，包括对主体的建构和内化中。因此，妇女从出生、教育、出嫁、入职、怀孕、生育、照顾，家庭父权制制约压迫和支配的阴影始终相随，难以自我选择。更难堪的是，这种压迫性的社会性别制度是与更多中宏观的政治、经济、社会、文化、教育制度交织、渗透、互构作用于所有的人。像新四军和新疆建设兵团的“配婚制”、家属工为“随夫迁”而丢掉工作等遗憾无奈，从社会性别视角看来，无不与父权制婚姻家庭制度相关联。

那么，女性怎样发挥主体能动性应对父权制性别制度结构的制约和限制呢？首先，从她们的讲述中发现，父权制在互相构建关联的结构中，既对妇女构成了制约和支配的一面，同时性别制度本身和其他相关制度交互作用下又给妇女提供了发展空间或支持，如政党、国家提供的解放机遇、利于女性发展的立法政策，家庭特别是娘家、姐妹、女儿还有熟人提供的情感、人财物的支持，晚年享受儿孙满堂的天伦之乐，都在叙述中得到体现。更重要的，妇女主体在制度文化建构中也有自己的能动性，从叙述中可以看到，每个个体都处在一连串的结构位置（structural positions）和主体位置（subject positions）的交织、嵌入甚至冲突之中，有时出现无法完全实现在结构位置中的自主选择；但主体位置在结构位置中通过不断的实践经验与话语言说也可能建构型塑个人积极的主体性（subjectivity），或顺势适应，或抵抗压迫，或自觉能动有意识地创造变革改变自己和所处的环境……顺势适应不完全是麻木不仁，而对不平的倾诉就是妇女能动性的发端，如进疆女王翠丽对两桩“窝囊事”——婚姻受骗不能自由，丈夫不能替自己撑腰丢掉了工作去“持家”耿耿于怀；新四军女战士陈导民对职务晋升的不平等提出了尖锐的批评甚至抗议：“我在运输公司17年，一直都是党委副书记，为什么呢？是个女的！我担任的工作基本上都是副的！中国重男轻女的问题，现在也没有解决……咱们封建社会几千年，重男轻女，男尊女卑，这个问题就是一直没解决。”（第一卷116—117页）更进一步则是行动，从看到问题到行动改变，作为革命军人转为法学专家的刘素萍，始终具有自觉的男女平等意识和性别敏感，在新婚姻法公布后，根据婚姻法中继承条款不完备处撰文提出外孙子女与孙子女同样可以代位继承，遭到业内反对，《光明日报》在刊登该文时迫于社会共识的偏见删除了这一观点，为此刘曾据理力争。（第四卷206—207页）

（三）反省：当我们今天“发现”之后又如何

作为妇女史研究者，今天需要对受访者的讲述作何反省？笔者认为在诸多反省之中最需要反思的是承接上面提到的问题：缘何公领域中女性生命史的亮点纷呈，而在私领域纠结黯淡且无奈并反过来影响公领域的作用发挥和地位改善？这仍需回到从微观到中宏观的历史语境下的制度性和结构性制约及限制性因素进行性别分析，并提出改变的方向性方案。

第一，改变不利于妇女生存和发展的外界条件是至关重要的。历史上对妇女贡献的忽视，特别是对妇女所承担的再生产和照顾劳动的“生命之重”的忽视、轻视甚至歧视，不但表现在文化上根深蒂固，日常行为态度熟视无睹，更体现在公共政策制定的性别盲视和轻忽态度上。顺应世界潮流推进性别平等主流化的制度变革、政策调整的宏观层面，妇女的需求要么成为“被推迟的革命”而提不到议程，要么成为空洞化口号悬置搁浅，很少深入研究在历史的长河中，每一种现存的生产和再生产的体制是如何建构起来的，结构性的制度文化都是人为选择建构并形成当下不平等不公正的效果，不利于妇女发展与两性和谐共处，也拖累了社会前进的步伐。第二，作为推动改变的首要责任主体即拥有权力者和决策者，应该首先"意识到"性别歧视和不平等不是"应然""自然"的"阴阳和谐"和"天人合一"神圣秩序，而是"人为选择"并"合理化"的制度安排。因此居于有势位权力者应将公正的"社会生产体制"纳入我们对未来中国社会的合理想象之中并成为推动破旧立新的力行者。第三，强化更深层的思想文化变革和行为方式，落实到微观日常生活层面，成为每个公民的基本道德修为和责任承担。比如，以传宗接代为核心的婚嫁、生育、养育、照顾劳动的性别偏见、习俗和歧视，内外有别的性别分工等，这些"封建社会几千年，重男轻女，男尊女卑……一直没解决"的问题，正是老革命陈导民的提议，不但适合于经济、政治、社会各方面，同样也需要家庭、文化、教育等所有场所中人的思想、观念和价值的变革。

三、倾听：重要性和如何做

《追寻》之所以能给我们如此丰富的启示，正是主持这套口述史系列的策划、运行和访谈、受访和研究者共同协作努力的结果，其中访谈者善于理解和倾听尤为重要。从"倾听"的视角去看妇女口述史的访谈者和研究者，怀有何种社会责任和学术抱负才能去倾听及如何倾听。

（一）为何倾听

在《追寻》中，无论前言还是在每篇访谈按语、后记和正文中，都体现出策划、主编、访谈者和研究者的一种社会责任和学术抱负——为妇女立传、为史学知识生产、为性别平等的今天借鉴而从事这一有价值而辛劳繁细的工作去倾听去思考。首先，她们坚信每个人的经验都是独特且有价值的。宏大叙事中往往忽视了历史真正的英雄创造者的大众，而妇女更是被遗忘的大多数。只有倾听她们的叙述，才能追寻捕捉她们的经历，追寻她们的历史，提供史学知识的生产。更重要的是，对妇女的这段经历已经作为过去为今天提供的珍贵史料和精神遗产而赋予教育、启示的价值。因为历史是延续的，口述史的价值在于，前辈们曾经枪林弹雨、出生入死、转战南北、浴血奋战、艰苦创业、无私奉献，但她们当时受到了一些影响，而改变性别不平等的重担历史地落在今人的肩上。

（二）如何倾听

首先，作为访谈者，应与受访者一同来发现并探讨她们的生活，假设从客观性、中立的观察者角度探讨是不真实的；其次，如何听声音并从中发现有关意义，注意比较和语境问题，特别是社会性别视角将扩大过去忽视的领域和议题，如私域中家庭日常生活、怀孕、生育、养育、照顾等议题。对叙述的意义的解释又是更大的挑战，努力寻找对意义的理解与叙述者合作的途径，这就需要做大量心灵探索。在口述史中，认为“让她们为自己说话吧”是一个虚伪的立场。叙述者的叙述只是一个不完全的故事、一种再表现并受到多种复杂的决定因素的制约，访谈者和研究者有责任将这些叙述进行历史化和语境化。

其次，成功的范例，设计者和操作者并不回避自己的立场和目的，妇女口述史就是为妇女、与妇女一起追寻、记录和反思历史，为改变今天妇女的生存环境和状况更少歧视和更多公正，这在设计、访谈、整理成书中都体现出来了，如生命史历程的访谈纲目依次为：家世背景，童年记忆；青春年华，追逐梦想；家庭与事业：平衡与抉择。往事如歌，别样感怀，这不但反映了生命史真实的普适的历程，也有利于开放性地加进妇女特有的如婚姻、生育、家庭与事业经验和体察，恰恰通过相同提问得到的关于男女间社会性别差异和妇女间因阶层、教育不同的差别而进行比较；然而在妇女共同性方面，她们在家庭与事业之间的平衡是难以达到的，甚至有人说，这是一个虚假的命题，也不无道理。除非结构性社会性别制度、文化改变，每个人的社会性别意识、正义意识、公民觉悟提高到没有等级歧视。对此，国家立法、政策、治理，社会文化舆论、价值观念的导向，家庭和个人现代转换和优秀传统继承的对接，都担有建设性别平等社会公正的责任。

中国妇女研究的本土经验和在地实践
——以《记录她们20年的行动足迹》为中心的考察

畅引婷*

摘要：以妇女活动家为主体的口述访谈——《记录她们20年的行动足迹》丛书，具有重要的史料价值，具体表现在：受访对象的独特性、访谈主题的集中性、访谈技术的专业性和出版内容的现实性。通过口述文本，不仅可以从一个侧面反映中国妇女发展与世界妇女运动的内在关联和交互作用，而且能够窥探新的性别知识体系和妇女发展环境是怎样被建构起来的。一代知识女性对“男女平等”所具有的中国特点的深刻认识，对“社会性别”和“赋权”等（西方）概念的本土阐释，对性别平等历史进程的强力推进，以及对中国妇女权益保障制度化的路径探寻，说明了理想信念的坚守对个人生命品质的提升和社会变革所具有的巨大作用，同时也在受访者和访谈者之间架起了一座薪火相传的桥梁，为未来平等、发展与和谐的美好愿景的实现奠定了可持续的基础。

关键词：妇女研究；社会行动；知识女性；历史建构

当今的学术研究领域，口述历史越来越受到人们的重视。就妇女口述史而言，它不仅是“让女人自己说话”和“倾听／发现妇女声音”的重要途径，同时“兼具政治与学术的双重使命”[1]序，即通过口述这种方式，获得有关女

---

* 畅引婷，女，山西师范大学历史与旅游文化学院教授，主要研究方向为妇女理论和现当代妇女史。本文为国家社科基金项目“基于自媒体的女性参与赋能机制研究”（项目编号：18BXW084）的阶段性成果，转自《中华女子学院学报》2023年第2期。

性个人生活、情感经历、心路历程、社会关系、语言特性、个性心理、身心状况乃至记忆方式、记忆能力、表述方式和表述能力等多方面的信息[2]387，把妇女琐碎的生活史、生命史的讲述与历史的宏大叙事建立起联系。这样，一方面可以弥补以男性为主体的历史的缺憾，为妇女研究和历史研究提供文献资料；另一方面，有助于从女性的视角来重新审视整个人类社会的历史，将女性的主体性更加清晰地呈现出来。中华女子学院张李玺教授担任主编的大型妇女口述历史丛书（以下简称《丛书》），包括妇女生命史、专题、研究三部分内容。其中，《记录她们20年的行动足迹：北京+20妇女活动家访谈录》专题是对参与过或受世妇会影响的一代知识女性的访谈，共4辑，涉及50位受访者，总计170余万字。以此为基本史料，将20多年来世妇会对中国妇女发展事业的影响作为一个历史过程进行整体观照，不仅可以从一个侧面反映全球化视域下性别理论与中国社会发展之间的交互作用，还可以说明中国本土的妇女研究经验和在地实践对世界妇女运动的积极贡献，并折射出女性是如何以自身的力量推动社会变革和历史进步的。

一、《丛书》所具有的史料价值

一是受访对象的独特性。这套口述历史的受访对象不是缺少话语权的一般普通劳动妇女，而是身居高校和科研院所、妇联以及行政领导岗位、NGO组织和国际机构，且具有一定学术研究能力和社会行动力的知识女性。“活动家”是她们共同的身份，但个个“都一样”的访谈提纲和个个“都不一样”的故事讲述，折射的是不同时段、不同地域、不同家庭出身、不同年龄、不同职业、不同民族乃至不同性别①之间既相同又不同的性别体验和人生感悟。通过她／他们的语言、情感、心理、家庭成长环境、求学／留学经历、人生

① 在50位受访者中有4位男性，即张开宁、李明舜、李树茁、方刚。

轨迹、收获的喜悦、遭遇的挫折以及突围的方法，包括力所能及的担当和力所不及的苦痛，等等，为人们认识历史、了解／理解历史提供了重要窗口。作为世妇会的见证者和中国妇女运动的推动者，她们在妇女研究与行动中的理想、信念、感慨、感悟、情怀、策略、技巧以及时代变迁中的使命担当本身，就是一种取之不尽、用之不竭的历史宝藏和文化资源。通过阅读，可以触摸到中国妇女与社会历史相互碰撞的行进轨迹。

二是访谈主题的集中性。联合国第四次世界妇女大会在北京的召开，是世界妇女史上具有里程碑意义的重大事件，也是联合国历史上规模空前的一次盛会。占人口半数的妇女对人类历史和命运的关注，涵盖了当今人类所面临的一切重大问题，包括政治与经济、管理与决策、和平与安全、科学与技术以及教育、健康、环境、文化、艺术等各个领域。事实上，这已不是一个单纯的性别平等或女性发展问题，而是与民族／种族、阶级／阶层、国际政治、经济格局、世界发展趋势等紧密联系在一起的伟大事业。而以行动谋求平等、发展与和平为主题诞生的《北京宣言》《行动纲领》等框架性文本，为人类社会的文明进步和世界妇女运动的发展提供了方向指引。“经过二十多年的漫漫征程，’95 作为一个时间点，已经从妇女运动的一种符号，积淀为一种精神的代言。”[3]391 所以，以此为主题对妇女活动家们进行访谈，不仅可以看到一代知识女性作为参与者、组织者、筹备者、策划者一路走来的心路历程，而且通过她们的所见所闻、所思所想、所作所为，可以看到现实生活中各种改变的可能性。访谈中，受访者对男女平等或性别平等的认识和评价，对世妇会精神的理解和概括，对妇女发展事业的执着追求，对年轻一代的期望或希冀，对男性中心、西方霸权乃至女性自身的多重反思，一并成为人们认识世界和改造世界的重要思想资源。

三是访谈技术的专业性。中华女子学院中国女性图书馆是有关女性图书的一个“特藏馆”，妇女口述历史的收集整理是文献资料库的重要来源。因为，个人记忆有着远比单纯的历史资料更为丰富的信息和知识价值，生命个体的每一条思绪，个人记忆话语的每一个碎片，都有着收集、珍藏并加以分析研究的价值。[4]344 因此，从 2011 年开始，中国女性图书馆以建构专业的妇女口述历史研究工作模式为目标，全方位进行妇女口述历史资料的收集整理工作。这部大型的妇女口述历史丛书就是中国女性图书馆与访谈员、受访者密切合作，通过前期策划、访谈员招募和培训、确定受访对象、提交访谈稿、组织专家评审、修改等程序共同完成的。[5]380 就访谈过程而言，所有访谈员都接受了专门的口述史和性别意识方面的培训，如怎样对访谈内容保持敏感，并通过追问、澄清等技巧提高资料的深度和可信度，如何按照工作原则和流程对访谈资料进行整理、考证、补充说明和加工分析，如何把录音稿转换成逐字稿，再把逐字稿整理成具有可读性的、用于公开出版的口述史故事，等等，都保障了访谈成果的史料品质。张李玺主编作为受访者也曾谈道，学校对该口述史项目支持了 180 万元，做的过程十分规范，要求每一位口述者签字认可，确认放在图书馆中作为资料可以使用。同时还可以在口述的基础上挖掘不同的东西，同样的事件，不同的人从不同的视角分析，能够得出不同的结论。[6]95

四是出版内容与读者旨趣的一致性。口述访谈不同于规范化了的八股文，如数家珍般的性别记忆和娓娓道来的故事讲述，能够在思想的自由驰骋中使人的内心世界和事物发生、发展的来龙去脉尽情流露。笔者多年从事妇女／性别史研究和高校学报的编辑出版工作，在研究旨趣上侧重于从无数具体的个案当中抽取一般，试图通过一棵棵相对独立且又相互关联的树木，探寻浩瀚森林所形成的生态气候对社会环境再造的作用。研究中对知识女性或研究女性的知识女性的特别关注，使我被这部以“妇女活动家”为对象的口述资料深深吸引。历史是丰富多彩和复杂多样的，个性化、个体化的揭示和展示可以让人们在众声喧哗中看到事物发展的各个不同侧面或层面，但“呈现”“叙述”本身并不是目的。一个个鲜活的故事述说背后蕴藏着怎样的力量或能量，个体的自主行动是否有着共同的价值追求目标，等等，都是妇女研究乃至整个学术研究无论怎样都不能回避的。而口述资料里自然流淌的文字将个人的生命体验、性别经验与中国妇女运动的发展有机地联系在了一起，通过口述中的故事讲述和许多细枝末节的披露，使人们看到了社会历史的多种面相，以及由此而创造的新的历史。对我而言，阅读和思考本身就是一次深刻的心灵净化和精神陶冶。当活动家们来自实践一线的人生感悟和理论探索被我再度“征引”的时候，希望“重复”所带来的力量能够持续发酵，以便使原汁原味的感性经验在普遍性的知识追求中产生更大的社会辐射效应。

《丛书》所具有的史料价值不言而喻，但作为文本资料在知识生产中可能带来的局限也不容忽视。受访者与访谈者之间在年龄、阅历、资历和知识结构等方面的不对等，有可能使访谈者在“敬畏、紧张、担心、害怕、压力大、忐忑、拘谨”等心理作用下，对事实背后的诸多深层问题和动因难以持续追问。一些访谈员在“后记”中坦言，收获之外略感遗憾的是，也正是由于是所处不同时代的两代人，所以在对话上未免出现了不处于同一知识水平构成体系的现象。[7]416 访谈主题的集中在将问题聚焦的同时，有意无意使事物发展的错综复杂性和相互关联性被遮蔽，一定程度上影响了受众对事实存在状态的全面认识或宏观把握。尽管访谈技术的专业性减少了受访对象信马由缰式言说的诸多局限，增强了知识的有效性，但访谈“结构”本身的画地为牢常常会使提纲之外的一些事实真相被屏蔽。当后来的研究者将访谈文字作为“史料”在一定的理论框架和价值目标下聚拢问题时，文本结构本身就是对材料运用的一种限制。凡此种种，都从不同方面说明，任何知识的有效性都是相对的，批判性思维贯穿在一切知识吸纳的始终。沿着口述资料所提供的诸多信息（包括弦外之音或言外之意）顺藤摸瓜，是所有学术研究（包括妇女／性别研究）需要持续关注的问题。

二、妇女／性别研究在知识生产和社会变革中的张力

世妇会是世界的，但世妇会精神的贯彻落实是具体的。中国作为世界的重要组成部分，对平等、和平与发展等理念的践行，不仅推动了中国妇女事

业的进步和发展，而且为世界妇女运动的发展贡献了中国智慧和经验，包括教训。

（一）挖掘女性经验，开辟知识生产新领域

为了改变以往知识生产领域以男性为本位的叙事模式，女性主义妇女口述史强调女性参与知识建构的过程，让群体成员本身承担知识生产的任务，并认为只有这样才能最终打破传统知识体系的男性话语权威，让女性真正成为历史叙述的主体。[8]38 一代研究妇女和践行理论的知识女性既有与一般普通妇女共同的性别体验，也有着与男性知识分子同等的学术研究能力。作为世妇会的见证者、参与者和践行者，她们的理想信念和社会行动借由口述这一叙事模式，使过往的性别记忆和人生经历变成了动态的知识生成过程。

首先，童年里和成年后诸多的性别记忆被激活。从大量的口述中可以看出，受访者在谈到自己孩提时代的成长经历时，大都会说到原生家庭祖辈们和父母对兄弟姐妹不同的性别期待和态度（包括平等的和不平等的）是怎样潜移默化伴随个人一生的。与此同时，个人的性别研究和行动经历也会自觉不自觉地影响到周围人群，包括家庭成员、同事、朋友。尤其是在夫妻关系、母女／母子关系的处理中，性别平等意识已成为自觉。可以说，当受访者刻骨铭心的性别感受在尘封的记忆里被再次打捞出来的时候，其所具有的历史文献价值和知识生产意义已经显现。

其次，妇女／性别研究的热情被激发。妇女／性别研究及其成果的再现是知识生产的一条重要途径。但将研究作为一个专业领域在 20 世纪 90 年代初期的中国并不是完全自觉的。李慧英回忆道，世妇会后莫名地对妇女研究有一种强烈的兴趣。没有从事妇女研究的任何理论准备，也没有对于国内外妇女运动的任何了解，就闯进了妇女研究领域。这可能是当时一批从事妇女研究者的特点，有兴趣热情，跟着感觉走，先实践然后再学习理论和方法。她们将学术追求与人生追求交融在一起，个体的精神与学术共同生长。[6]179 屈雅君在谈到自己坚持数年的动力来源时强调：“我看别的书都不感兴趣，就是

愿意看跟女性相关的。因为自己是女人，感觉这些总和我的经验、立场需求和感受密切相关，所以它总能提起人的精神来。”[7]307 关于研究方法和概念的使用，王向贤谈道，看到“gender”这个词，知道了社会性别这一概念，意识到性别是一个巨大的领域。“许多问题都是我在生活中有感受、但又不知道如何去说的东西。遇见 gender，我一下子感觉到自己就是要做这方面的研究。”[3]349 事实上，《丛书》的受访对象既是中国妇女的研究者、观察者、调查者和基层妇女口述史的访谈者，又是性别理论在中国的践行者、检验者、修正者和完善者。颇丰的学术著述和研究／行动经验本身，就是性别知识生产的重要组成部分。

可以说，尽管在 20 世纪 80 年代一些学者就开始关注中国在改革开放中所出现的妇女问题，甚至提出建立妇女学的构想，但真正意义的妇女学学科建设应该是在世妇会以后。许多新概念、新方法的引进和吸收开阔了人们的视野，也加强了东西方之间的交流和碰撞。毫无疑问，一代知识女性的生命历程和性别体验以及在妇女／性别研究领域的丰硕成果和巨大成就，不仅为当今的妇女研究奠定了认识基础，而且为理论和实践方面的诸多探索提供了思想资源。

（二）拓展活动空间，为妇女发展创造环境和条件

妇女／性别研究就其本质而言，是为了在认识世界的基础上更好地改造世界。“平等、发展与和平”的世妇会宗旨不仅需要在中国本土全面实践，而且需要用中国经验来丰富其内涵，同时创新理论。从访谈资料中我们可以清晰地看到，受世妇会影响而成长起来的一代知识女性，从自己的学科专业入手，将妇女发展事业与自己的职业生涯密切结合，在推动性别平等的历史进程中焕发出巨大的能量和潜力。

首先，探讨男女平等与性别平等的内在关联。理论是行动的先导。何为平等，如何发展，怎样实现和平，是当代中国性别平等实践无论怎样都绕不过去的问题。就“平等”这一核心概念而言，具有鲜明中国特色和指导意义

的“男女平等”与世妇会后引进的“性别平等”概念究竟有着怎样的联系和区别，受访者根据各自的理解作出了中国式的回答。夏吟兰认为，男女平等这个词语基本上是在男女两性不平等的语境下使用的。大多数情况下女性遇到了相对于男性来说不公平的待遇，而为了保障女性的权益，为了给女性争取到和男性相同额度的利益，所以提出了“男女平等”。男女平等强调的是解决问题，通过解决妇女遇到的不平等问题，最后来实现平等。社会性别所强调的是，男女不平等不仅仅是妇女问题，而且是两性在参与发展进程中的社会性别问题。[3]204–205 具体到社会实践层面，李树茁强调，作为政策推进的话，男女平等更加好实施、好观测、好接受，但它的弱点是机械化和呆板化。性别平等更多地将男性和女性双方作为一个共同的、相互联系的群体，不是拿一个群体当标杆把一个群体依附过来，而是两个动态联系和双方互相联系的群体，是一种发展中的平等。[6]397–398 谈到社会性别这一概念的实质内涵，张幼云形象地说道：“gender 不是娘儿们的事和爷儿们的事，也不是妇联来管妇女的事，而是涉及社会发展模式的大事，要把它放到经济、社会发展的战略中来考虑，从领导层到社会成员都要转变思想观念。”[9]5 在方法论的意义上，张开宁强调，社会性别与种族、阶层一样，是人们深刻认识世界的非常智慧、非常本质性的理论和方法，没有它，理解社会现象和社会问题就如同盲人，看不到社会性别的差异和不平等。[6]421–422 在权力指向上，吴青提出，社会性别不仅仅是简单的男人和女人，实际上妇女的权利就是人权，包括平等、公正、正义、民主等。[7]226–227 从以上引述可以看出，男女平等与性别平等具有内在的一致性，两者并不矛盾。就其实践趋势而言，性别平等相对于男女平等更加深刻和全面。

其次，推动性别平等的历史进程。如果说性别观念的改变是单个人即能为的事情，那么社会结构的变革则是一个复杂的系统工程。乡村／城市、基层／顶层、中国／世界、政府／非政府（组织）、学者／大众、领导／民众、男性／女性，乃至政治、经济、文化、科技、法律诸多方面的互动与联动，充分说明性别平等的推进是一个艰难而曲折的过程。因此，妇女发展和性别平等事业作为漫长的革命，一代学人和行动者持之以恒、坚持不懈的各种努力，对妇女生活环境的改变便有了特别重要的意义。

例如，陈明侠、张李玺、葛友俐、夏吟兰、冯媛、李明舜、荣维毅、李洪涛等创建和参与了中国第一家“反家暴网络”。他们集组织者、管理者和项目执行者诸多身份于一身，推动社会性别主流化进程。有的还以顾问和专家身份参与立法决策过程，促进了女职工劳动特别保护条例、反家庭暴力法等法律文本的出台，为妇女权益的保障奠定了法律基础。李慧英、梁军、董琳等将政府部门（国家计生委）、专家团队（高校教师）、民间组织（社区教育研究中心）和男女村民（河南省登封市周山村）有机地融为一体，以出生性别比失衡和出嫁女土地权益保障为中心，从维护村庄秩序、分配集体资源、规范村民行为、调解民间纠纷、引导民风民俗等方面，通过形式多样的活动和切实可行的方法，将社会行动与政策倡导连接起来，有效地推动了村规民约的改变。杜芳琴、王宏维、韩贺南、金一虹、佟新、王向贤等高校教师几十年如一日，一方面从不同的学科角度探讨与妇女／性别有关的各种历史和现实问题，另一方面将课堂教学、教材编写、学术研讨等作为行动的具体方式，传播性别平等的理念，促进年轻一代性别观念的改变。张开宁、赵捷、杨国才等自发组织的“云南省健康与发展研究会”，聚集了一批医学、健康科学和社会科学领域的专家学者，以健康社会科学和社会性别视角作为方法和理论，不仅通过性别平等理论在中国健康领域的运用，提高健康及卫生保健中的公正性，而且为国际健康领域的交流与合作提供了中国经验。高小贤从单纯的学术研究转向行动研究后，在深入而广泛的社会调研基础上，培育、创办了多个 NGO 组织并执行了上百个公益项目。一方面，通过向妇女特别是其中的弱势人群赋权和倡导社会性别意识来推动两性平等；另一方面，关注组织本身的发展，希望研究会成为一个对决策、立法及公民社会有影响的民间组织，全面推动两性平等和公民社会建设。张幼云在担任联合国国际劳工组织女工问题顾问期间，克服重重阻力，不仅将“女工问题特别顾问办公室”改成“性别平等局”，而且在联合国系统内第一次提出了性别审计问题，促使劳工组织在性别战略计划中将性别纳入主流制度化。凡此种种，不一而举。中国妇女研究与行动的全面开展，从各个不同层面推动了中国性别平等主流化的进程。

最后，探索妇女权益保障的制度化路径。性别问题不是单纯的男女平等问题，还涉及社会生活的方方面面和各个领域。因此，如何能使更多的人享受到社会结构变革所带来的制度红利，性别视角是不可或缺的一个重要维度。具体到妇女权益保障法的立法过程，夏吟兰作为参与立法的法律专家曾谈到当时关于“名称”的争议问题，是叫妇女权益保障法，还是叫性别平等法，两者的内涵所指其实是不一样的。最后之所以选用“妇女权益保障法”，主要是因为法律所针对的就是妇女的问题。从妇女的政治权利、就业权利、教育权利、人身权利、财产权利、婚姻家庭权利六大方面来规定妇女应有的权利。而这六大权利恰恰就是妇女现在所遇到的问题，法律就是通过在这六个方面赋予妇女权利、保护妇女利益、解决妇女问题来实现男女平等的。如果用“性别平等法”这个概念或名称，那么强调的主体就不是特指女性，而是包括男性和女性。[3]204 面对法律在修改过程中不能如愿的种种困惑，刘伯红认为，法律毕竟是各个不同利益群体的博弈，问题不一定都能解决，但昨天不能解决的，今天和明天不见得不能解决。[6]308 因此张莉莉提出，性别平等需要一种谋略，需要抓住整个社会变革的机遇循序渐进地推动，而不是说简单地去争取。性别平等在短期内不可能实现，性别平等的障碍远比人们想象的要大。重要的是心中是否有力量去追求这种平等，并为这种平等做出一种努力。[3]260 针对反家庭暴力法的出台，佟新提出如何在公私领域之间把握分寸的问题，认为中国出台这样一部法律是重要的，但反家庭暴力法本身涉及公共领域和私人领域的二元分割。私人领域的事情如果参照刑法，问题的解决就显得十分生硬。法律与情感之间一直是一对矛盾——法不容情。而家庭暴力的解决不仅在于罚，更在于教育和教育后的观念改变。[6]167 关于性别审计的问题，张幼云强调，性别审计不是审账目，而是审工作的方方面面，在制定政策时、在进行项目和活动时，是否考虑到男性女性的需求差别及男女平等受益。说到底，就是要看所做的一切最终是否有利于缩小性别差距、推动性别平等。[9]11 可以说，受访者在研究与行动中多元声音的并存，会刺激人们更多地看到自我认知的诸多盲区，进而为先进性别文化和制度的建构提供理论和实践的启迪。

三、在可持续的社会实践中推动性别平等

不管社会历史怎样变化，平等、自由、发展、和谐、和平、尊重这些基本的价值目标都是人们共同期盼的。在改变历史和现实的历史进程中，所有的人都可以成为历史的参与者和创造者。一个人、一代人的生命是有限的，但人类历史文化的创造会超越个体生命的局限，在代际交替中世代延续。

首先，在理想信念的坚守中担当使命。一代有历史责任感和时代担当意识的知识女性把推动性别平等作为一项伟大事业。她们不仅是妇女理论及其政策的研究者、妇女发展和行动干预的实践者、社会救助和咨询服务的提供者，同时还是先进性别文化建设和文明性别制度建构的倡导者。教授、专家、学者、院长、处长、律师、顾问等一连串头衔，不是向世人炫耀的资本，而是一份沉甸甸的社会责任；她们利用手中的“权力”，不是为衣食无忧的自己锦上添花，而是为妇女大众争取权益。阅读访谈资料，许多受访者发自内心的感言至今读来依然令人感动。下面撷取几个片段：“我们不仅要看到不公，不只是去抱怨、批判、揭露、指责，而是寻找更好、更有效的办法，扎扎实实地改变现实、改造世界，我喜欢这种建设性的做法。”（刘伯红）[6]298 “我投入’95 世妇会，包括之后的一系列妇女保障活动和推进性别平等这些工作，最大的动力就是热爱和信念。”（夏吟兰）[3]191 “不能将性别研究作为一种权宜之计，一个跳台，一个想通过这个去得到更多其他东西的工具，而应该真正地把它作为一个事业坚持不懈地推进，这样的人越多越好。”（荣维毅）[7]391“我不是特别愿意真正坐到书斋里面做事情。我自以为知识分子还是应该有社会

良心，应该有社会责任感，应该去担当点儿什么。”（郭慧敏）[7]444 口述中诸如此类的表述俯拾皆是，从中可以看到一代知识女性锲而不舍、百折不挠的奋斗经历所绽放出的生命火花。她们已经将性别平等的理念融入血脉，并成了日常生活的重要组成部分。

其次，在代际交替中薪火相传。如果我们把北京 +20 妇女活动家访谈录中的人和事聚焦到代际交替方面，首先会看到受访者纵贯了 50 年的时间跨度。出生在 20 世纪 30 年代（3 人）、40 年代（9 人）、50 年代（21 人）、60 年代（13 人）、70 年代（4 人）的妇女研究者和行动者群体本身就是一幅薪火相传的历史画卷。口述资料中，“受前辈影响”的表述随处可见。具体到个人的生命年轮，每一个人在前后相继的几十年里，其思想和行为也都在否定之否定中不断升华。特别值得一提的是，这部丛书在策划出版的整个过程中，薪火相传是核心内容之一。该书主编张李玺回忆道，在北京 +20 纪念活动中，很多人把做的点都放在回顾上，这个项目把目标定位在了传承上。因为，北京 +20 活动不仅仅在于回顾，更多的意义在于 ’95 世妇会后平等理念在整个社会中的推进，除了进程、困难、成绩等，更重要的是追求性别平等目标这一过程的延续和发展。[6]114 所以，中国女性图书馆 2013 年在项目启动之初就确立了新老传承的基本目标，试图通过青年访谈员聆听、记录妇女活动家们讲述 ’95 以来的历程，了解、总结和提炼 ’95 精神及行动经验，以促进青年群体思考和确立投身于性别平等事业的信念及行动策略。[3]397 在具体访谈中，受访者所表现出的随和、耐心、宽容、平易近人等作风，不仅是对平等理念的践行，还是对年轻一代潜移默化的影响。许多访谈员在访谈后记中都谈到自己的切身感受：“访谈这件事本身对我来讲就是人生中一笔巨大的财富……在这个过程中，我了解了个体微观视角下女性主义运动在中国的发展，认识到在实践中推动性别平等的艰辛与不易，体验到女性主义前辈个体生活的情景和感受，也深深地被她们的坚韧、积极、仁爱、勇敢和智慧所感动、感染，并生发出很多感慨。”（刘娜）[7]560 “也许我们太年轻，阅历太少，面对日新月异的大千世界总会怀疑‘永恒’的存在，可是‘永恒’却真正地驻足在这些老师的身上。这种‘永恒’就是对理想的追求，对性别研究事业的执着。”（刘颖）[3]385“在她们身上，我看到了那一代的女性所具有的坚韧不拔、艰苦奋斗精神，更看到了我们致力于女性工作的前辈们所具有的无私奉献、宽厚博爱的品格，这让我受益匪浅。”（刘天红）[7]15“通过这个访谈，我想我会更加去爱身边的每一个人，去尊重每一种关系，信任他人，同时也要为改变这个世界去做点儿什么……特别感谢这个访谈项目，这是一段美好的回忆，更是一次难忘的成长经历。”（王宇）[7]296“希望每一个看到文稿的人都能受此感染，尊重权利、争取权利、保护权利，在维护人权的道路上携手前进，建设更加公平公正的社会。”（栾日瑛）[7]243可以说，访谈本身就是一个不断锻造的过程，许多访谈员在受访者身上获得了精神力量。由此而引发的思考，不仅为人们探索未来注入了活力，而且由女性的个人记忆和集体记忆聚集而成的知识宝库，作为一种特殊的教育资源，可以在个人成长、工作事业乃至世界观、人生观、价值观的形成中产生重要作用。

综上，从个人的生活经验和学术研究视野出发，不同年龄、不同阶层、不同族群、不同职业／专业、不同出身的妇女研究者和行动者，对性别范畴和性别实践的不同理解或表述，构成了丰富多彩的历史画卷和社会生活的多面棱镜，折射着时代变迁和时局变化对妇女研究和行动所带来的机遇和挑战。当前，许多性别问题产生的前提已经发生变化，如疫情、战争、能源、环境、气候、贫富差距、世界格局等，不仅使性别平等与发展所面临的形势更加复杂，而且为新的性别文化和制度的再造提出了新的课题。但不论时势怎样变化，在（中）国与（外）国之间和（女）人与（男）人之间，平等、发展与和平以及彼此之间的相互尊重与协作，作为人类命运共同体的永恒主题和社会可持续发展的重要保障，需要更多的人投入更多的时间和精力共同来关注。

【参考文献】

[1] 李小江．让女人自己说话 [M]. 北京：生活·读书·新知三联书店，2003.
[2] 张李玺．女性人生价值的诠释及口述史本土化探究：后记 [C]. 北京：中

国妇女出版社，2016.

[3] 张李玺．记录她们20年的行动足迹：北京+20妇女活动家访谈录（第8卷）[G]. 北京：中国妇女出版社，2015.

[4] 陈墨．口述历史：个人记忆与人类个体记忆库[A]. 张李玺．女性人生价值的诠释及口述史本土化探究[C]. 北京：中国妇女出版社，2016.

[5] 李慧波．口述历史资料持续性收集模式的探究：以中国女性图书馆为例[A]. 张李玺．女性人生价值的诠释及口述史本土化探究[C]. 北京：中国妇女出版社，2016.

[6] 张李玺．记录她们20年的行动足迹：北京+20妇女活动家访谈录（第9卷）[G]. 北京：中国妇女出版社，2015.

[7] 张李玺．记录她们20年的行动足迹：北京+20妇女活动家访谈录（第6卷）[G]. 北京：中国妇女出版社，2016.

[8] 李洁．口述历史方法与女性主义研究的亲缘性[A]. 张李玺．女性人生价值的诠释及口述史本土化探究[C]. 北京：中国妇女出版社，2016.

[9] 张李玺．记录她们20年的行动足迹：北京+20妇女活动家访谈录（第7卷）[G]. 北京：中国妇女出版社，2015.

评李中元、刘晓丽合编的《口述申纪兰》

畅引婷*

摘要：《口述申纪兰》一书是山西省社会科学院关于集体化时期全国农业战线上的先进典型——西沟的重要研究成果之一，编者以“农村”和“妇女”为切入点对全国劳模和全国人大代表申纪兰进行口述访谈，反映了半个多世纪以来中国农村和中国妇女在社会主义革命和建设事业中的巨大历史变迁；从研究方法上讲，该书的口述对象不仅涉及事件的当事人，而且将与当事人相关联的“社会各界”纳入访谈之中，从不同角度呈现出社会与个人互动中的多种面相。在表现手法上，该书对口述内容“原汁原味”地呈现，为不同学科的研究者在历史观照中构想未来提供了极其宝贵的第一手材料。

关键词：农村；申纪兰；社会变革；妇女解放

在当代中国乃至世界的学术研究领域，口述史、妇女史、区域史等研究受到越来越多的关注。口述史研究与民众的日常生活密切相关，一定的历史事件通过不同亲历者的呈现，既可弥补传统文献资料的不足，也能反映出历史存在的复杂样态；在父权文化和制度占统治地位的历史条件下，妇女往往难以进入历史而自主言说，妇女的生活经验和生命体验在知识建构中往往被忽视和遮蔽，妇女史研究试图在历史叙事中发出“女性的声音”[1]总序6；区域史研究与整体史研究相对应，试图通过“树木”与“森林”之间的关系探

* 畅引婷，女，山西师范大学历史与旅游文化学院教授，主要研究方向为妇女理论和现当代妇女史。本文为国家社会科学基金资助项目“当代中国妇女理论的本土建构研究”（项目编号：16BKS131）的阶段性成果，转自《妇女研究论丛》2018年第6期，本次出版略有修改。

讨来窥斑知豹。2017年人民出版社出版的《口述申纪兰》[2]共有十章，分别为“人大代表：从一届人大到十二届人大”①“政治品质”“首倡同工同酬”“集体化时期的西沟”“西沟转折时期”“发展中的西沟”“李顺达及西沟党支部”“领导人视察西沟”“本色人生”“社会各界谈申纪兰”。该书将“口述”“妇女”“区域”结合在一起进行整体观照，试图从宏大的历史叙事中剥离出妇女的经验，看她们在巨大的社会历史变迁中对国家的政治、经济、文化建设到底做出了怎样的反应与回应，并产生了怎样的社会变革效应；同时进一步“洞悉集体化作为一种治理过程的复杂和微妙之处，它如何改变了女性的日常生活，并且如何重新塑造了她们的心灵”[3]。

一、在典型的叙事中折射时代变迁

《口述申纪兰》一书之所以将申纪兰作为访谈对象，其原因主要有两个方面：一是申纪兰在中华人民共和国成立初期乃至整个社会主义建设时期始终未变的“全国劳模”和“人大代表”身份以及她作出的贡献；二是申纪兰生活的西沟在中国农村集体化过程中所具有的独特地位。从个人履历看，出生于1929年的申纪兰，早在1953年和1957年就两次参加了在北京举行的第二次和第三次全国妇女代表大会；1958年参加了全国妇女建设社会主义积极分子代表会议；1980年参加了全国工业、农业、财贸、文教、科技劳动模范代表大会；1995年参加了联合国在北京举办的第四次世界妇女大会；2000年五一国际劳动节，她作为特邀劳模，出席了新千年第一次全国劳模大会；2010年获中宣部等11个部委联合举办的“新中国成立以来感动中国人物”称号。20世纪50年代，申纪兰还受到国际社会的关注，如1958年受到越南共产党主席胡志明和朝鲜劳动党主席金日成的接见；接受了美国著名记者安娜·路

① 该书2017年出版后，申纪兰于2018年又参加了第十三届全国人民代表大会。

易斯·斯特朗（Anna Louise Strong）的采访；苏联女英雄卓娅的母亲给申纪兰来信，称赞她是一位女英雄[2]289。更为重要的是，申纪兰在西沟村首倡了男女“同工同酬”，并成为唯一一位出席第一届到第十三届全国人民代表大会的人大代表。与此同时，在她身上还有许多其他荣誉，如全国三八红旗手、全国道德模范、山西省特级劳动模范、太行英雄、山西省杰出女性，受到了中华人民共和国成立以来历届国家主要领导人的接见。其实，这些荣誉本身并不特殊，但这么多的荣誉叠加在一个人身上并且能保持“一辈子”，在共和国历史上的确是不多见的。尤其是对一个识字不多的农村妇女来说，其意义就更为特殊。再从西沟在中国历史上的地位看，早在1943年，李顺达作为太行山区的劳动模范就积极响应毛泽东“组织起来”的号召，与西沟的6户贫农成立了中国历史上“第一个”农业生产互助组。西沟作为太行山深处的一个小村庄，是数十万中国农村的一个典型代表，曾在解放战争时期被晋冀鲁豫区政府称赞为“边区农民的方向”，被中共太行区党委赞誉为“翻身农民的道路”。在相当长的一段时间里，西沟“是共和国版图上唯一被标出名字的行政村”[4]总序1。而西沟村所在的晋东南地区，曾是八路军总部的所在地和中共山西各级党政部门的聚集地，从抗日战争开始，就成为共产党在山西发动民众，启迪妇女走出家庭、走向社会、融入人民解放事业的策源地。西沟作为中国共产党在农村建设社会主义的先进典型，始终受到党和国家最高领导人的密切关注，在一定意义上，西沟就是集体化时期中国特色社会主义在农村的实践基地。

《口述申纪兰》一书把申纪兰作为中国农村妇女的代表，把申纪兰生活的村庄作为中国农村的典型，展现了申纪兰的人生经历和西沟村的历史风貌，从不同层面反映出“妇女”和“农村”在中国革命中的地位和作用，从中折射出的是中国社会半个多世纪以来所发生的巨大时代变革以及这种变革对“妇女”和“农村”所产生的影响。

《口述申纪兰》一书以农村妇女为主体进行历史叙事，其意义是显而易见的。如何看待农村妇女在社会主义建设中的作用和地位以及社会主义革命对妇女解放的影响，是贯穿全书的一条主线。通读全书，申纪兰如数家珍的口述把人们的思绪带到历史变革的情境和场景之中。如在合作化运动时期，她是怎样起早贪黑在山上打坝修堤、植树造林，又是怎样被各级领导和记者发现而闻名全国的；在集体化的生产劳动中，她是怎样挨家走户发动妇女劳动力，又是怎样与男性劳动力进行犁地、耙地和放羊比赛而真正实现男女同工同酬的；在集体化时期，她是怎样大炼钢铁，又是怎样在分管集体食堂时包野菜包子改善农民伙食的；又是怎样在“农民”与“干部”身份之间进行艰难抉择的；改革开放后，西沟村是怎样坚持走集体化道路的，她又是怎样利用自己的“名人效应”为西沟的村办企业争取各种社会资源的；等等。该书编者将申纪兰置于中华人民共和国成立以来中国共产党在农村全面推行的“集体化”实践和改革开放的历史语境之中，一方面展现了中国特色社会主义在农村的具体探索过程，另一方面显现了妇女与革命、农村与国家、个人与社会乃至人与自然环境互动中的各种复杂关系，预示了社会历史行进中一切“改变”和改变“一切”的可能性和现实性。

二、在他人的言说中凸显历史的多种面向

《口述申纪兰》一书最值得称道的是，编者别出心裁地将一个人对自己的口述与一群人对一个人的口述相结合，一方面，通过对申纪兰本人的访谈凸显出当事人在具体历史情境中的真实感受和具体认知；另一方面，通过对众多“局外人”的访谈为人们全面了解申纪兰提供了多维的视角。从全书的体例看，“社会各界谈申纪兰”尽管在全书的篇章结构中仅列为一章（第十章），但在访谈篇幅上却占到除“附录”外全书总字数的1/3，涉及不同级别、不同界别、不同性别、不同年龄、不同地域的访谈者达15人之多。可以说，围绕申纪兰“一个人”对“各级领导干部、学者作家、大寨人、邻村人、西沟人”等与申纪兰交往过密和了解不多的“各界人士”进行深入访谈是该书的一个独创，访谈对象的层次之高和代表面之广都是以往（妇女）口述历史难

以企及的。如果说申纪兰对自己曾经的过往进行回顾，可能呈现的是历史的一个侧面，那么社会各界集中对申纪兰一个人进行言说，为人们认识申纪兰、认识社会和历史提供了多维的视角。

我们知道，口述历史作为“活着的人的历史记忆”，尽管在记录历史方面有着其他档案和文献资料无法替代的价值，但记忆的有限性和个人认知的局限性常常会使历史的真实性和复杂性在一定程度上被遮蔽。统览《口述申纪兰》一书，申纪兰对自己过往经历的口述更多侧重于曾经在什么时间和什么地点具体“做了什么”或“怎样去做”的经验或感受，而由于文化水平的局限，对一些事情发生、发展的前因后果以及为什么这样做而不那样做的内在动因，她很难在历史和理论的层面解释清楚。因此，对社会各界进行访谈，可以在一定程度上弥补申纪兰遗忘或不愿意说出或顾及不到、无法解释的诸多问题和细节，尤其是对那些有着一定身份、地位和学识的领导干部、学者和作家的访谈，不仅可以为人们进一步深入了解或理解申纪兰一切“做”的行为背后的深层原因提供窗口，还可以看出他们将申纪兰作为文化符号的愿望和期盼。该书中，个人口述与众人口述的交相辉映，使申纪兰由一个被形塑的政治人物还原为一个鲜活的生命个体。正如一些研究者所言，口述的意义“不在于我们是不是能够把这些历史的细节真实还原，已不在乎这些人所说到底有多少是真多少是假，它们都是不同的声部”[5]。

三、在资料的累积中为未来提供借鉴

严格来说，《口述申纪兰》一书并不是一部口述史专著，其价值主要在于它的史料性。该书编者在“后记”中明确指出：“为了适应申纪兰的叙述风格，我们没有将原始口述资料统一整理，以便文本看起来更整齐好看，而是最大限度地保留了口述的原汁原味，包括地方方言。”[2]306 也许采用这种处理方式是因为编者已经明确意识到了“口述史”与“口述历史”或“口述史料”

的区别，所以，该书出版时并没有使用“著”或“主编”一类的词汇，而是用“编”来标识，这一方面说明口述者不只是访谈者笔下的“他者”，申纪兰和其他社会各界人士已实实在在以社会主体的身份参与到了文本知识的建构之中；另一方面这种著录方式为研究者从不同学科和角度深入解析申纪兰提供了最为原始的第一手材料。该书“编者”最大的功劳就在于独具慧眼的“发现”和时不我待的“抢救”，以及通过对特定问题的设计提问，激活了人们可能丢失但却是非常珍贵的历史记忆，其史料价值是弥足珍贵的①，用编者的话说就是，这是一部“迄今为止申纪兰最为完整的口述资料”[2]后记。该书编者用“拉家常”的方式将申纪兰置于一定的历史情境之中，并将口述内容悉数呈现，留给人们的理论思考和未来想象是悠长而深远的。

该书将“人大代表”一章作为全书的“开篇”，意味深长。正如受访者、作家赵瑜所说：“她给我们中国的民主进程，给我们中国特色的中国民主，带来了一个独特的见证人，甚至是唯一的见证人。”[2]236 可以说，不论从地域的角度——农村，还是从阶层的角度——农民，抑或是性别的角度——妇女，申纪兰都有相当的代表性②。尤其值得一提的是，申纪兰改造工分制的举措不

① 笔者以《口述申纪兰》一书为基本史料，先后撰写了《共和国见证者的生命足迹》（《山西农业大学学报（社会科学版）》2018 年第 10 期）和《对全国劳模申纪兰的性别审视》（《中华女子学院学报》2018 年第 4 期）两文。

② 尽管出身农民的申纪兰作为人大代表曾在媒体上遭受质疑，但将“申纪兰现象”置于中国历史的大变局之中进行观照，其中所折射出来的问题值得深思。比如，如何看待没有文化或文化水平不高的“农民”和“妇女”对国家事务的参与和管理，“她们”在“代表”的意义上有着怎样的政治意涵和文化价值，等等。著名作家赵瑜在口述中一针见血地指出，网络上一度对申纪兰“举手代表”的质疑“是国家民主进步的一种表现”，因为申纪兰作为一个人大代表，的确在各种会议上“发表的反对意见很少，她对我们国家每一个阶段的政策和历史决策赞扬的很多”。但申纪兰人大代表的身份反过来可以反证“我们人民代表大会制度的基本形态，基本政治生态。这种政治文明的生态和形态，从申纪兰身上倒可以引起我们的深思。这是一个带有化石性质的科研对象，而不应该当作指责的对象”（李中元、刘晓丽主编：《口述申纪兰》，人民出版社，2017，第 238 页）。正如一些研究者所说：“妇女参政议政是权利，还是能力？这是两个不同性质的问题。”妇女参政作为“基本权利，在这里是没有前提条件的”。（李慧英：《我国妇女参政要不要确定 1/3 比例制？》，《山西师大学报（社会科学版）》2014 年第 2 期）。

仅契合了中国共产党解放妇女的政治主张，而且为在全国范围内推行这一政策做了历史性的准备。1953 年 12 月 16 日，中共中央通过了《关于发展农业生产合作社的决议》，明确提出男女“同工同酬”的概念，制定了男女劳力应该按照工作的质量和数量，实行同样报酬的原则。1954 年 9 月，“男女同工同酬”倡议被写入《中华人民共和国宪法》（1954 年）。1955 年 11 月，全国人大公布的《农业生产合作社示范章程草案》推荐两种工分制，即“死分活评”和“定额记工”，要求无条件实行男女同工同酬。这两种记工方法比以前的工分制度更加灵活，对提高妇女的劳动积极性产生了一定的作用。申纪兰在西沟首倡并极力推行的男女“同工同酬”，不只是在妇女解放的意义上推动了男女平等，而且在国家制度层面为政府决策提供了样本和先例。所以，《口述申纪兰》一书将具有时代象征意义和文化符号价值的申纪兰及其生活的村庄作为研究对象，一方面反映了“农民”和“妇女”在社会主义革命和建设中焕发出的巨大能量以及所具有的历史局限，另一方面将知识与权力、农村与城市、女性与男性、利益与资源分配等问题再一次摆到了世人面前，为学界和政界在文化建设和制度建构层面进行科学构想或未来规划提供了一面历史的镜子。尽管西沟的经验在中国历史上具有一定的特殊性，但蕴含其中的是“农民”和“妇女”参与中国政治民主生活的可能性以及通过这种参与而进行社会改造的现实性。

【参考文献】

[1] 李小江 . 让女人自己说话 [M]. 北京：生活 · 读书 · 新知三联书店，2003.

[2] 李中元，刘晓丽 . 口述申纪兰 [M]. 北京：人民出版社，2017.

[3] 郭于华 . 心灵的集体化：陕北骥村农业合作化的女性记忆 [J]. 中国社会科学，2003（4）.

[4] 李中元，杨茂林 . 西沟口述史及档案史料 [M]. 北京：人民出版社，2017.

[5] 岳庆平 . 关于口述史的五个问题 [J]. 中国高校社会科学，2013（2）.

评游鉴明的口述历史研究

李卫民[*]

小　引

游鉴明教授的口述历史研究成果，确实值得研究。她在口述历史领域里的劳作成果，数量不少，其中最引人注目者，是对口述历史的理论和方法的探讨，以及利用口述史料展开的学术研究。

本文针对游鉴明的口述历史研究成果最有价值的部分展开深入分析。游鉴明本人采写的《走过两个时代的台湾职业妇女访问记录》等口述历史作品，不在研究范围之内。本文的研究基础，主要是她的代表作《她们的声音——从近代中国女性的历史记忆谈起》，我依据的是此书的第二版，即2009年5月版（更名为《她们的声音——从近代中国女性的历史记忆谈起》）。2014年，她在杨祥银主编的《口述史研究》（第一辑）上发表文章《口述历史与性别：建构与运用》，是她的最新研究成果，也不应错过（游教授在《郑州大学学报》曾刊发一篇《口述历史与性别史研究》，内容简略，不再涉及）。

* 李卫民，山西省社会科学院历史研究所副研究员。

一

游鉴明教授对口述历史的基本理论问题，做过研究，取得了一些成果。

现代口述历史，源自美国，欧美学者有不少深度研究的成果，但是口述历史还算不上是一个成熟的学科，诸多基本概念尚需进一步深入探究。在华人学术圈，无论大陆，还是港澳台，不少学者致力于这方面的研究。中国台湾地区较早引进了现代口述历史，“中央研究院”近代史研究所的研究人员多热心从事口述历史，历年已出版96种、106册口述历史作品，成果不可谓不丰硕。但是，关于口述历史的理论和方法的学术探索，相关成果为数不多，堪为道及的，有许雪姬写过几篇回顾中国台湾口述历史发展历程的文章，是史学史性质的文章，以内容全面见长；此外，朱浤源在《近代史研究》上发表《口述历史的方法——孙立人案25年追踪访录报告》，总结了个人的采访经验，有可取之处；沈怀玉的文章《口述历史在台湾的发展》，是一篇具有史学史性质的文章，也带有一定程度的理论思考。上述这些文章，都不容忽视，但是与之相比，游鉴明教授的研究，涉及的问题更多一些，尤其值得注意的是，游教授不是简单引述西方学者的结论，她的研究具有较强的个性特色。

应当承认，游教授对当代西方史学思想的变动有较深入的把握。在《口述历史与台湾妇女史研究》一文中，她回顾了西方史学的进展，注意到由于年鉴学派、后现代主义、后殖民主义盛行，历史书写方式发生重大转变，出现了“由大写历史转向小历史、微观史的研究趋势”“让口述历史有大好的发展机会”。她也注意到，不少西方史家在研究过程中，已在使用口述史料，游教授对本专业的进展非常熟悉，特别是对国际学术界的中国妇女史研究成果有较深入的研究，她对这些著述作了分析，也就开展口述历史对深化女性研究的意义，做了一些分析。她指出，在“大写历史”框架下，“中西史家只关心政治人物的历史，而这些人物绝大多数是男性，能被写入历史的女性，不是与男性政治家有关的女性，便是少数的女政治家、女革命家或是典范妇女、名妓以及在文学艺术、医疗科技有特殊成就的女性，因此当妇女史研究兴起之后，学者强烈挑战‘大写历史’时代以男性为中心的书写方式”。[①]游教授认为，开展口述历史，有助于对抗“大写历史”，她特别指出，“至于台湾妇女史的研究则采自本土经验，同时，凡从事台湾妇女史研究的学者几乎免不了采用口述历史”。[②]

通过个性较强的探索、研究，游教授对口述历史的基本理论和方法，做出了阐述。

当然，关于口述历史的定义，众说纷纭，至今并无定论，游教授亦未作出详尽回答，只是说了一句，“在这众多的史料中，口述历史是最特别的一种，透过访问不仅可以了解受访女性的生命史，更可借此观察女性在当代的角色与地位，并补充文字资料的不足”。[③]很明显，这是从口述历史的内容和作用的角度来认识的。

游教授对口述采访做了较多阐释。对口述采访的原则、技巧，阐发尤其详尽，而且，这方面的分析、阐述，主要依据她自己的访谈经验，并在此基础之上，有所总结，并做了梳理。游教授的治学态度比较开放。她认为，女性口述历史这项工作，男性研究者也可参与。关于受访者的选择，她认为，应该主要选择 70 岁以上的妇女，不宜采访四五十岁的女性，她指出，“口述历史不是新闻报道，年纪大的受访人曾经历过较长的历史，并看到历史的流变，她们的口述历史较具历史感”。[④]她还强调，采访时，应设法激活受访者的记忆，不要限制她们的回忆，为此，她提出了不少建议，首先，应该尽量创造单独采访的机会。其次，游教授还强调了一个很重要的原则，“最好能站在受访人的立场来问，就像‘以汉还汉，以唐还唐’这句话，要研究汉朝应回归汉朝，要研究唐朝就回归唐朝，也就是要设身处地地进行访问”，她认

① 游鉴明:《她们的声音》，五南图书出版股份有限公司，2009，第 77 页。
② 游鉴明:《她们的声音》，五南图书出版股份有限公司，2009，第 79 页。
③ 游鉴明:《她们的声音》，五南图书出版股份有限公司，2009，第 19 页。
④ 游鉴明:《她们的声音》，五南图书出版股份有限公司，2009，第 33 页。

为，在访谈进行中，不要给受访者以压力。[①] 关于访谈录的整理，游教授认为，应尽量避免使用方言，要以通用语记录，而且在整理过程中，一定要注意查证相关文献，“一定要将受访人所处时代的制度或人、时、物、地、事弄清楚，这就是口述历史和一般口耳相传的街谈巷议或小说最大的不同”。[②] 在她所举的采访实例中，还展现出，她也注重采访与受访者相关的人士。

成功的口述采访，耗神费力，但是辛苦劳作的成果，那些访谈记录是真实可靠的吗？口述历史的真实性，历来争议很大。在游鉴明教授看来，口述历史很难避免虚构，但完全否定口述历史的真实性，也是不正确的。游教授根据自己采写的三部访谈记录（均已出版），对口述历史的“虚实”做了比较翔实的考察。在较深入的文本分析的基础之上，她指出，这些女性受访者对童年的回忆，基本是可信的，而关于婚后生活的回顾，则是“虚中有实，实中显虚”。[③] 此外，她还指出，研究者对确保口述历史的真实性，也是可以有所作为的。在她看来，在访谈过程中，有主访者的参与，受访者是在主访者的注视下回忆、讲述，并且主访者也可以进行话题引导，故此，受访者主动作伪的概率应该是比较小的。在游教授看来，导致女性口述史产生虚构的原因，是受访者对一些事情的有意回避，游教授的看法是，“女性口述史出现虚构或叙述不清楚的现象，除一般所了解的是与受访人的遗忘、夸张或回避有关之外，另则是来自受访人对隐私问题的有意保密以及不愿伤害第三者或不愿掺入无谓困扰所致”。[④] 在全面考虑之后，游教授的看法是，女性口述史能够“提供丰富的生活史或文化史的资料”“口述历史并不是全无价值”。不难看出，游教授对口述历史的真实性，确有一定保留，不过，她也在一定程度上肯定了口述历史的真实性，不仅如此，她还指出，还可“以口述历史的方式为女性建构历史”，而这其中的关键则是，凭借个人的学术经验去“化虚

---

① 游鉴明：《她们的声音》，五南图书出版股份有限公司，2009，第 37 页。

② 游鉴明：《她们的声音》，五南图书出版股份有限公司，2009，第 38 页。

③ 游鉴明：《她们的声音》，五南图书出版股份有限公司，2009，第 65 页。

④ 同③。

为实”。

可以看出，游鉴明教授对口述历史基本理论和方法的研讨，是在经过了比较深入的独立思考之后得出了自家心得，其中，值得重视之处不少。她就口述采访发表的意见，入情入理，确是一套深度采访方法。此外，她对口述历史真实性的分析研讨，也是比较深入的，其结论，总的来看，是可取的。更值得指出的是，游教授还强调，还可以利用口述采访之后整理出的访谈记录，做进一步的研究。在目前海峡两岸的学术界，有如此认识的学者，为数很少。

二

如上所述，游教授已经指出，可以利用口述历史开展研究。事实上，在这方面，她也已取得了一些成果，在《她们的声音》中，收入了四篇论文；另外，她的最新作品《口述历史与性别：从建构到运用》，则被收入了《口述史研究》(第一辑)。

游教授的学术努力，最值得肯定之处，是她能够“走出自我”。目前，无论是在大陆，还是在港台，学者就口述历史发表意见，大多只能就自己的口述史实践做出总结，对他人的口述历史成果，尚不能做出深入的分析。在此背景下，游教授的实践，其独特的价值就凸显出来。游教授的研究基础是“中研院”近代史所刊印的口述历史作品。收入《她们的声音》一书中的《你中有我、我中有你？口述历史中的性别形象》一文，是她的一篇代表作，在这篇文章中，她“以中研院近代史研究所出版的 61 册访问记录以及 7 篇相关人物访问记录为研究对象”[①]，而撰写《口述历史与性别：从建构到运用》一文时，“则以《你》文为基础，继续对中研院近代史所出版的 96 种、106 册‘口

① 杨祥银主编《口述史研究》(第一辑)，社会科学文献出版社，2014，第 197 页。

述历史丛书’，做进一步分析”。[①] 可见，游教授的分析研究并未仅仅局限于自己的口述历史实践，而能够向外扩大到其他一些研究者的成果。此外，令人颇感兴趣的是，许雪姬教授曾指出，游鉴明教授的论文《日治时期台湾女性的“满洲国”经验：以口述历史为例》，此文依据的资料全部来自许雪姬教授的访问记录，这也令许教授“振奋不已”。[②]

还应该看到，游教授对“中研院”近代史所之外的口述历史也很重视。她还注意到了曾秋美的《台湾媳妇仔的生活世界》，并对此书做了较深入的分析。她肯定这部著作运用了较多的口述史料，且有一定的学术性、研究性。游教授还特别指出，曾秋美的一些分析达到了较高水平，譬如，“《台》书将女孩被出养及收养的因素归纳出十二项，尽管多数原因耳熟能详，但经由媳妇仔的自我表述更能深入实情”。[③]

当然，游教授也对自己的口述历史研究成果做了分析。她指出，她的博士论文《日据时期的台湾职业妇女》，“铺陈了较多的口述史料”，这些口述史料不仅弥补了“文献资料的不足”，也“深化研究的内容”。[④] 她特别强调，获取较多口述史料，对研讨职业妇女在“私领域的活动”（即工作之外的活动），有很重要的意义。

更值得关注的是，游教授也注意到了大陆学术界的女性口述历史作品，她还比较了大陆同行与她的不同之处。在她看来，她所做的口述历史，更注意展现受访人的“生活全貌”，“尽量完整地记录下他们的生命史”。[⑤]

随着时间推移，游教授的研究视域也在不断扩大，她已经注意加强与口述史料相关的其他资料的分析，特别是受访者的照片的分析。照片与口述历史有亲缘关系，现在常见的口述历史作品，绝大多数编入了或多或少的插图，

① 杨祥银主编《口述史研究》（第一辑），社会科学文献出版社，2014。

② 许雪姬：《他乡的经验：日治时期台湾人的海外活动口述访谈》，载当代上海研究所编《口述历史的理论与实务》，上海人民出版社，2007，第 204 页。

③ 游鉴明：《她们的声音》，五南图书出版股份有限公司，2009，第 86 页。

④ 游鉴明：《她们的声音》，五南图书出版股份有限公司，2009，第 81、82 页。

⑤ 游鉴明：《她们的声音》，五南图书出版股份有限公司，2009，第 130 页。

但是，对图片的深入分析，则尚未见到。游教授则能将照片结合受访者口述，对受访者的老照片做了比较深入的解读。《口述历史与性别：从建构到运用》一文中，对照片的分析，篇幅不小。

能够对较多的口述历史展开分析，并结合其他原始资料进行研究，这促使游教授的研究不断深化，得出了不少有价值的结论，譬如，游教授针对口述历史对中国台湾妇女史的建构，有四点体会，其中，有些内容确实深刻，不应被忽视，"透过当事人的亲身体验与心理感受，浮现同性或异性之间在各方面的互动关系与权力分配"，她更指出，"采用女性口述史料的研究方法，其实不仅适用于妇女史，也可以作为研究主流历史、男性史或庶民史的参考"。[①] 此即是说，中国台湾女性口述历史的方法，也可以推广到其他研究领域。

可以看出，游教授在口述历史的实践中，注重深度研究，并能积极"走出自我"，使她的口述历史研究不再是个人经验的简单总结，而是能够运用较多口述史料展开研讨，从而进入了比较规范的学术研究阶段。

三

现在，应该对游教授的研究内容做些评析了。

游鉴明教授的分析、研讨，确实借鉴了一些现代性别理论的概念、名词，不过，她的研究思路，主要还是在深入阅读口述历史文本的基础之上，形成思路、展开分析。在通读了游教授的几篇论文之后，感到她的研究，应该被概括为具有性别研究特色的生活史研究。在我看来，游教授的生活史研究，包括家庭生活、工作，在介绍日常生活的基础之上，又开始涉及各种人际关系，比如，亲情关系，家庭成员之间的互动，关于利用口述历史来建构女性

① 游鉴明：《她们的声音》，五南图书出版股份有限公司，2009，第97页。

史著作，游教授主要是根据她自己的博士论文和曾秋美的专著，做了分析。如前所述，这两部著作都包含较多的口述史料。在游教授看来，职业女性的口述历史，能够“更生动地带领我们进入当时”这些女性学习、工作的“情境中”，对于女性职业生涯中的一些重要问题，如很多女性的职业生涯没有持续很长时间，其中的缘由在口述史料中就得到清晰展示。[①] 她还指出，曾秋美的《台湾媳妇仔的生活世界》，由于使用了口述史料，对媳妇仔产生的原因能够有更切实的描述，她注意到，通过口述历史，可以呈现出媳妇仔的“心路历程与生活经验”，游教授对该书的具体内容做了分析，涉及了媳妇仔的个人身份确认、媳妇仔与养父母的关系，以及她们在成年后的婚姻生活。可以看出，在游鉴明教授看来，生活史，应是口述历史研究的一种可靠的学术进路。

游教授还注意到，运用口述历史展开比较深入的性别史研究。在《你中有我、我中有你？口述史料中的性别形象》一文中，她将研究对象从女性扩展到了男性。游教授指出，“目前尚未有人从口述史料讨论性别性向的述说”[②]，她注意到，“每位受访人几乎都会谈论自己的长辈”，特别是会谈及自己的父亲，并“透过品德、特长或家训，形塑出来的祖父辈的样貌”，当然，女性受访者对父辈形象的塑造，有更多着力，她们对父亲的教诲，往往印象深刻。尤其值得关注的是，游教授指出了，这些受访者记忆中的父亲的形象，有开放的一面，也有传统的一面，由此可反映出近代中国社会变动过程的多个进路。游教授注意到，与男性相比较，女性受访者关于父亲的诉说，更加“细腻而生动”，有些女性受访者甚至主动谈到了“与公公的互动”，而不少男性受访者却很少谈及自己的岳父母。游教授还分析了受访者对母亲的回忆，她注意到，一些男性受访者强调，他们的母亲并非弱女子，与之相对照，一些女性受访者也强调，她们的母亲不仅能持家，也有些识见，并能与男性交流看法。至于来自母亲的教育，很多人的人生抉择，都受母亲的影响。游

① 游鉴明：《她们的声音》，五南图书出版股份有限公司，2009，第 86 页。

② 游鉴明：《她们的声音》，五南图书出版股份有限公司，2009，第 157 页。

教授还对受访者的口述历史做分析，还很重视受访者对家庭生活的回顾，即“对择偶方式、婚姻观念、夫妻关系或子女情感的述说”。[①] 关于“择偶方式与婚姻观念”，在这一部分，游教授仍然是将男性受访者与女性受访者的口述历史一并做分析，这让她了解到了，1920 年代以降，自主婚姻观念开始流行，但是，“安排式的婚姻”却仍在很大范围内存在。与此同时，在婚恋过程中，女性的主动性有了很大提高。20 世纪上半叶，中国社会的动荡、战乱，很多女性的婚恋，身不由己、“仓促完成”。关于“夫妻形象建构与家庭情感”，很多男性都夸赞自己的妻子贤惠，给自己以很多助力，与之对照极其强烈的是，女性受访者对丈夫谈得不多，对丈夫的形象勾勒得不够清晰。至于夫妻关系，夫唱妇随，也有多种表现，不少男士支持妻子发展事业。至于亲子关系，男性受访者的叙述比较简单，女性受访者的回忆则较为具体、深入。

在《口述历史与性别：从建构到运用》这篇新作当中，所谓“建构”，即口述历史的建构，游教授主要从受访人角度展开。她指出，她在口述史料中发现，多数女性愿意谈及自己的婚姻生活，甚至涉及了改嫁、独身，也有一些女性受访者不介意谈及自己的疾病，还有些受访者碰触了“性别权力关系”。当然，在这里，游教授的研究同样也考察了男性受访者的口述回忆。她注意到，很多男士讲述了来自妻子的支持，还有人说到了中年男士的丧偶与续弦。至于口述历史的运用，她按照性别理论，按照“父权与赋权”“从展现能动性到争取两性平权”“男女权利关系的多样化”“姊妹情谊”，分别做了分析。在“父权与赋权”，她分析了女性个人权力的来源与形成过程，根据口述历史文本，她的结论是，女性的权力，多来自家庭，特别是来自她的父亲。关于“从展现能动性到争取两性平权”，她根据口述历史文本，特别是不少男性受访者的口述回忆，说明中国传统女性也有比较积极的一面，甚至是自主。随着时间推移，在抗日战争期间，女性的自主意识增强，她们积极走入社会，在个人事务上，也有了更多的自主选择。

① 游鉴明：《她们的声音》，五南图书出版股份有限公司，2009，第 178 页。

不难发现，游教授运用口述史料开展了妇女史、性别史的研究，这两方面的研究，她都有程度不同的收获。总的来看，游教授通过口述史料开展的研究，大多集中于女性生活与工作、女性的人际关系，这些研究成果，显现出了一定的社会史意蕴；但是，开掘还不够深入，如果加强社会史分析，一定会有更多的更有深度的收获。

四

有一点值得注意，游教授的这部专著，初版名为《倾听她们的声音：女性口述历史的方法与口述史料的运用》，第二版则改名为《她们的声音——从近代中国女性的历史记忆谈起》，很明显，第二版的书名更引人注目，其中多了“近代中国”一词，这是值得注意的现象。2014 年，这部书的第三版问世，书名依旧。

游教授将自己的研究成果，又纳入“近代中国历史”的框架，这肯定也是一番思量之后的慎重选择。更何况，游教授自己也做口述历史，亲身接触了很多中国台湾女性，对自己的研究对象的思想倾向会有更真切的体会，故此，游教授的这一选择，很值得深入分析。

中国台湾女性的经历，是很曲折的。这种曲折的经历主要体现在游教授的《改写人生之外：从三位女性口述战争回忆说起》中。例如，张王铭心在抗日战争爆发之后放弃了“独身的念头”，抗战胜利不久，她随丈夫到中国台湾定居。① 再如，余文秀 1941 年结婚，1947 年随丈夫到中国台湾，但其母亲、哥哥还留在大陆。② 裴王志宏的丈夫是一位军人，来台之后，曾住在台南眷村，她在眷村发现，不少军人一直单身，找不到对象。这三位女性到经历了抗战的烽烟，张王铭心回忆了在重庆的时候，经历过敌机轰炸，她在回忆中，还

① 游鉴明：《她们的声音》，五南图书出版股份有限公司，2009，第 134 页。

② 游鉴明：《她们的声音》，五南图书出版股份有限公司，2009，第 137 页。

顺带介绍了一下防空洞的内部设施。余文秀的抗战经验更丰富，因为她住在“安徽宿县临涣镇”，“这地方原本就不平静，抗战前，当地的部队因抢地盘而开战，只要军队开战，民众便往亲友家避难，当地人称这种逃难，为‘跑反’。抗战期间，这里更是国军、新四军和日本军争战的地方，处在这种环境下，余文秀的战时经验特别丰富”。①最让余文秀记忆深刻的是，在抗战期间，她的公公被日军俘虏，未受伤害，还被安排了工作，被外人视为汉奸。抗战结束之后，余文秀却陷入了“她生命中最贫穷的日子”。②很明显，对余文秀来说，在大陆的经历，当然是“往事并不如烟”。至于裴王志宏，当日军进入北京城的时候，8 岁的她“亲眼看着日军进城”。她回忆，日军刚刚进北京，“曾挨家挨户找‘花姑娘’”，引发北京市民强烈抗议。③不难发现，在这三位女性的口述回忆中，大陆经验与台湾地区经验是连在一起的，不能分割的。

如上所述，游教授也注意到了很多受访者，提到了长辈对他们的教育，长辈包括祖父母、父母。这些受访者的祖父母都是在晚清出生，他们的祖父大都喜欢给孙辈“立家训、订规矩”④，很多人的父亲，虽然也接触了欧美新风，但是也有非常传统的一面，“生平提倡科学教育”的任鸿隽先生，对读经运动非常反感，但是，在教育自己的女儿时，他又强调：“中国人不读四书五经，怎么能算是真正的中国人呢？”⑤凌鸿勋回忆，他的母亲用桂林官话教他读《孝经》，这也为他后来学习汉语打下了基础。李亦园在童年时期，父亲在外谋生，他与母亲感情很深，这促使他后来对性别研究非常关注。这些也都说明了，这些在台人士的文化观念、职业选择，都受到了自己长辈的影响，受到了中国传统文化的强烈影响，理解他们的生活、职业，当然不能忽略他们在大陆时期受到的家教。

---

① 游鉴明：《她们的声音》，五南图书出版股份有限公司，2009，第 142 页。

② 游鉴明：《她们的声音》，五南图书出版股份有限公司，2009，第 145 页。

③ 同②。

④ 游鉴明：《她们的声音》，五南图书出版股份有限公司，2009，第 165 页。

⑤ 游鉴明：《她们的声音》，五南图书出版股份有限公司，2009，第 169 页。

游教授还注意到了，日据时期的台湾地区民众的民族主义情绪，而且这种情绪还是比较广泛地存在，“多半台籍职业妇女不能接受与异族间的不公平待遇，却对异性间的不同待遇未有争议，例如林彩珠指出，男教师多半受过正规的师范训练，理应获得合理的薪资待遇，因此，她们对薪资的不满不是针对男教师，而是日籍女教师；有趣的是，工厂女工也有类似说法”。[①]

综上所述，游鉴明教授的口述历史研究，将不少中国台湾女性的人生经历的底蕴呈现出来，个体的生命感受也能成为一种历史的连接，近现代台湾地区与大陆之间的紧密关联，以及台湾同胞对日本殖民者的发自内心深处的怨愤，都得到了很清楚的展现。故此，自增订此书的时候，游教授为标题加上“近代中国”一词，就是很自然的了。

结 语

游鉴明教授的口述历史研究，确实具有比较明显的开创意义，既有借鉴欧美史学理念之处，更多的，则是她自己独立探索的成果。她的研究成果，能够较为广泛地取材，方法上有独到之处（在性别史研究当中，比较好地结合了男性和女性的口述历史），就内容来看，既提供了中国台湾女性的生活史以及家庭人际交往特点，更为解读中国台湾地区与大陆的联系，提供了一些比较深入的见解。

① 游鉴明：《她们的声音》，五南图书出版股份有限公司，2009，第 86 页。

第三章

妇女口述史的多元应用

集体化时期农村妇女生育意愿的变化：制度系统性调适视角

——基于湖北省多点口述史与鄂北冯村的研究

刘筱红　余成龙*

摘要：文章根据湖北省多点口述史访谈与鄂北冯村田野调查获得的一手材料，旨在系统分析集体化时期（1962—1980年）农村妇女的生育意愿及其社会根源。研究揭示：中国人口生育率之所以能在集体化时期迅速下降，是当农村妇女出现明显节育意愿时计划生育政策顺势而为的结果。农村妇女源于个体生活实践对生育进行了归因，发现生育子女数量越多必然会导致生活愈艰辛。而造成生育矛盾的深层次原因是制度变革的非均衡性：集体化时期的生产及分配制度发生了变化，但再生产的制度及性别分工制度变革滞后，妇女在参与社会化劳动的同时还肩负着生育的艰辛。制度系统性调适不足使妇女缺乏缓解生育与生活紧张关系的渠道，最终导致传统生育文化与生存理性达成了妥协，其生育意愿是在满足至少一个男孩与最优家庭供养能力形成的区间。对当前的启示是，实现“二胎”政策目标需要通过配套制度设计来缓解人口再生产的压力，从而提高妇女的生育意愿。

关键词：农村妇女；生育意愿；计划生育；集体化时期；制度视角

* 刘筱红，女，华中师范大学中国农村妇女发展研究中心主任，中国农村研究院教授，博士生导师，研究方向为政府发展与社会政策、中国农村妇女与村庄治理研究等。余成龙，男，华中师范大学公共管理学院2015级硕士研究生，中国农村妇女口述史调查中心组成员。本文为山东省社会科学规划研究项目“城市老年人社区参与的社会性别研究”（项目编号：18CSHJ06）及“社会性别视角下农村养老问题研究”（项目编号：19CSHJ10）的阶段性成果，转自《妇女研究论丛》2018年第1期。

一、问题的提出

近年来，中国的人口计划生育政策进行了重大调整，人们对“二胎”的关注与讨论上升到一个新的热度。从二胎政策出台后实际生育二胎的情况看，二胎政策的放开似乎错过了最佳时机，这与部分学者及官员对生育政策所持的保守与谨慎有很大关联，从而导致政府对二胎政策放开时间较实际需要有所滞后。事实上，自中国人口计划生育政策实施以来，人们往往习惯于对中国女性的生育意愿进行过高估计。

20 世纪 70 年代，中国人口出生率从 1970 年的 33.43‰下降到 1980 年的 18.21‰，人口生育率从 1970 年的 5.81% 下降到 1980 年的 2.24%[1]27。在短短 10 年的时间里，中国在经济社会发展水平较低的情况下实现了人口的结构性变革，这几乎创造了世界人口发展史上的一个奇迹。经济社会发展到一定水平后生育率才会出现缓慢下降，这是西方学者的共识，也符合西方国家人口发展规律，而中国的人口情况则挑战了西方经典人口学理论的适用性。也正是于 1971 年始，中国在广大农村地区开始宣传和有计划地推行延续至今的人口计划生育政策，因此人们很容易将这一时期中国生育率迅速下降与计划生育政策紧密联系起来。

这一时期生育率迅速下降的原因曾是人口学研究的一个热点，学者们讨论的焦点主要围绕政策因素与非政策因素（社会经济因素）在生育率迅速下降过程中所发挥的不同作用。一类学者认为计划生育政策的作用是决定性的，非政策因素在短期内起到的作用并不显著；另一类学者认为政策因素不能脱离非政策因素起作用，社会经济原因依然是人口转变的根本原因。

例如，秦芳芳通过中间生育变量分析认为中国这一时期的生育率属于控制型的生育率，国家政策指导下的计划生育工作是使中国生育率在短短十几年内下降到更替水平的主要原因。如果没有开展计划生育，中国生育率也会随着社会经济水平的提高、国家工业化、现代化的发展以及各项社会福利事业的完善而自发地、逐渐地下降，但是将会下降得非常缓慢[2]。陈萍利用生育供给与生育需求平衡理论，结合中国农村生育率的实际情况和人口政策特点，发现这一时期中国农村妇女的生育已经进入了生育供给大于生育需求阶段。虽然农村的生育率曾下降到一个较低的水平，然而总和生育率在经历了一个低水平之后都有较大的波动，这说明过去生育率下降是以严格的生育控制政策的实施为前提[3]。陈友华认为，始于20世纪70年代的中国妇女生育率的持续大幅度下降，主要是中国在充分利用特定的社会、政治环境等有利条件的基础上大力推行计划生育的结果。虽然经济因素在这一阶段妇女生育下降过程中起到一定程度的促进作用，但这种作用是微弱的[4]。陈卫利用中国省级数据考察计划生育与生育率的关系发现：20世纪70年代计划生育的作用是主导性的，20世纪80年代计划生育与社会经济发展二者的作用基本达到了平衡，而20世纪90年代社会经济发展的作用则成为主导因素[5]。通过数据分析，这些学者很容易证实并测量出计划生育政策对生育率下降的贡献。从解释上来说，认为政策因素是20世纪70年代生育率迅速下降主要原因的核心立论在于，社会经济因素通过作用于中间生育变量变化能够引起生育率的下降，但却需要长时间的过程，短期内实现生育率迅速下降必然是避孕、流产或绝育直接造成的，而大规模节育只能是计划生育政策执行的结果。

仅仅强调政策因素而忽视社会经济原因似乎不符合人口发展的规律，因此，另一些人口学者对此提出了不同观点。林富德指出，尽管国家提倡计划生育在中国生育率转变中是具有战略意义的因素，但是它不可替代其他因素的作用；相反，在实施计划生育过程中，无不觉察经济、文化等因素的存在。通过进一步分析，他发现经济因素、文化水平、城镇化程度以及妇女从事的社会劳动的性质对这一时期生育的下降具有明显影响[6]。穆光宗认为，中国人口生育率的下降是在一种强有力的制度框架中实现的，其中社会经济因素自始至终发挥着基础性的作用，而计划生育因素的作用虽然更为直接甚至更为重要，但发挥的不是根本性作用。如果将计划生育的作用力比作“看得见的手”，那么更为根本也远为复杂的社会经济因素实际上是一只“看不见的巨手”[7]。邬沧萍直接反驳中国生育率的下降是靠政策强制实现的观点，他认为社会主义制度为中国生育率的迅速下降创造了有利条件，计划生育的作用在于引导和加速生育率的下降，计划生育政策不能反映人口转变的特点和要求，即使生育率一时下降但也难以持久[8]。聚焦20世纪70年代生育率的下降，这些学者通过人口数据分析也找到了经济社会因素对这一时期生育率下降影响的证据。

有关20世纪70年代中国生育率下降的研究多为从宏观视角结合已有人口转变理论的分析，极少有学者从广大农村妇女生育意愿变化的角度进行探讨，而事实上生育意愿的变化是生育率下降的前提条件。宏观人口生育率迅速下降和微观农村妇女生育意愿变化之间存在着较大的张力和复杂的互动关系。集体化时期中国生育率迅速下降之所以未能被充分认识，一个重要原因是社会经济因素、计划生育政策与生育关系的微观事实始终没能有效呈现。认为经济社会原因是生育率下降根本原因的观点之所以有点儿“底气不足”，关键在于没能明确提出并证明这一时期妇女的生育意愿是否已经下降。而计划生育政策决定论观点的逻辑漏洞在于忽视了妇女的自愿性，政策推动了这一时期妇女采取避孕和绝育行动，但并不表示生育率下降的结果是靠政策强制执行带来的。要想进一步揭示这一时期生育率迅速下降的根源，必须弄清楚这一时期妇女（尤其是农村妇女）生育意愿的真实情况。

郑卫东基于山东日照东村文献资料和田野调查，发现集体化时期分配制度对农村妇女的生育意愿具有重要影响，对这一问题的研究有所推进。他通过抓住工分、分配与生育意愿的关系，获得了几个重要的发现：(1）整个集体化时期多生孩子对家庭经济支撑能力的贡献并不明显；(2）不是“财富流”，而是集体财富的分配模式成为影响家庭生育的重要因素；(3）20世纪60年代中后期普遍多育的表象下涌动着节育的要求，生育意愿的代际差异逐渐呈现[9]。他的研究贡献在于从集体化时期的分配制度剖析了经济社会因素与生育的关系，但仅仅从分配制度一个方面来分析显然还不够深入。农村妇女的生育意愿作为一种主观意识，除了受传统生育文化的影响外，还受当时生产生活实践及其背后社会制度、社会结构等的影响，而这些极易被宏观人口数据所遮蔽。虽然他提出了20世纪60年代中后期农村妇女出现节育意愿的观点，但并没有做进一步深入研究予以证实。

在郑卫东研究的启发下，本文试图从社会制度的视角对该问题做进一步拓展研究，在研究方法上坚持田野实证调查，用一手材料还原丰富的历史细节。文章旨在回答三个问题：集体化时期（1962—1980年）农村妇女生育意愿是否真正下降了，如果下降其背后的原因是什么，以及具体下降到何种程度。生育意愿包括生育孩子的总数量、性别结构、生育时间等偏好，为进一步聚焦所研究的问题，本文着重研究生育意愿中的数量特性，兼顾生育意愿的其他方面。

二、研究方法

本研究基于华中师范大学中国农村研究院进行的农村妇女口述史调查。该项目原计划在全国范围内进行大规模口述史访谈，但预调查基本安排在湖北省内。预调查阶段，项目组成员在鄂西、鄂中、鄂东多村进行妇女口述史访谈，调查中发现了一个有趣且较为普遍的现象：众多受访农村女性老人表示在生产队里（集体化时期）并不想生那么多孩子。这一发现让笔者感到既新鲜又困惑，难道改革开放以前中国农村妇女的生育观念就已经开始出现自发的转变？补充了解计划生育政策史以及这一时期人口数据背景资料后发现，中国人口生育率迅速下降正发生在20世纪70年代，并且伴随着计划生育政策在这一时期的执行。农村妇女的节育行为是为计划生育政策所迫，还是其生育意愿出现了自觉下降？研究之初的基本预设是，如果这一时期计划生育政策得到非常严苛的执行，那么这一问题的答案似乎比较明确；如果政策执行过程比较缓和，那就说明其中必然存在较多的自愿成分。

湖北省多点口述史调查（预调查）为本研究提供了猜想并积累了调查经验，但预调查的内容非常广泛，计划生育仅仅是其中较小的一部分。换言之，发现农村妇女在集体化时期便出现了节育需求完全是调查的意外发现。因此，针对这一问题的调查设计不够全面和深入，政策执行的过程、农村妇女的回应与策略选择等更多丰富的细节有待进一步挖掘。此外，口述史访谈对象基本为80岁以上女性老人，为了更深入了解这一问题，还必须作进一步深入调查。为此，笔者专门设计了访谈提纲，选取鄂北冯村做定点田野调查，并于2016年5月对冯村开展为期半个月的田野调查，重点对冯村中的四个自然村（冯村作为行政村下辖6个自然村，在集体化时期为一个生产大队）近30位女性进行了深度访谈，同时选少量男性辅助访谈。选取的调查对象主要是在1962—1980年具有生育能力的农村女性，她们的年龄基本在65岁以上。同时访谈对象尤其关注关键人物的调查，其中包括集体化时期生产大队的妇女主任、各生产小队的妇女队长、生产大队书记等，遗憾的是当时直接负责该村节育技术环节的医生已不在人世。为防止出现结构化偏差，本研究还将各年龄段、已生育子女数量与性别结构差异的女性人群均纳入访谈。由于冯村是一个普通村落，文献记录极少，因此在冯村开展的田野调查主要依赖访谈获得一手口述资料。

田野调查需要首先验证猜想，但更重要的是寻找妇女生育意愿下降的原因，所以更多采取的是开放式、探究式访谈，调查者抛出话题让受访对象尽情自由讲述其观点、经历及感受，并鼓励她们作自我解释，对关键细节注重追问。在调查形式上进行灵活应变，包括个体访谈、群体访谈、多次访谈等多样化策略。2016年10月，笔者又对该村进行了为期一周的回访，对部分关键性细节进行补充调研。因此，本研究的经验材料全部来自湖北省多点口述史与在鄂北冯村所做的田野调查。

调查有利的条件在于农村妇女这一群体热衷于讲述影响她们一生的生育故事，对亲身经历过的计划生育政策深有体会。调查过程中，这群女性对生育的讲述滔滔不绝，通过她们的回忆很自然地给调查者呈现出一幅幅生养儿女的图景。可以明显感知她们对在艰难的岁月里通过勤劳的双手养育儿女成人的自豪，对计划生育政策则更多地展露出爱恨交织的矛盾情结。当然，完全依赖口述资料进行研究确实存在一定的局限，但正如贺萧（Gail B. Hershatter）所言，口述资料尽管不是中国农村妇女生活历史的全部，但却是极重要的一部分，能够弥补农村妇女作为社会底层长期失声的事实[10]。徐勇教授也认为对农村妇女进行口述访谈能够对已有研究做大量补充，能够挖掘出具有丰富性、复杂性、曲折性、生动性等特点的经验事实①。

三、集体化时期计划生育政策与农村妇女生育意愿

集体化时期时间跨度较长，从互助组到人民公社的建立，再到人民公社的解体大约经历了30年（1953—1982年，各省解散时间略有不同）。三年困难时期之后到集体解散的这段时期也大约持续了20年，这一阶段农村社会相对稳定，集体制度不断成熟，人们的生活状态也趋于稳定，生活水平缓慢上升，因此笔者将研究时段集中于1962—1980年。

这一时期，农村妇女的真实生育意愿实际上难以直接获悉，至少在统计上无数据可循，调查上也难以精确。社会科学往往遵循对客观事实准确性的判断优先于对事实的精确性计量。鉴于这一思路，我们完全可以对计划生育政策执行的微观过程进行细致了解，通过对比计划生育政策在这一阶段的强度以及农村妇女对该政策认识及配合程度，来判断农村妇女的生育意愿是否真正下降了。换言之，如果证实了这一阶段计划生育政策执行较为缓和，而农村妇女配合度较高，我们便可基本验证猜想。

20世纪，中国政府在农村地区推行过两次计划生育。第一次计划生育政策最早的时间要追溯至60年代，起因于三年困难时期的粮食严重短缺，很多人包括国家决策者开始冷静下来重新考虑实行中国人口控制问题[11]154。1962年12月13日，中共中央、国务院发出了正式文件《关于认真提倡计划生育

① 徐勇教授在指导农村妇女口述史调查设计的过程中总结概括口述史的特色为“四性”：丰富性、复杂性、曲折性和生动性。

的指示》，文件明确宣布："在城市和人口稠密的农村提倡节制生育，适当控制人口自然增长率，使生育问题由毫无计划的状态逐渐走向有计划的状态，这是我国社会主义建设中既定的政策。"[12]136 由于城市是计划生育工作的重点，从 1964 年开始才在人口稠密的农村开展了计划生育。部分省份选择了人口稠密的县作为计划生育活动的试点，从全国来讲开展计划生育的县还是少数，多数县还没有全面开展计划生育[13]70。这一阶段响应政策号召进行节育的妇女数量较少，其影响在宏观人口数据上也并无直接反映。

第二次计划生育政策推行的原因依然是人口与经济发展的矛盾。1966—1976 年，在经济滑坡和人口增加的双重作用下，20 世纪 50 年代本已解决的人口就业问题在 70 年代初又变得十分严重起来。经济的危机暴露了人口问题，而人口的增多更加剧了经济的危机。人口与经济发展比例的失调状况日益恶化，甚至影响到 8 亿人民的基本生存。政府不得不在两个方面同时力挽狂澜：一方面，借助"抓革命、促生产"挽救濒于崩溃的国民经济；另一方面，重整旗鼓，恢复已中断的计划生育工作。而且这一次不是简单恢复，而是要在全国范围内包括广大农村地区大规模地推行计划生育[11]162−163。这一时期政策坚持国家指导和群众自愿相结合的基本原则，从开始到 1982 年集体化制度解散之前的这段时间里，凡具有生育能力的农村女性无不受波及。国家对人口控制紧迫性的认识是逐渐意识的过程，因此计划生育政策在农村的执行呈现出"先松后紧"趋势。整个 70 年代中国人口生育率与出生率剧烈下降，只用了 10 年左右的时间，人口再生产类型便从传统型转变为现代型。

（一）20 世纪 60 年代计划生育政策中的节育先锋：生育意愿开始局部下降

20 世纪 60 年代的计划生育在农村的短暂停留，并没有给村民留下多少印象。问及计划生育最早开始的时间，绝大部分人都回答是 70 年代，只有亲身参与过 60 年代节育运动的老人能够回忆起这段历史。计划生育第一次登上农村舞台不出意料地受到根深蒂固传统生育观念的强烈抵制，正如一位女性讲述："那个时候思想还是有点儿不通，以前人总是生那么多，一下子生两个三个还是觉得少了点儿。"不仅本能地抵制这种少育宣传，从未出过远门的农民对"结扎""上环"这种需要对身体进行手术的行为也心生畏惧，尤其是怕结扎后不能做活儿，怕得后遗症，怕害病。这种恐惧比较容易理解，因为身体对于农民而言，是除了土地外的唯一可靠资本。尽管如此，还是有少数妇女挺身而出，在克服巨大的舆论压力和心理恐惧后，毅然走上了节育的道路。下面是几位亲历过这一时期计划生育女性的回忆：

以前每个大队有个妇女主任，她来动员你的大婆去避孕，然后大婆的婆婆跳起来骂。她（妇女主任）是叫女人去结扎，但是千个好话，万个好话，谁愿意去啊！每个人都怕，切个口子该多痛！妇女主任总是劝说让结扎，就只我没让人动员，是我自己要去的。我一个人到总路嘴（当时的公社）住三天才结扎的，它（医院）没有药，我在那里就住着不回来。我去结扎的时候本来刘婆婆（村中另外一位妇女）说要和我一起去，她的爹爹（丈夫）把刘婆婆从前山追到后山，要一锄头打死她，不准她去，她没去后来又有了小儿子（HD20160131ZCX[①]）。

那个时候即便有人骂计划生育，我还是认为计划生育好得很啦，不是计划生育生一大堆孩子几（多）难哦！我的小女儿是六六年生的，我六六年结的扎。之前有人宣传但是我倒没有让她们动员，我说累不过（太累），是我自己要去。我是去开头炮（第一个人），那时检查出来还有心脏病，正怀了个姑娘伢（小孩），朱医生说"你这心脏碍着"，我说"那就不扎"？她说"你这不能扎。你这不扎也是死，生个伢（小孩）也是死，你要是死了就把后面的人都吓着不敢扎了"，意思是我不能扎。我说："我总是要死，我在月子里生了

---

① 访谈编码说明：编码中间的阿拉伯数字为访谈的日期，日期后的大写字母为受访者姓名拼音首字母缩写。日期前的大写字母为调研员姓名拼音首字母缩写。为了区分材料来源，日期前有字母表示访谈材料来源于湖北省多点口述史，字母省略则表示访谈来源于笔者亲自在冯村所做的田野调查。

也是要死，要是在这儿死了还光荣些。”（YCL20160131PYX）

别的村的（情况）我不晓得，就晓得我们村里就我一个去（结扎），那头一批去的人少，没见有多少人去。开始说上环，我就跟何书记说：“以后要是有结扎我就不上环，我要去结扎。”因为我晓得这个阴风（小道消息），听说城市有结扎的，农村才刚刚开始，说怕做了（手术）不能做活儿，我说“先做了再说”。去的时候一群人一般都是去上环，有人还要我也跟着一起去上环，我就说“我自己去结扎，我不上环”，想着要是一下子弄得不生就好。她们（同行去上环的人）说不去扎，怕我万一被扎死了，我说死了算了，呵呵，屋里娃子太多搞不成，劳力（丈夫）在外头，我一个人在屋里，日里（白天）在外面做，晚上在屋也还有手上活儿（女工）要做（20160506ZFB）。

第一批挣脱传统束缚的女性需要巨大的勇气，这几位女性受访时均有80多岁，且当时均生育有五六个甚至更多的孩子，从她们的经历可以明显感受到她们当时的节育意愿有多么强烈。尽管她们是小众群体，但却给牢固的传统村落生育惯习打开一个口子，她们的故事成功进入了村庄家常议论的话题，当人们抱怨生育太多时至少有一种确定可靠的方法摆在她们面前可供选择。在访谈过程中，问及以前是否有“土方法”可以少生，她们表示没有治法，虽有提及喝蓖麻子、水里的虫子等，但是没有人敢尝试，一次“喝死人过”的传闻便足以打断所有想要堕胎的念头。

另一个易被忽视的细节便是当时的节育技术并不成熟，尤其是“上环”这种较“结扎”更易接受的技术手段极不成熟。一位在这一时期接受过上环手术的女性讲述道：“上环后不舒服，腰疼，放血，管（持续）了一年左右，人已经不行，瘦干了。那时生产队也没有照顾，要照常出工，痛的时候也只有忍着，不做活儿就没有吃的。你说我这种不轻不重又不是要死的病，又没有倒床，说不做吧又能做，做吧又不能做。后来身体不好就去把环拿了，拿了以后就又生了两个。”（20160510YHY）

1966年，各级政府机构瘫痪，正常工作陷入混乱。虽然政府并没有宣布改变对控制人口和实施计划生育政策的态度，但是实施计划生育的社会政治环境已不复存在[11]161。尽管计划生育政策在农村被停止了，但节育的技术在农村仍然被使用，人们节育的需求反倒增长起来，这主要表现为流产在之后几年的农村开始受到欢迎。推行节育的技术手段基本分为三类：避孕药具的使用、人工流产以及绝育。20 世纪 50—60 年代，避孕药、避孕套等的供应方式主要是市场零售，1970 年中国政府才对全国已婚育龄夫妇实行避孕药按计划免费供应[13]619–624。避孕药具供给不足，使得即使有避孕需求也无法得到持续满足，避孕效果自然大打折扣，因此一旦再孕往往只能采取流产的方式。而这一时期流产技术却相对成熟，例如，负压瓶与脚踏吸引器的研制成功，曾一度解决了当时基层和广大农村开展人工流产术的问题（当然，这种技术也存在很多局限）[13]618，从短期看其对身体的负面影响并不明显，相较绝育从心理上让人更容易接受。另一位女性回忆那时在流产与上环之间选择的情形：“最开始政策来了不知道这个政策，不晓得好还是不好，有的人就是思想不通，农民没有出过门哪里晓得？后来思想通点，自己养不活才去流产，再后来手术才是过关，还是有蛮多自己愿意去上环的，养多了养不活嘛。”（20160510YHY）从这一时期计划生育政策过程中一些勇敢的女性充当节育先锋以及政策风过后开始自愿选择流产的人数多了起来可以看出，部分农村女性已经有明确的节育意愿并付诸了行动，局部女性群体生育意愿开始下降已成为一种事实。这一时期农村妇女生育意愿的典型特征是生育子女较多的家庭及妇女有较为强烈的节育需求，但并不普遍。更重要的是，这次计划生育政策为 70 年代大规模、全面推行奠定了一定的群众基础，也积累了大量技术经验。

（二）20 世纪 70 年代强制与宽容并存的“计生风暴”：节育成为普遍需要

在 20 世纪 60 年代中期计划生育政策停滞约有五六年后，人口压力再次引起中央高层的重视，并很快下定决心大规模控制人口生育。尽管政策强度上的趋势是“先松后紧”，但政策的广度从一开始便席卷了广大农村地区，所有具有生育能力的女性均受到波及。受调查的65岁以上的女性几乎都能对这段历史记忆诉说一二，她们的回忆极大地还原了丰富的历史细节。据调查了解的情况看，政策从上至下逐级传达，主要由生产大队妇女主任牵头，生产小队妇女队长负责执行，其他男性干部予以配合。政策伊始便采取了多种手段，包括宣传、动员说服、免费提供避孕药具、政策奖励、强制执行等。据冯村了解到的情况看，政策初始阶段宣传力度较大，妇女主任和妇女队长会经常给社员开大会宣讲政策，做大量说服工作，并且规定凡是结扎可以奖励带工分休息一个月，凡是上环可带工分休息一周。政策执行的强度是调查关心的重点。调查发现，女性认为这一时期印象中的政策没有可商量余地，在她们看来近乎强制。

当时执行政策的妇女主任讲述道：“娃子多了不想生了就叫她去上环，像我们那时大队里还要开证明，开证明一起要去多少人，有需要上环人的名单，不去不行。也有逃避的妇女，躲着想生儿子的也有，但是那个时候村里专门有一个工作队，大队里的干部就是将政策向村里（自然村）人说开，规定有多少人要去，然后都是村里的干部去找这些人。”（20160507WLF）通过她的讲述，我们可以看到，政策执行的强度主要通过“逐户清理，点名到人”的方式实现，具体执行机构在生产小队。在冯村，作为集体生产与集体分配的基本单位，生产小队同样是在自然村基础上建立的熟人社会。生产小队的干部尽管碍于情面，但迫于上级压力也不得不采取一些强硬措施，而他们让社员“听话”且有效的手段便是以工分与粮食分配相要挟。

她（妇女主任）就是说孩子生多了，哪个生产队有多少人要去，具体哪些人要去，要跟妇女队长说，妇女队长再去通知。通知到了什么时候去上环或者什么时候去结扎，到那天了就都要去，如果她通知了你去你抢着去做工，她就不记你工分。那时候叫你去上环你就要去上环，都有政策杠杠，都有限定啦，哪有多少人没去啊，没去的少（20160507BSF）。

那就是不准生，那个时候在集体做活儿，你再生了就是你做工了也没有你的工分，最后分钱也没有你的钱，还说要罚你的款，做了也不给分（20160508LJQ）。

不愿意去怎么弄，那个政策来了，你不去你能犟得住？别人都去你不去啊？那个政策来了，不好也是那样的，你个人也不能反对，反对也是那个事是吧，别人都统一的嘛！又不是只你一个人，别人叫上环就去上环，但是有的人生了一两个她还是不愿意去（20160507XBL）。

那个时候就直接通知，要是谁敢问为什么要搞计划生育，说了就把你当个典型，说“你比哪个聪明些”。那个时候政策来了就这么说（20160507TCY）。

通过进一步调查发现，尽管政策以一种强硬的姿态呈现，但违反政策实际上并没有受到任何惩罚，至少在70年代大部分的时间里是这样。据冯村当时的妇女主任回忆：“生三四个、四五个孩子的妇女很多，但政策规定就非要去上环，一般两个的她还想生，生两个的或三个的妇女都要求去上环，生三个的妇女要去，生四个的更要去。实行上环政策时就都去上环，孩子超过四个五个的妇女要是上环后还生那就非要求去结扎不可。”（20160507WLF）可以看出，她对政策执行中具体已生育多少孩子的数量就必须去上环、结扎表述模糊。而且可以肯定的是，这种模糊并不是因记忆遗失造成的不准确陈述，因为当问及如果有人非不愿意去怎么办时，她给出了较明确的回答：“那个时候也不是非要把你拖去上环，那要好好讲政策，不是强制性的，别人不去你把别人拖着去？主要还是讲政策，政策讲通了就还是会去的。”（20160507WLF）也有村民证实了这一点：“开始有的人说生两个孩子也要去上环，但是生两个还是思想不通，有的强调狠了也不中，有的还是不去，最后也没什么事。”（20160507BSF）

通过对比，从女性的回忆中发现政策的强制性与政策相对宽容的执行之间存在一定的张力，这也给政策执行制造了一定的规避空间，比如通过拖延、取环、讲人情甚至耍赖等多种方式多生一至两个孩子。从宏观人口生育率数据看，这一时期政策引导下的节育措施起到了显著性效果，说明上环、结扎等避孕行为具有普遍性。那么这群女性是否都是被政策所迫走上节育道路？我们尚不能对此过早地下定论，尽管政策感官上没有给这一时期的女性多少选择的余地，但她们对政策强制的反感并不表示她们对政策本身也同样地反感。

调查发现，仍然是这群对政策强制反感的女性对政策本身却并不那么反对，这让笔者在调研中感到异常惊讶。这一时期生育意愿已经出现了分化，已有孩子数量会影响她们对政策的评价。那些生育数量超过五个的妇女有着较强烈的节育需求。一位女性的讲述能够很好地代表她们的观点："那个时候政策来了，很多人是都不愿意，后来都想着生多了造孽，还是避孕算了哦！"生育数量为三四个的妇女也有节育需求，但并不那么强烈，她们对政策的态度表现为犹豫、含糊，其中一项重要的原因是她们担忧节育手术对身体的伤害。冯村当时的妇女主任对此的描述很好地揭示了这一特点：

一开始说避孕大家还是蛮高兴，一旦喊结扎就都怕。年纪稍微大点儿的生了四五个孩子的妇女基本没有人反对，算是个蛮好的政策嘛！那个时候开会把名单一说，哪些人要去避孕，什么时候去，到那个时候就都邀着一起去了，那就思想通些，没有什么怨言。后来上环有的人还是思想不通，有的怕上环上得人不好，怕上环不清净后人不能做事，那头先（以前）生产队老是锄啊、挑啊的活儿，不是别的么（什么）思想不想去避孕。有的人上环后腰疼，有的人上环后肚子疼，那也只有开妇女大会做思想工作，就说生到了（超过）几个孩子的妇女都要去上环（20160506WLF）。

集体化时期农村女性的劳动强度非常大，这种强度对身体的考验形成了她们生活的集体回忆。同时，她们劳动的时间与男性基本相同，甚至更长。而身体健康在集体化时期是至关重要的（除口粮外，所有分配均按照劳动工分进行，而日工分的评定主要依照身体状况，后一部分将对此做进一步解释），一旦出现任何意外意味着影响劳动，任何对生计的威胁必然会遭到很大程度的抵制。因此，节育手段能够实现廉价、便捷可得、安全且持续有效，将直接影响着计划生育政策在农村的实施效果。

鉴于避孕要素和节育技术既不能适应计划生育形势发展的需要，又不能满足广大群众的要求，因此，中共中央、国务院和国家领导人以及国务院有关部门都强调加强计划生育的科研工作。例如，为了保证计划生育工作得以顺利进行，1971 年国家拨出的计划生育经费为 5952 万元，而到 1981 年这一数值增加到 33152 万元，是 1971 年经费的近 6 倍[13]618。这一时期国家对避孕技术研发的努力收到了回报。20 世纪 70 年代，中国避孕药具供应开始实行计划收购、免费发放。避孕药具的科学研究取得一批重要成果，不断推出药具新产品，生产也迅速发展。当大部分有着较强节育需求的农村女性经历上环、结扎后发现对身体没有多大影响时，政策的推行便顺利起来：

我算是带头比较早的一批，一开始政策来说政策好，有方法（避孕），但来了很怕，吓不过，种田的人怕病了不能做活儿，不知道避孕是好还是不好。后来避过孕的人传说蛮好，政策大概过了年吧（一年左右），人们思想就基本都通了，然后就很多人拥护这个政策（20160507ZKY）。

部分已生育三个甚至更少孩子的妇女仍然有着较强的生育需求，但与其他女性不同的是，她们有的是对“儿子”的刚性需求。有的人选择直接抵制不参加上环行动，有的甚至取环也要再生一个儿子。村庄里“人多势众”、传宗接代、生儿子致富、养老送终等观念根深蒂固，惯习让她们觉得生一个儿子显然是不够的，更难以接受没有儿子：

我算是思想不好的，一开始是生了两个姑娘一个儿子，上环没多久我就去把环拿了，是想着再要一个儿子，就偷着又生了一胎。结果又是个姑娘，就又去上环，结果就上环上不住，避孕也避不住，就又生了一个姑娘。等于是有四个姑娘一个儿子，没办法我就赶紧去结扎（20160507TCY）。

政策你不要说不好，好还是蛮好，若是往日（以前）我那个孩子不死，我一儿一女是最好的（现三女一子，头胎为儿子，夭折），我不想蛮多，我只想（儿女）一样一个，往日造化这么艰难！生我的小的（最后一胎）我还不是不想要嘛，生儿是个伴，生女也是个伴，再有钱但没有人你怎么弄？没有人你也带不入了土，没有人肯定不行啊！我家本身是独传，我的儿子又是独个，他家几代都是穷人，总发不了财（20160507YFY）。

当政策推行一段时间后，生育三个以上孩子的女性绝大部分都采取了避孕措施，政策也逐渐开始要求生育两个孩子的妇女去上环避孕，这给计划生育工作开展带来很大难处。妇女主任讲道，那一阶段计划生育工作最难做的对象是“生的少的，生两个姑娘的妇女去结扎有点儿难，别的没有难处，上了（超过）两个她自己也要去上环”。在冯村，对待这一难题的办法是让没有生儿子的妇女生到有儿子为止，这在现今看来不可思议，但在当时生育观念转变初期也是无奈之举。例如，冯村也出现了连生 7 个女儿的现象：“生产队里开妇女会讲政策不管她，通知谁去上环也不叫她去，没有儿子的就一直让她生，最后生了 7 个姑娘，她就是想生一个儿子。”（20160507BSF）据当时的干部讲述，他们之所以选择这么做是希望她能够尽快生出一个儿子，因为如果有儿子她就不再想多生，让她生实际上是在帮助她少生。70 年代农村妇女对“多育”已普遍持厌恶情绪，子女多且密的妇女生活会异常艰难，同时还会被其他人同情，也正因如此计划生育政策才能顺利地在农村地区推行并取得巨大成效。政策执行过程并非没有冲突，但这种冲突的程度显然比想象中的情况要温和许多。

回顾计划生育政策在集体化时期农村的整个推行过程可以发现，计划生育政策正是在一种“先松后紧”、先易后难的策略下，宣传上相对刚硬，执行上却适当宽松，在逐渐克服节育技术上的不成熟、保护生一个儿子权利的基础上，在农村大获成功。政策顺利实施的一个重要社会基础便是当时广大农村妇女的自愿性，减少生育数量从在 20 世纪 60 年代中期是少数人的需求到 70 年代逐渐成为大多数人的共识，尤其是当生育达到一定数量时这种需求会更为强烈。因此，我们可以基本证实邬沧萍的洞见：“在家庭和个人出现自发限制生育意愿时，中国人口政策因势利导，利用计划生育大大加速生育率下降。”[8]

四、集体化时期农村妇女生育意愿下降的原因解析

集体化时期，当女性生育孩子数超过一定数量时，便会出现明显的节育需求，农村妇女生育意愿已明显下降，传统社会“多育文化”也开始发生转变。费孝通认为中国农村妇女生育意愿下降的根源有赖于社会结构的变化。他认为只有当中国农业生产中不再依靠体力劳动的投入、不再以土地收入作为家庭主要经济来源时，人们的节育观念才会自发地产生[14]541。事实上，集体化时期广大农村地区的农业生产依然依靠体力劳动投入，为什么广大农村妇女节育观念出现的时间先于费孝通的预期？传统人口学理论难以解释中国农村经济社会发展水平较低的条件下妇女生育意愿下降现象，对这一现象的解释依然需要通过调查来寻找深层次社会经济原因。

（一）自我讲述：生活的艰辛与生育归因

关于生育意愿下降的原因，农村妇女有着自己的一套解释逻辑。被问及当时为什么不愿意生那么多时，“养不活”是她们回答得最多的答案。当进一步询问为什么养不活，她们会解释“工分跑不出来”，并描述当时各种相连的艰难处境。笔者在调查初始阶段以为这时候老人们从计划生育讲到自己如何受苦又开始“跑题了”，后来发现实际上这两者间有着很强的关联性。历史沉淀了数十年，这群女性对此依然保存着清晰的记忆和切身的感受，足以说明她们生命历程中的这段经历非常独特。诸多调查均揭示集体化时期农村女性劳动参与的繁重程度[10][15][16][17]。这一时期女性关于生活艰辛的记忆具有集体共性。调查过程中农村妇女将源于个体困苦的生活实践与生育建立起了因果

关系是一种自觉的讲述，而不是调查者有意诱导的结果。生育数量与生活艰辛的程度存在正向关系，这便是她们的解释逻辑。生育为何导致妇女陷入生活的窘困，从她们讲述的内容中进一步归纳发现，集中表现在分配中的劣势、生养过程的艰辛以及子女的经历三个方面。

1.“工分赶不上嘴巴”

人口多在基本口粮的分配上会有一定的优势，但仅吃基本口粮是远远不够的。家庭人口数量、人口年龄结构等差异造成的每家口粮的具体短缺情况各不相同，但基本口粮以外的部分完全靠工分挣得。当孩子较多时“工分粮”便供应不上，造成“工分赶不上嘴巴”的现象。因为在当时的体制下，一个家庭劳动力可挣工分的上限是无法通过努力获得较大幅度提升的，并且每个家庭还必须通过全勤、加班来尽可能接近自己可挣工分的上限。开源受阻只能选择节流，这是千百年来中国农民的生存之道，这在家庭的饮食方面有着明显反映。人口越多意味着饥饿的风险越大，分配劣势造成的饥饿给每日负责饮食的妇女留下了深刻记忆：

孩子引（生）多了你做工分也做不上，口粮不够吃，头先（以前）按工分跑粮，做多少工分，就称几多（多少）粮食，那有的子女太多了，光两个大人的工分能跑得出去？她那个口粮就不够吃，这个月就接不住下个月，不够吃就只能和着菜粑、糕粑（用米和菜混在一起煮的食物）吃，那时子女多了就是造孽（20160506WLF）！

一年 360 斤谷，做得会活儿的才有粮食。按照工分来分配，工分多跑（分）粮食多，每个月称重，那总是不够，就弄菜粑吃。那个时候总是种些南瓜、菜度日子，座子粮（基本口粮）不够，就弄野菜吃，弄些南瓜吃，多弄些菜吃（20160507ZKY）。

那个时候工分肯定不够啊，一个月的座子粮只能称那些，老头（丈夫）

一天才十分，有时我做工也还到十分。别人能跑百来斤粮，你只能跑五六十斤、四五十斤，保管员不会给你。我家就两个劳力做活儿，七个人吃怎么够？全靠点儿座子粮。但是只吃座子粮得十天饿肚子，你就只能用四五十斤米多混十来天，一般说是多给点儿菜，少给点儿米，弄点儿菜弄点儿东西搅在一起也就只差个五天左右的粮（20160507TCY）。

专门吃座子粮多数是只能吃半个月，什么豆儿科、黄金叶、猪儿草都有，到处弄菜煮粥煮稀饭吃，简直是只看到菜没看见过米，几造孽哦！跟现在喂猪吃的东西都差些，总是煮出一锅黑水，吃得造孽，不像现在吃这么好，那个时候又没有油水，肚子里都是空的，吃得也多（20160510YHY）。

如果说三年困难时期的饥饿是普遍性的，那么在此后相对稳定的一段时期里，饥饿则是与家庭生育人口数密切相关。调查时问及哪些家庭生活条件会好一些，大家普遍认为是劳力多、人口负担少的家庭。在向妇女队长询问生产队里对妇女照顾的时候，子女多且密的妇女会成为她们照顾的对象，但照顾并不是在劳动分工上的照顾，而是让其孩子做些放牛、拾粪等工作以增加其家庭多挣工分的机会。应该说工分与人口生育之间难以调和的矛盾所造成的粮食不足在这一时期已形成普遍共识，并且这种共识源自每个人自身的生活体验。

2. 生育与劳动冲突

集体化时期女性与男性在劳动方面，除了在体力上有一定区别外，在其他绝大部分方面几乎是相同的，尤其是在劳动时间上。也有研究显示女性更多地被束缚在大田里承担更多的田间劳作[13]。然而，女性除了劳动还有人口再生产的职能，生、养孩子是一个需要耐心和时间的漫长过程，而这一过程几乎是需要在不影响劳动的前提下完成的。对于生育习以为常的农村妇女，她们对分娩这一环节的痛苦丝毫未有提及，对生育孩子前后过程的艰辛则表示难以承受，这种感受产生的一个很重要的原因在于劳动对生育过程的挤压。

不少女性回忆，即使是挺着很大的肚子也要照常参加劳动，她们对前一刻还在地里劳动、后一刻便回家生一个孩子的情形记忆犹新，甚至这段被刺痛的记忆再次被翻出时泪水涟涟：

那头先（以前）也是，不搞计划生育一出门都是大肚子（不好意思地笑），就是七一年我们小队就有二十多个（大肚子）。那个时候总是在田里梳（方言同音，意思相当于动词“担”）泥巴，梳青蒿，大着肚子也梳，我大着肚子也是梳百来斤，还要挑粪，没有轻松活儿做（20160508LJQ）。

那真是造孽啊，那个羊水已经破了要生，他（队长）不要你休息。我说：“我栽秧我也栽不得，让我照（看）一下鸡子行不？”他就不要你照，他说：“你个人生孩子享福，还要集体照顾你？”那羊水已经破了，硬是不能做他还要你满处（各地）跑满处（各地）做（活儿），不要你休息，我提起我眼泪就出来了（20160506YFY）。

我生我的第二个儿子，头天梳垸子，第二天轮到我照（看）鸡子。那个时候在集体里照（看）鸡子怕鸡偷吃粮食，早上没照（看）下地（完），上午就生了，你说那个时候几（多）造孽？说那个时候简直没有说头（20160508LJQ）。

几乎是要生孩子的时候才能够得到喘息、休息的机会。按照生产队里的规定，生育孩子一个月后要像正常人一样参加劳动，且没有任何派工上的照顾。但是孩子才刚满月，需要有专人照看，在冯村各生产队没有专门安排人照看孩子，因此，那些没有老人帮忙照看孩子的妇女生活苦痛的感受明显更大。即便有老人，她们每天也要展开一场与时间的赛跑，因为劳动与照料孩子之间存在明显的时间冲突。回忆起这一时期养育孩子的历程，她们有着共同的记忆：

出工就把孩子都摆在家里，然后大孩子引（看）小的，我生的后面两个孩子就是把他们放在摇篮里，然后弄个绳子拴着怕掉下来，自己要去出工没办法（20160509WYY）。

生了孩子以后头天满月第二天就出工，孩子就扔在家里，天天出工做活儿。我的二姑娘被锁在门外面，没有人带，她的脸上被别人抓了一个印子，后来我就把她锁在屋里。那个时候孩子在家睡着了就睡着了，醒来了就哭，门一锁就是半天，上午锁到中午，中午一锁就是锁到天黑。你想那个时候你就是有奶也还要跑回来给她吃啊！只能是一边烧火做饭一边给孩子吃奶。中途休息有时候赶不回来，你要是去晚了扣你半分扣你一分，哪里赶得到？只能尽（让）孩子在家哭。那后来是思想通了才要少生的（20160510YHY）。

那时候女的出工中途还要回来喂孩子，拉底子、做鞋子那还只是晚上的活儿。一群孩子丢在家里都没有时间料理下，回来把孩子安顿好简直没有时间歇一下。那时都把孩子放在椅子里，在屋里拉屎拉尿弄得不知道多造孽啊（20160506ZFB）！

在集体化时期，生养一个孩子带给女性的压力如此沉重，频繁生育的累更加可想而知。这种生育过程与劳动的冲突给女性造成的身体与精神上的双重压力确实让其难以承受。如果没有计划生育，意味着生育数量越多，女性越会陷入这种生育困苦的泥沼，难以抽离。当发现自己再次怀孕时，她们有的不是要做母亲的喜悦，而是沉重的心理负担。

3. 子女经历与母亲共感

在养育子女的过程中，我们除了可以深刻地感受到母亲的艰辛外，同时也发现孩子也被卷入这场生活困顿中来。这种基于母性或同情的共感会加重女性的辛酸体验。

对于子女较多的家庭，孩子在衣、食、住等各方面往往会处于紧张或短缺状态。仅以穿衣为例，冯村绝大多数妇女在集体化时期仍然延续着传统的家庭纺织工艺，子女的穿戴主要依靠其手工纺织的土布。投身于大生产的女性在这一时期显然没有那么多“闲工夫”纺织出足够的布匹，即使有布票购买部分面料也远远无法满足需求。因此，那一时期孩子的衣服往往是大孩子穿不了给小孩子穿，衣服上的补丁都是打了一个又加一个。

许多家庭工分不够便会让小孩子参加田间劳动帮忙挣工分。在一些生产小队甚至出现十二三岁的小孩子开始全天出工的情况，他们劳动一天却只能获得两至三个工分，因为生产队里打工分完全依据体力状况及相应承担的劳动强度。

这一时期的基础教育普及率上升的速度非常快，这与国家对基础教育的重视有很大关系，但同时我们却忽略了对辍学率的统计。在冯村，许多孩子并没有顺利读完小学（五年制），甚至不少子女较多的家庭干脆选择女孩不读书。一般冯村女性一整个劳动日的日工分为 8 分，男性为 10 分。10 分的价值各生产小队不等，大概在 0.3 ~ 0.5 元。也就是说，父母劳动 3 ~ 4 天便可以凑齐供一个孩子读书的学费。然而，相对于其他生育数量不太多的普通家庭，生育数量多的家庭的孩子依然读不起书。一位母亲讲述道：“并不是自己不愿意孩子读书，实在是太艰难，那个时候没有钱回来怎么读书？过年都不分我一分钱，没有劳力哪来的钱？那个时候一个学生三块钱交学费都读不起，我们的孩子都没读书，几个姑娘都没有读书。那个时候连吃的都没有，穿的都没有，读什么？”（20160510YJP）到了集体化的后期，社员的生活水平有所改善，但这一现象并没有从根本上得到改变，对于多子女家庭而言，工分始终是不够的，自然没有余钱供子女入学。

在前一部分讲述计划生育政策过程的时候并没有具体提及当时的政策宣传，但是宣传在人们生育观念转变过程中起到很大的作用。冯村妇女主任向我们回忆了当时动员的话语：“那时开会就搞对比，就说小孩多了怎么造孽，现在政策好，有这个政策能上环，小孩引少点儿大人也轻松些，大人能做点儿事，钱又能多进点儿，小孩子也照顾得好些，也能让小孩读书，也能吃得好、穿得好。”（20160507WLF）尽管这一时期的宣传简单朴素，关于这种宣传是否收到效果，她给出了确切的回答："肯定说得大家心服口服，不说得心服口愿她哪里会相信？"尽管政策宣传利用这一点收到了良好效果，但从根本上来说，这一时期女性将生活困苦与生育进行了自觉归因，政策宣传的作用更多表现为引起了这种共鸣，强化了两者之间的关联性。

在某种程度上说，是这段艰辛的生命体验将集体化时期的女性推向了节育的道路，因为当时妇女的经历、感受及做出的选择都与其心智品质相关。赖特·米尔斯（Charles Wright Mills）认为，人们所需要的以及他们感受到他们所需要的，是一种特定的心智品质，这种心智品质能够有助于他们运用信息，发展理性，以求清晰地概括出周围世界正在发生什么，他们自己又会遭遇什么[18]4。人们在探究社会现象及其原因的时候，往往不太重视经历者的自我解释，事实上这种解释源于他们的心智品质，这才是导致他们如何感受世界并做出策略选择的直接原因。因此我们能够对为何中国在集体化时期经济状况没有发生较大变化的情况下女性出现了生育意愿明显下降的事实做一种感性的解释。人口学关于经济、社会因素是推动生育意愿下降根本原因的观点依然正确，但并非只能通过经济社会快速发展这一种途径。经济社会因素只有在具体改变农村妇女具体的生活方式的过程中，才会对生育意愿产生影响。显然当时最重要的经济社会因素便是集体化时期的社会制度系统及其建构的农村生活形态。

（二）深度解构：制度系统性调适缺失与生育困境

米尔斯进一步指出，人们通常不从历史变迁和制度矛盾的角度出发来界定自己所经历的困扰。普通人很少会意识到，自己的生活模式与世界历史的进程之间有着错综复杂的关联。他们通常并不知道，这种关联如何影响自己会变成哪种人，如何影响自己可能参与怎样的历史建构。他们通常没有能力以特别的方式应对自己的私人困扰，以控制通常隐伏其后的那些结构转型[18]1-8。根据米尔斯的理解，普通人之所以无法将自己的个体内在生命与外在生涯建构联系，关键在于缺乏一种特定的心智品质，即他所说的社会学的想象力。因此，农村妇女关于生活困苦与生育的自我解释虽然具有重要意义，但存在个体认识局限，进一步解释的工作留给了社会研究者。

皮埃尔·布迪厄（Pierre Bourdieu）对苦难的研究呼应了米尔斯所谓的社会学的想象力，这反映在他对“世界的苦难”的精辟论述中，这也给本研究带来一些启发。郭于华认为揭示个人苦难的社会性，是布迪厄等人重要的方法论：“个人性即社会性，最具个人性的也就是最非个人性的。个体遭遇看似主观层面的紧张或冲突，但反映的往往是社会世界深层次的结构性矛盾。”[19]2–9 郭于华进一步指出，展现不为人所知或被人视而不见的“社会痛苦”是社会科学研究的重要任务，但更为重要的还在于通过理解和解释，揭示社会苦难的根源和通常被掩盖的制造苦难的机制[19]2–9。

仅仅发现生育与生存的紧张导致农村妇女生育意愿下降，显然还没有完成全部研究任务，因为还没有进一步寻找到制造生育困境的机制。费孝通从营养的角度曾指出，生育本身与女性发展存在天然的矛盾，甚至绝对自利的个体就应当设法避免生殖[14]430–432。然而，集体化时期农村女性将生育与生活困苦建立了一种联系，很显然这种联系与传统社会“儿多母苦”的叙述存在明显区别。个体生活的处境与感受不仅是一种事实，更是窥视社会制度的窗口。

文章试图从制度视角对制造生育与生存困境的社会机制进行解释。道格拉斯·C.诺斯（Douglass C.North）认为制度是一个社会的游戏规则，是为决定人们相互关系而人为设定的一些制约。制度构造了人们在政治、社会或经济方面发生交换的权力结构，制度变迁决定了社会演进的方式，是理解历史变迁的关键[20]3–7。根据诺斯的分类，制度包括正式规则与非正式约束。其中正式规则表现为一种具有政治合法性的刚性制度，非正式约束表现为一种社会惯习，是文化、道德、风俗等内化的柔性规则。两者相互作用，共同构成社会的制度系统。当一个社会的制度系统趋于稳定时，正式制度之间、非正式制度之间以及正式制度与非正式制度之间相互作用，从而给社会成员提供了一种稳定的约束与激励。当制度系统性出现调适（可以简单理解为形成了良性的制度配套或制度矩阵）时，会形成良好的社会秩序从而维持社会的运转。个体的生产生活实践、观念态度以及行为选择无不受其所处时空背景下制度系统的影响。在社会变革时期，尤其是国家政权力量推动正式规则对非正式约束进行重构时，制度系统变革的不均衡往往会造成制度之间的冲突和紧张，此时如果出现制度系统性调适缺失（即没有配套制度来缓解制度间的冲突），形成的张力会表现为人们实践中的种种困扰。

从制度系统性调适视角看，造成集体化时期农村妇女生育与生存紧张的根本原因在于，社会主义改造实验中制度系统变革的非均衡性。结合两种生产理论的观点，制度的不均衡突出表现为女性参与物质资料的生产与人口再生产两方面的制度紧张。在 1949 年以前的传统农业社会，“男主外，女主内”，女性几乎不参与田间劳动（从妇女口述史调查的情况看，湖北地区只有极少数贫雇农家庭的女性会在“双抢”农忙时节参与少量田间劳动），农村妇女承担的社会角色基本可以在家庭内部完成。农村妇女承担家务、操持家庭副业与再生产之间相互配合，制度的弹性较大，尽管同样存在“儿多母苦”，制度的系统性调适给妇女解决这些矛盾创造了较大的缓和空间。那么，为什么集体化时期女性会认为生育的负担难以承受？换言之，什么压缩了女性解决人口再生产矛盾的缓和空间？

揭示这一问题需要对集体化时期社会制度的系统性变革进行深入的分析。具体说来，人民公社时期中国所处的国内国际客观环境以及高积累—低消费、城乡“剪刀差”等发展战略，促使国家很大程度上一方面动员妇女出来参加劳动，另一方面对于再生产方面的制度安排尽量保留在家庭内，变成了主要由女性承担。集体化时期的生产及分配制度发生了变化，但再生产的制度及性别分工制度变化滞后，妇女参与社会化劳动的同时还肩负着生育的艰辛。

事实上从这一时期女性关于生育的生活叙述中可以发现许多细节，这些细节有助于我们抓住制度非均衡的主要方面。比如，“养不活”与工分、“造孽”与劳动、“顾不上”与时间等存在很强的关联。下面从集体化时期的社会分配制度、劳动制度及社会性别分工制度三个维度来阐释集体化时期制度系统性变革的非均衡性对农村妇女生育意愿的建构过程。

1.集体分配制度与人口再生产之间的制度调适缺失

1962年，《农村人民公社工作条例修正草案》通过，标志着人民公社制度的成熟，开始明确以生产小队为独立生产、核算与分配的基本单位。生产队所有粮食收入包括三部分：国家征购、集体提留与社员分配。多地调查显示，有时候所有粮食中只有将近一半甚至更少的部分可用于社员分配[21][22]。受限于当时生产力条件和粮食产量，用于分配给社员的粮食相对需求而言始终是比较紧缺的。这部分粮食分配到家庭采取的是“人劳结合”的方式，依据家庭人口数与劳动工分的贡献进行分配，即我们经常提到的“三七开”“四六开”等。以冯村为例，其所辖各个生产队小队皆实行“人六劳四”，即所有可供社员分配粮食的六成按照人头平均分配作为基本口粮，当地称“座子粮”，剩下四成用工分进行平均，依据工分多少分配“工分粮”。

因此影响家庭粮食分配的三个基本因素是：生产队经济效益、家庭人口数以及家庭工分情况。通常各生产小队会根据生产队效益来确定基本口粮额度，据冯村92岁老书记讲述：“各小队效益再差也得保证每人每年吃360斤基本口粮，效益再好的生产队每人每年最多吃420斤基本口粮。”基本口粮分配完后则按照所有生产队的工分总额进行平均折价，可折价的粮食越多，工分的价值便越高。

这种分配制度是在保证公平的基础上实行按劳分配，多劳多得，既能让基本口粮饿不死人，又能使工分粮调动社员积极性。集体化时期的分配制度是在实践中探索出来的，从最开始的注重分配公平到逐渐探索分配公平与效率的平衡，从而提高农民生产的积极性。有的生产小队为了提高效率，在不违背社会主义总体分配框架下还进行了新的探索。例如，冯村一个生产小队为了防止多子女家庭占便宜，刻意根据儿童年龄的大小将分给他的基本口粮分成不同等级，从而导致多子女家庭分得的基本口粮更少。调查中还了解到，只吃基本口粮各家均会出现短缺粮食数量不等的情况，这就需要通过每年两次粮食分配或借支来度日，因此这种供需缺口造成的饥饿驱使着社员投入抢工分行列。最为关键的地方在于年终决算时，之前分配给社员的粮食基本都算“借支”，需要用工分先抵扣后有余分才能再进行分配，那些没有余分的家庭便被划分为“缺粮户”。“缺粮户”的境遇往往比较悲惨，意味着不仅年终分配与其无关，其“透支”欠下生产队的部分需要在随后几年一一偿还。换言之，后一年分配时生产队有权力先抵扣“欠款”然后再进行分配，那些人口负担重的家庭因为每年的工分都不够往往会一直“欠”下去，甚至越欠越多，直到其子女成人能够参与劳动这种状况才会得到改变。可以看出，人口多的家庭在其生育人口转化为生产力之前必然处于分配上的劣势。

总体说来，一般家庭工分数量相对接近，即使你不想挣工分也不行，因为劳动时间是强制的（在劳动制度分析部分会进一步展开）。既然家庭之间工分数量差别甚微，在分配上为何会差别巨大？这就和家庭供养人数有关，老人尤其是儿童数量较多其分配到的基本口粮能占一定优势（在按照儿童年龄等级分配口粮的生产队这种优势甚至直接成为劣势），但是年终结算时需要刨去已经吃掉的部分也更多，能用于分配工分粮的工分便会大大减少。换言之，基本口粮实际上也不是“白吃”的，最后同样需要用工分来进行抵扣。基本口粮在这一时期相当于一种预支，特别之处在于制度规定即使没有工分也必须分到基本口粮以防止社员饿死，基本口粮类似充当着一种社会保障的功能。因此，当地称“挣工分”为“跑工分”，“跑出的工分”必须尽可能超过基本口粮的工分抵扣才有机会分得“工分粮”，要想分得更多的“工分粮”，就必须尽可能让家庭的工分“跑得更远”。年终结算时，两个工分相同的家庭，子女数量越多的那个家庭必然分得的“工分粮”越少，而将这部分较少的粮食进行更多的家庭人口再平均时则会显得更少，短缺会更严重。所以多子女家庭在集体分配中的劣势会非常明显，直接的后果是造成食物短缺，供给子女上学的费用更难以支付。因分配引发的连锁反应是会不断刺激妇女拼命地劳动来挣工分，而这又会进一步加重劳动的负担与强度，同时会加剧劳动与家务、子女照料等的紧张关系。

当然上述分析只是集体分配制度的简化，我们可以得出的一个基本判断是：当家庭劳动力数量固定时，子女数量越多粮食短缺的程度会越高。甚至可以假定已知生产队粮食总产量、人口总数、不同社员饮食的饥饱状况时，可以计算出家庭可供养的最优人数。在鄂中刘村进行口述史调研时，一位妇女队长提到当时计划生育宣传时提倡“男带二女带一”，意思是一个男性劳力可以供养两个孩子，一个女性劳力可以供养一个孩子。不管家庭最优供养孩子的数量为三个是基于理性分析或生活经验的总结，还是仅仅是地方进行政策宣传时的一种策略需要，但这从侧面也证实了家庭劳动力数量一定时，其供养能力确实存在一定上限。需要明确的是，这种上限是由制度决定的，个人的主观能动性所能发挥的空间仅仅是尽可能地接近这个上限值。

事实上集体化时期社会分配制度的设计中已考虑到人口再生产的问题，这一点主要体现在儿童的基本口粮分配上。因此，在集体化初期人们窃以为人多具有分配优势，人少反而“吃亏”，但随着分配制度的稳定，在分配制度的实践中人们发现儿童口粮的缺额始终要由其家庭来负担。应该说集体食堂制度能够从根本上解决社会分配制度与人口再生产制度之间的矛盾，因为集体食堂制度使生育的负担也进行了集体化，国家在这方面是有过尝试与努力的。然而客观物质条件限制及根深蒂固的家户行动逻辑等原因导致集体食堂的解散。后续的分配制度中没有其他制度调适来缓解这一矛盾，只能任其发展。

2. 劳动制度限制人口再生产过程

集体化时期生育与劳动至少在时间上的矛盾难以调和，因为劳动本身具有强制性。制度这样设计的初衷是防止社员少劳动甚至不劳动从而想白吃基本口粮的情况。尤其是对基本口粮占提留粮比率较高的生产队（甚至有地区出现“二八开”的情况），劳动的强制性会更高。设想如果可以自由选择是否劳动，一个劳力完全不出工，生产队便要负担他／她 60% ~ 70% 的粮食生活，这会极大地破坏公社的公平性规则。强制劳动的制度设计是为了防止部分社员懒惰的“搭便车”行为对公社第一价值——公平的破坏。集体化时期，女性与男性工作时间相同的制度安排除了是基于男女平等、劳动生产需要，还在于分配制度基础对劳动制度公平性的客观要求。话说回来，即使不是出于公平目的，前已论述的分配制度也会驱使妇女拼命投入“抢工分”行列。

尤其是在临产之前及之后的一段时间里，母亲需要时间休养以恢复身体，孩子则需要母亲的陪伴和悉心呵护。以冯村为例，妇女只有在生孩子之后才可以休息30天，并且没有工分，30天满后就必须出工，否则还会被扣分，因为休息30天已是不劳动而白白吃了生产队的基本口粮。通常当妇女怀孕肚子较大时依然必须劳动，但会受到妇女队长的适当照顾做些轻松活儿，赶上农忙则没有任何照顾，满月后则完全和普通女性一样正常出工，绝无任何照顾的借口和可能。

因此，这一时期农村妇女挺着大肚子在田间干活儿甚至干体力活儿会很常见，当天还在劳动，不一会儿回家生了一个孩子（当时新接生方法尚未在农村地区完全推广开）的事情，现在看来不可思议，但在那个年代却真实地发生在许多妇女身上。生完孩子后的漫长时间里则更为艰难，这一时期是否有老人帮忙照看孩子将会极大地影响妇女的生活状况。所以调查中会听到妇女回忆她们才出生几个月处于襁褓中的婴儿被扔在家里肆意号哭的情景。

不仅如此，生产队里还实行严格的劳动时间管理，拖延、迟到不会受到生产队长及社员待见，甚至会被直接扣分惩罚。往往生产队长敲响出工铃子的前后时间，便是母亲与孩子及各种琐事缠斗的时刻。如果不出早工便会扣分，孩子多的女性则完全无法抽身，有的选择扔下孩子任其哭闹，有的则只能放弃出早工。对于哺乳期的母亲，必须在中途休息间隙展开一场与时间赛跑的哺乳行动，有的田间距离家里路途遥远，她们有时会干脆放弃送奶而任孩子挨饿。伴随着生育孩子数量的增加，这种冲突只会愈加强烈，即使她们用尽全力也依然感到无能为力。

为了社会化大生产的需要，国家必须动员农村妇女参与田间劳动。在没有避孕条件的情况下，妇女会陷入频繁的生育，而生育与劳动必然存在冲突，关键在于如何看待和调适这一冲突。集体化时期国家在解决社会化劳动与人口再生产之间矛盾的过程中同样有许多制度性尝试，比如对女性“四期”的派工照顾，规定生育休假等，但最有意义的探索在于建立“托儿所”“幼儿园”等机构。农村幼儿园承担了部分照看儿童的责任，育儿任务的社会化有效减轻了妇女的抚幼负担，从而使母亲能够走上田间地头，成为社会主义劳动者，女性不再禁锢于家庭之内[23]。应该说这种制度设计能够很好地释放女性，但当时制度设计的初衷是响应《全国农业发展纲要》号召，随着大生产运动的结束，尽管妇联组织仍然强调在农村兴办托儿组织的重要性，幼儿园还是在农村地区迅速消失了。在湖北省多地调查并没有发现多少“幼儿园”的影子，冯村六个生产小队中仅有一个小队有所谓的简易“托儿所”，那便是安排一个老人专门照看村里的婴儿，但是需要其家庭拨付工分给看护者。其结果是极少数妇女会选择这种“幼托”方式，此外凡孩子会走路后便决不会送去照看。“幼托”制度设计主要考虑的是农业生产，缺少从长远考虑女性社会生产与再生产之间的矛盾需求，制度调适机制缺失的结果是随着大生产运动的结束，幼儿看护制度并没有因为“幼托”的需要而持续存在下去，其他配套制度也没能及时跟上以缓解社会化生产与生育的紧张关系。

3. 社会性别分工制度加剧生育矛盾

女性在集体化时期从“家内走向家外”，从“灶台走向农田”的过程中，她们在经济上逐渐独立，社会参与逐渐增多，女性的家庭和社会地位在这一时期有了显著提高。中国共产党主导的社会主义改造计划、对妇女的动员以及妇女主动性的发挥，给妇女带来了经济、社会上的独立，社会地位空前提高。我们不能否认这一贡献，甚至需要进一步弘扬。然而传统惯习却依然束缚着人们，并且当时的人们尚未自觉，这便是在社会劳动分工制度基础上的社会性别分工制度。

传统社会“男主外，女主内”，生育孩子、洗衣做饭、照料家务甚至教育孩子都是女人分内的事情，到了集体化时期女性不仅要“主外”却仍然要“主内”。除了生养孩子会占据大量时间外，光是洗衣、烧火做饭、清扫屋子这些日常必做的琐碎家务便要消磨大量精力。几乎没有人会质疑这些工作仍然是女性分内的事情，至于纺纱织布、缝缝补补、做鞋子等这些活计便更是女性不可推的责任，如果交给男人来做，反而会被认为“太过分”。除了和男性一样正常出工，妇女所有可用的时间都要用在孩子和家务身上，整天忙忙碌碌。

多地调查均发现，许多农村妇女认为这一时期的女人比男人更累，这一描述有着深刻的社会根源。农村妇女几乎没有对家务负担有过多的抱怨，但需要在承担社会生产、人口再生产两种职能之余仍要独自完成家务劳动使她们觉得自己受到了许多委屈。

当正式制度发生了变化，在缺乏制度调适时，非正式制度的滞后很可能会导致制度的结构性矛盾，即出现制度变革的非均衡性。社会性别分工制度本身并不会造成明显生育困难，因为在集体化之前的传统农业社会便历来如此。一旦传统的社会性别分工制度与劳动制度、分配制度以及再生产制度相结合时，其对女性生活时间和空间的挤压是惊人的。然而缓解女性生活压力的配套制度安排实在太少，在集体制度的生活里，女性与生育的矛盾是任何个体都无法回避的客观事实。妇女参与社会化劳动的同时还需要承担家庭重任，制度系统性调适的缺失使这一时期的农村女性越来越失去解决再生产矛盾的缓和空间。从某种程度来说，计划生育作为一项正式制度重新实现了社会制度系统的调适，制度的结构性矛盾依然存在，但妇女通过避孕等节育措施找到了缓和生育与生活的紧张关系的方法，进而推动了女性生育意愿的转变。

五、生育文化、生存理性与政策作用：农村妇女生育意愿的下降过程

通过对集体化时期计划生育政策推行的过程以及农村女性对政策反应的调查，揭示了中国农村妇女在集体化时期生育意愿真实下降的事实。制度变

革的非均衡性造成了妇女社会生产与再生产之间的矛盾，而制度系统性调适缺失使妇女陷入养育的困境。女性源于个体生活实践将生活困苦与生育进行了归因，从而出现了节育的需求和意愿。事实上这种结果是制度设计者本身也没有料想到的“副产品”。

这一时期农村妇女的生育意愿到底下降了多少，或者说下降到了什么程度，似乎需要通过专业的人口生育意愿调查才能科学地予以量化呈现。相对于给出准确的生育意愿数字，本文更倾向于对生育意愿下降的具体机制进行探究和尝试，这或许比准确数字本身更有意义。当然，研究方法的局限也造成这种科学的量化难以实现。

前文已揭示，农村妇女生育意愿的下降，即节育成为一种普遍需求有两个不容忽视的事实：一是家庭已有孩子的数量影响农村妇女节育需求的强度；二是是否有儿子将严重影响她们的生育意愿。这两者均会对生育意愿的下降过程产生直接影响。前者产生的原因是制度因素造成的，在特定的制度框架下生育数量与生活艰辛的程度成正比。后者产生的原因是文化的滞后性，即使社会结构、社会制度发生了根本性变化，深入农民骨髓的生育文化会不断“掣肘”，影响她们对生育的判断与抉择。具体说来，集体化时期农村妇女生育意愿的下降过程受三组关系的影响：（1）制度结构与农村妇女的生育困境；（2）计划生育政策对生育意愿和生育行为的影响；（3）生育文化与生存理性的碰撞。生育文化、制度结构激发出的生存理性以及计划生育政策三者之间相互作用，共同推动着集体化时期农村妇女生育意愿的变化，具体关系如图1所示。

首先看第一组关系。在集体化特殊的时代背景下，制度结构的非均衡性使农村妇女陷入生育困境，生育与生产、生活的矛盾尖锐，制度系统性调适缺失使得农村妇女无法从根本上摆脱这种养育的泥沼，这在文章第四部分已进行了详细论述。第二组关系主要涉及集体化时期农村妇女生育意愿与计划生育政策。计划生育政策在这一时期因势利导，通过宣传、动员，甚至某种程度地强制使农村妇女认识到了她们想要、需要节育的事实。这里需要重点

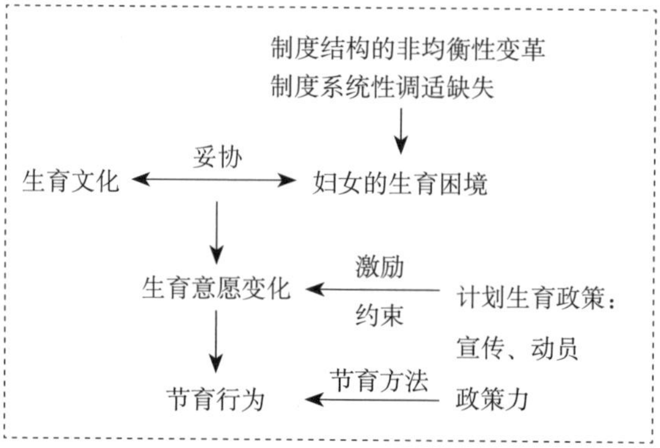

图 1　集体化时期农村妇女生育意愿变化过程结构

提及的是计划生育政策为农村送来了避孕技术和避孕知识，从而使中国农村妇女真正有能力摆脱生育的生理局限，农村妇女在生育这件事情上开始逐渐拥有主体性（有节育的可能会进一步激发她们思考是否需要节育）。这一部分在文章的第三部分也有了详细的论述，在此不作过多展开。第三组关系前文尚未涉及但却非常重要，生育文化与生存理性之间的碰撞与妥协会直接影响妇女最终的生育意愿，下面将重点对此予以展开论述。

李银河认为，中国农村家庭生育的物质动机主要是增加家庭劳动力与养老，精神动机则包括作为生活目标以获得成就感以及接近于信仰的传宗接代观念[24]88−141。她通过调查概括指出中国广大农村盛行“多育型”村落文化，这种文化表现在三个方面：一是出于人际关系需要，因“人多”可成“势重”而鼓励大家庭多子女；二是面子竞争使村落中人全力以赴投入生育的竞赛；三是趋同规则以及村落中对公平的强烈要求[24]73−86。她指出了一个非常重要的问题，尽管传统社会生育文化与村落文化相互内嵌，但两者仍然存在较大区别。

集体化时期，无论是农村家庭生育的物质动机还是精神动机均没有发生根本性改变，这意味着传统生育文化的根基并没有发生根本性动摇，而首先发生动摇的是村落文化。传统村落是一种自然秩序，集体化以后政权下沉至基层，维持村落自然秩序的经济基础、政治秩序被集体制度全面替代，传统村落文化逐渐发生演变。这时人多已不再是“势重”，而是制度面前人人平等，工分多才是硬道理，相反，人多反而成为一种分配的劣势。从理论上说，多子女家庭其未来劳动力兑现的期望回报会更高，事实上这种观念在集体化早期（合作化时期：1953—1958 年）比较流行。但随着集体制度发展成熟，农民集体生活趋于稳定，这种观念出现了两个现实难题：一是生育转变为劳动力兑现的时间太长，贴现率太低，解决不了“燃眉之急”；二是集体化时期分家时间提前，大家庭并不受欢迎，生育更容易造成大家庭内部小家庭之间的不公平矛盾。在过去人口死亡率极高的传统社会，多子嗣确实是一件值得称耀的事情。新中国成立以后，随着医疗卫生状况及物质生活状况的改善，死亡率迅速下降，多子女成为事实上的普遍，已不再需要“竞比”。而事实上集体化时期多子嗣意味着跟自己过不去，意味着愚蠢，再也不是关乎面子的事情。传统村落对生育的影响力在集体化制度的建构作用下逐渐衰退。

郭于华认为，真正支配农民生活的，实际上是一种以“会过日子”为基本内容的“生活理性”[19]64–65。这是对詹姆斯·斯科特（James C.Scott）提出的农民“生存伦理”理论的继承。“生存伦理”不仅适合于中国农民，而且集体制度进一步激发了农民的生存理性，因为解决生存的途径趋于单一化，尽可能多地在生产队里劳动以赚取工分才是养活家庭的出路。集体化制度刺激下的生存理性受到了生育的严峻挑战，显然生存理性占了上风，生育与生存实现了某种妥协与平衡，这个平衡点便是农村妇女生育意愿的数量，也是一般家庭最佳供养能力的数值。

生育意愿除了表现在生育多少的数量特征外，还存在结构上的偏好，结构上的差异会影响数量上的波动。如果说农民的“生存伦理”只会降低物质上的生育动机，生育至少一个男孩便是生育精神动机上的底线。李银河通过田野调查发现，中国传统村落中，生育并不是一种消费行为，而是一种不考虑“支付能力”的行为。一方面表现在可以无限降低孩子的成本（多生一个孩子不过在锅里多加一碗水），另一方面表现为生孩子可以做出自毁的行为，如降低自己的生活水平，损害自己的身体，甚至为生一个儿子不惜弄得倾家荡产，一贫如洗，以致逃亡在外[24]54–55。

传统生育文化的主要方面是“多子文化”，而这个“子”指的是儿子。“多育文化”的社会基础是村落文化，而这个“育”是不区分性别的生育数量。在没有胎儿性别鉴定技术的条件下，“多育”几乎是解决“多子”需求的唯一方法。在集体化时期，农民在生存理性的驱动下，传统生育文化中处于次要的“多育文化”发生了转变。而这里的“育”是不区分性别的生育孩子数量，妥协的结果是在保证生育一定男孩数量的前提下，适当减少生育总数量。基于湖北省多点口述史及在冯村的田野关于这一问题的调查表明，这一时期农村女性的生育偏好为生育 1 ～ 2 个男孩，2 ～ 4 个孩子总数，当然这只能从侧面推测湖北省的情况。尽管这一粗略的统计不具有任何人口学精确性、代表性，甚至参考意义，但也能在一定程度上反映传统生育意愿与生存理性的妥协逻辑及生育意愿下降的具体过程。

六、结　语

20 世纪 70 年代，中国人口生育率迅速下降的直接原因是计划生育政策的推行，但被宏观人口数据遮蔽了的事实是：在集体化时期农村妇女生育意愿出现普遍性下降的社会基础上，计划生育政策顺势而为推动了人口结构化转型。这一时期人口生育率迅速下降从根本上说仍然是社会经济因素所起到的决定性作用，但并不是主流人口学关于收入与经济发展、城镇化、工业化等社会经济因素发展所带来的人口转变，而是集体化时期特定的社会经济制度对农村妇女生育意愿建构的结果。

集体化时期社会制度变革的非均衡性，造成了妇女社会生产与再生产之间的矛盾，从而推动女性走上了节育的道路。制度系统性均衡调适缺失使农村妇女缺少缓解生育压力的渠道，随着生育数量的增加，这种压力只会不断累积。因此，集体化时期农村妇女节育意愿的出现是个体通过在社会生产、生活实践中习得的。在克服节育手术对身体伤害的心理障碍前提下，那些生育子女数量较多而有着较明显节育意愿的女性，很快投入拥护政策的大潮。当然，集体化时期社会制度的系统性变革包括的内容较为广泛，本研究仅仅分析了造成女性社会生产与再生产矛盾的几个主要方面。政府在集体化时期也意识到了女性生产、生活和生育的多重压力，进行了类似的如集体食堂、幼儿园、对女性“四期”（生理期、孕期、产期、哺乳期）关照等制度的探索，但这些制度有些没能继续存在下去，有些配套制度因力度不够没能起到缓解再生产压力的作用。这并不表示政府没有对此予以考虑和进行过有益的探索。对这一部分内容本研究依然存在许多不足，还需要进一步深入。

对于集体化时期女性生育意愿具体下降了多少，文章没有能够给出确切且有说服力的回答，这既是文章的局限，也源于研究方法的局限性。当把目光从下降到何种程度转移到下降的机制时，虽不能回答最初的问题，但却对推动这一问题有了进一步的理解。这一时期农村妇女生育意愿的下降实际上是在特定历史时期，社会制度结构、计划生育政策等的作用下，传统生育文化与生存理性碰撞妥协的结果，既要满足传宗接代的需要，又能够解决现实生存难题。所以这一时期生育意愿是家庭供养能力与最低限度生育性别结构构成的区间，而不是确定的数字。因为当生育数量较少时，生育的性别结构性矛盾存在很大的随机性，这种随机性结果会使生育总数量的意愿变得极为脆弱而不稳定。

值得讨论的是，尽管农村妇女的生育意愿出现了变化，但其生育意愿依然高于随后的计划生育政策规定，如“一胎”政策、“一胎半”政策等，这也间接解释了为何生育需求与计划生育会从集体化时期的相互需要转变为随后的激化矛盾。计划生育政策本身是客观的，既可能成为女性改善自己生育与生活状况的工具，也同样可能成为激化女性与国家矛盾的触发点，关键在于政策是否真正地考虑到女性的生育意愿与生育需求，并采取相应的制度配套措施。

对集体化时期农村女性生育意愿变化的研究为解决中国当前的生育问题同样具有启发意义。基于中国经济和社会发展的需要及当前中国生育的现状，国家出台“二胎”政策以适当鼓励生育。尽管关乎整个社会的发展，但是否选择生“二胎”仍然是家庭的个体选择问题，妇女自己有特定的权衡与考虑。当前中国妇女的生育意愿已经发生了根本性变革，她们更多考虑的是个体性的发展。因此，要想实现“二胎”政策的预期目标，更为根本的是需要实现制度系统性调适，基于女性的生产生活实际，通过配套制度设计来缓解女性和家庭的人口再生产压力。在社会政策制定中，既要考虑社会发展的现实需求，更要关注女性个体发展的需要，进行适度制度性激励，从而提高妇女的生育意愿。

【参考文献】

[1] 路遇，翟振武．中国人口六十年 [M]. 北京：中国人口出版社，2009.

[2] 秦芳芳．中国计划生育对生育率影响的评估 [J]. 人口与经济，1987（2）.

[3] 陈萍．中国农村生育率转变的研究——生育需求、生育供给和计划生育政策相互作用的微观仿真分析 [J]. 中国人口科学，1990（1）.

[4] 陈友华．计划生育工作在中国妇女生育率下降过程中的地位与作用 [J]. 江苏社会科学，1994（2）.

[5] 陈卫．“发展—计划生育—生育率”的动态关系：中国省级数据再考察 [J]. 人口研究，2005（1）.

[6] 林富德．我国生育率转变的因素分析 [J]. 人口研究，1987（1）.

[7] 穆光宗．对中国生育率迅速下降之谜的一个分析 [J]. 人口学刊，1998（6）.

[8] 邬沧萍．中国生育迅速下降的解释 [J]. 人口研究，1986（1）.

[9] 郑卫东．集体化时期的分配制度与人口生育——以日照市东村为中心（1949—1973）[J]. 开放时代，2010（5）.

[10] 贺萧．记忆的性别：农村妇女和中国集体化历史 [M]. 张赟，译．北京：人民出版社，2017.

[11] 查瑞传．人口学百年 [M]. 北京：北京出版社，1999.

[12] 孙沐寒．中国计划生育史[M]. 长春：北方妇女儿童出版社，1990.

[13] 国家人口和计划生育委员会．中国人口和计划生育史[M]. 北京：人口出版社，2007.

[14] 费孝通．生育制度[A]. 乡土中国（修订本）[M]. 上海：上海世纪出版集团，2013.

[15] 郭于华．心灵的集体化：陕北骥村农业合作化的女性记忆[J]. 中国社会科学，2003（5）.

[16] 李巧玲，陈海儒．陕西农村妇女的日常生活（1949—1965）[M]. 北京：中国社会科学出版社，2014.

[17] 胡玉坤．人民公社时期大田农作的女性化现象——基于西部两个村落的研究[J]. 妇女研究论丛，2016（3）.

[18]C. 赖特·米尔斯．社会学的想象力[M]. 李康，译．北京：北京师范大学出版社，2017.

[19] 郭于华．倾听底层：我们如何讲述苦难[M]. 桂林：广西师范大学出版社，2011.

[20] 道格拉斯·C. 诺斯．制度、制度变迁与经济绩效[M]. 刘守英，译．上海：上海三联书店，1994.

[21] 方赛容．论农村人民公社的粮食分配制度[D]. 硕士学位论文，湖南：湘潭大学，2008.

[22] 李屿洪．农村人民公社收益分配研究——以侯家营村和下孔村为例[D]. 博士学位论文，天津：南开大学，2013.

[23] 翟菁．集体化下的童年："大跃进"时期农村幼儿园研究[J]. 妇女研究论丛，2017（2）.

[24] 李银河．生育与村落文化——一爷之孙[M]. 北京：文化艺术出版社，2003.

女性传承人的身份再造与认同

——以王树花口述史研究为出发点

郭　平*

摘要：非物质文化遗产保护中女性传承人的身份经历了再造与重新认同的过程。一方面，代表性传承人称号的赋予使女性拥有了特殊的文化身份；另一方面，女性在非物质文化遗产传承过程中身份重新得到形塑。通过分析年画传承人王树花口述史调查中关于个人生活、文化传承、日常交际、亲属关系等方面的内容可以发现，女性传承人对新身份的适应，以及亲属、家族与社会的认同实现，是一个充满了互动与博弈的复杂过程，社会性别的差异也于角色规范再生产中呈现出新的特点。女性传承人如何在历史记忆形成即文化传承过程中保持自洽性，是值得深入探讨的问题。

关键词：女性传承人；口述史；身份再造；记忆

一、女性传承人的分布概况

传承人是一个以特定语境为背景的概念，是在非物质文化遗产保护运动中创生的学术话语。因此，它不仅具有强烈的时代性，同时不可避免地具有一定的历史局限性。关于传承人的界定，目前学术界主要有两种观点：一是以命名入册为标志，即专指被纳入国家、省、市、县四级名录的非物质文化

---

* 郭平，女，教授，主要研究方向为美术书法雕塑与摄影、文化、史学理论。本文为天津市哲学社会科学规划项目（TJZL15—006），转自《天津大学学报（社会科学版）》2019 年第 4 期。

遗产代表性项目传承人。祁庆富[1]在论述传承人基本概念时便提出："传承人受相关法律保护"，从而强调了传承人的制度属性。二是从文化标准出发，将那些世世代代活跃在民间的歌手、乐师、画工、舞者、戏人、武师、绣娘、说书人、各类高明的工匠以及各种民俗的主持者与祭师等，都视为传承人，即自然传人，以区别于国家非物质文化遗产项目代表性传承人命名与认定体系的人为性[2]。随着非物质文化遗产保护运动的持续进展，技艺高超、获得公众认同并且具有代表性的传人逐批被命名，拥有了文化身份。但是在现行的非物质文化遗产保护体制下，仍有相当多的传人未被纳入名录。

本文研究对象针对的是名录内的女性传承人。

女性传承人是中国灿烂悠久的民间文化的代表性群体，她们所传承的文化遗产在历史长河中逐渐形成并代代相习，绵延至今，包括物质生产与生活、社会习俗、精神风俗、语言和口头文学等各个方面。女性在知识生产与文明演进过程中起到了重要作用，与男性一起创造了人类的文明史。某种程度上可以说，男女传承人共同扮演着地域文化领军人物的角色，集中体现了该地域的文化性格与特征。在共同的文化创造与传承过程中，由于性别制度与社会规范的差异，女性传承人在生产、婚育、丧葬、祭祀、节庆、游艺、技艺、衣食等活动中，承担着约定俗成的角色，形成一种惯习。而不同的民族、不同的地区又各具特色，有的文化事象男女均可从事，有的传男不传女，有的传女不传男。"社会性别"研究的基本立场和主要观点认为，任何一个社会里的男人或女人的性别并不是由他或她的生物因素所决定，"也就是说，社会性别着重于文化对两性的规范，社会性别的理念认为生理的差异不影响性别的建构，真正对性别划分起作用的是文化的规范，是长期以来的文化熏陶使我们有了男和女的概念"[3]。这一观点在非物质文化遗产传承中进一步得到印证。由于传承濒危，后继乏人，为了保住地域文化遗产，一些传承人和传承团体不得不打破习俗行规，将本来只由男性或女性从事的文化事象扩展到女性或男性，前者如国家级非物质文化遗产项目天津法鼓和飞镲，后者如国家级非物质文化遗产项目湘西苗族鼓舞。目前，打破性别分工在非物质文化遗产传承中已经形成比较明显的趋势，性别差异给遗产事象带来的新变化也成为新的研究课题。

为了分析女性传承人的基本结构与分布规律，本文对五批国家级非物质文化遗产传承人名录进行了整理，数据表明，女性传承人属于少数群体，在多个门类中处于边缘化地位。

通过对现有五批国家级非物质文化遗产代表性项目传承人进行统计分析发现，3068 人中共有女性传承人 742 位，占总数的 24.19%，在 10 个非物质文化遗产门类当中均有分布。具体情况是：传统戏剧 309 位，占比 39.41%；传统美术 114 位，占比 30.16%；曲艺 76 位，占比 36.71%；传统技艺 76 位，占比 14.67%；传统音乐 74 位，占比 19.47%；传统舞蹈 29 位，占比 9.73%；民俗 28 位，占比 17.50%；民间文学 17 位，占比 13.82%；传统医药 14 位，占比 10.61%；传统体育、游艺与杂技 5 位，占比 5.68%。从以上数据可以看出女性传承人主要分布在传统戏剧、传统美术、曲艺和传统技艺四大类非物质文化遗产事象中。其中，传统戏剧和曲艺两个门类中女性传承人比例超过三分之一（见表 1）。

表 1　五批国家级非物质文化遗产女性传承人分布概况

序号	项目	人数	女性	排行	比例 / %
1	民间文学	123	17	8	13.82
2	传统音乐	380	74	5	19.47
3	传统舞蹈	298	29	6	9.73
4	传统戏剧	784	309	1	39.41
5	曲艺	207	76	3	36.71
6	传统体育、游艺与杂技	88	5	10	5.68
7	传统美术	378	114	2	30.16
8	传统技艺	518	76	3	14.67
9	传统医药	132	14	9	10.61
10	民俗	160	28	7	17.50
总数	10 项	3068	742		24.19

传承人认定的前提是其所传承的非物质文化遗产事象经过评定，成为代表性项目进入名录。因此，项目分布的均衡性是影响传承人数量多寡的重要因素。就性别差异来说，传承人认定是对传承群体的一次结构化过程。一方面，在这个过程中，女性能够跻身名录，必须通过政府、专家评审等重重机制，才能获得认定和命名，相当数量的自然传人被拒之门外；另一方面，女性传承人在文化遗产传承的社会分工方面以富有性别角色的作为获得社会认同。如中国民间文化杰出传承人霍秀英，不仅自身技艺出众，在天津杨柳青画社中带徒授艺，而且作为长姐对两个已成为国家级传承人的弟弟在其早期发展阶段起到重要扶持作用，并且又发展了年轻一代的儿媳、外甥女传承杨柳青年画彩绘工艺。滩头年画传承人钟海仙（国家级）、高腊梅（国家级）夫妇和凤翔年画传承人邰立平（国家级）、王慧芳（陕西省级）夫妇双双成为传承人的案例，既表明中国民间文化家庭（家族）传承中突破血缘关系的一种特殊机制，也体现了传承人认定工作上一定程度的性别平等意识——赋予背后默默无闻支持男性的女性应得的权益，使之获得独立的文化身份。

关于女性传承人的学术研究现在尚处于起步阶段，成果集中于人类学、民俗学和非物质文化遗产学领域，并且大部分研究对象为少数民族女性传承人。葛新艳[4]从整体上分析了少数民族女性传承人的生境、特点和价值，并探讨了培养机制；梁莉莉[5]以回族女性传承人为出发点，从社会性别视野讨论传承人保护路径；王烜[6]从裕固族民族非物质文化遗产传承角度诠释了女性传承人的传承特点、文化身份、社会地位及其互动。立足非遗事象，开展个案式实证研究成为一种模式，如湘西苗族鼓舞、侯马刺绣、花腰傣服饰的女性传承人研究[7-9]。另外，口述史作为一种方法被运用于女性传承人研究领域，如黄燕华和缑文学[10]对南宁平话师公戏女性传承人、张卫民和谭婕[11]对湘西苗绣女性传承人的研究等。综上所述，性别研究视角的女性传承人研究成果尚不多见，学界更多表现出来的是对于女性传承人主体性的观照。

二、女性传承人的身份再造与认同

非物质文化遗产是传统文化当中民众一直认同并传承的事象，是广大劳动人民集体智慧的结晶。因此，作为个体的传承人，实际是在传承地域群体的价值观与审美观。传承包含两个层面的意义，“在个人来说，传承的第一个意义是习得，即通过传习而获得；第二个意义是创新或发明，即在前人所传授的知识或技能的基础上，加入自己的聪明才智，有所发明有所创新，使传承的知识或技艺因创新和发明而有所增益”[12]。因此，非物质文化遗产的传承过程是一个文化自觉的过程，是传承人在既有社会结构和文化传统的影响下，“通过选择和创造在重建社会结构和文化传统”[11]的能动性实践。同时，被认定为传承人之后，传承人对于自身文化身份的认识与认同也实现了再造过程。

本文以山东高密扑灰年画省级传承人王树花的口述史为研究个案进行分析。

2009年12月，笔者与同事在高密市姜屯镇孙家长村孙家的年画室对传承人王树花进行了为期一周的口述史访谈，获得了比较完整的第一手史料。主要内容包括社区历史概况、地区年画史、家族年画史、个人生命史、个人学艺史、年画代表作、年画制作工具与材料、工艺流程、销售与张贴习俗、年俗与相关传说、传承现状等[13]。此后，与王树花建立了长期的田野关系，持续关注她的传承情况。王树花生于1970年，是全国年画传承人中少有的女性，也是当时比较年轻的一位。她性格内向，不善言谈，执着地喜爱扑灰年画，常常提起画笔便忘记外面的世界。她对我们反复说的一句话是：“我就是爱好年画。”高密三大民间艺术——扑灰年画、剪纸和泥彩塑，多半是男性的天下，特别是扑灰年画，源起于庙宇壁画，早期拿画笔的清一色是男性。作坊里虽然少不了女性的身影，但是她们往往是配角，从事无关紧要的工艺环节。传统农业社会中，女性的本职是繁衍抚育后代，民间文化活动，特别是抛头露面的事情，基本由男性来掌控。

王树花是女性传承人或者女性民间文化人的一个代表，实现了非物质文化遗产的原生地原生传承，即“非物质文化遗产总体上仍在其产生和发展的地域环境和社会空间下，按照文化主体的传统生活逻辑实现代际间的传递和延续，其主要原生功能依然在发挥着主要的作用”[14]。尽管如此，从学艺到独立支撑画坊的三十多年实践中，王树花对扑灰年画、个人生活史的认识以及社会交际模式还是发生了很大变化。

（一）关于扑灰年画

成为传承人之后，王树花对扑灰年画的认识与传承突破了自发状态，观念与非物质文化遗产保护话语体系相交融。在她和当地民众眼中，历史上扑灰年画一度是“抹画子”——大厚纸抹上色就能卖，现在则上升到艺术和非物质文化遗产的高度。提到扑灰年画保护的紧迫性，她认为：“现在都让胶印的代替了，价格很便宜，顶得我们这一行不太好干了。我们这种画毕竟是一种传统的民间艺术，为什么保护这一摊呢？再不保护就快被它们代替了。”① 口述史访谈中，王树花反复提到扑灰年画的艺术性：

扑灰是扑上轮廓之后，纯手工画，画一幅灰才扑三四幅，速度慢；印的话速度快，上色就中。现在出去，真正懂艺术的不是很多，还是喜欢便宜的多。

扑灰的地方一般不讲究，像我画的这个根本不讲究线条，艺术性比较强一点儿，懂得的一下子就看出来了。

以后我把扑灰年画传承下去，别给领导丢了脸。不管什么画，真正用扑灰这种艺术把它画下来。

① 访谈人：郭平，刘晓琰；访谈对象：王树花，扑灰年画传承人，40 岁；访谈时间：2009 年 12 月 17 日；访谈地点：山东省高密市姜庄镇孙家长村孙在礼家。

我们讲究扑灰这种艺术，不能把这种艺术，这种传统风格丢掉了。[①]

在近4万字毛坯稿中，王树花45次提到“艺术”。她认为，扑灰年画使用的染边、点眼、盖花等特殊技法就是艺术，从而造就了独有的风格。从以上几段口述史料中可以看出，王树花对于所传承的扑灰年画具有强烈的文化认同感，扑灰画法成为她的艺术生命，传承扑灰年画内化为一种使命。这与农耕社会中作为副业贴补家用的年画生产观念迥然有别，王树花已经从一位农家妇女转变为富有文化自觉性的传承人。

（二）关于个体的生活史

王树花生长于甄家屯一个半耕半作的农民家庭，祖上世代绘制扑灰年画，她是第五代传承人。与农村多数女孩子一样，王树花14岁小学毕业即结束了学校教育。幸运的是，爷爷王锡山是当地有名望的画师，民国末年曾到青岛开过画店，新中国成立后在合作社里带头做年画。王树花的天赋在得天独厚的家传环境中得到了滋养与发挥，她常年跟爷爷在屋里画画，种地都是父母的事。农家女孩子不需要扛锄头下地，可以在家习画学手艺，这是命运对王树花的眷顾。如此10年的积累，王树花终于能“抱头子”，全面掌握了扑灰年画手艺。1995年，她嫁到五六里外的孙家长村，与孙在礼结为夫妻。据王树花回忆：“改革开放那会儿，画挺兴旺的。我结婚以后，渐渐地有点儿衰退了。”[②]当时，国家开始大力推进城镇化，农村人口大量进城务工，传统乡土文化面临严重冲击。王树花嫁进门，婆家见她喜爱扑灰年画，非常开明通达，卖掉机床，盖新房给儿媳做画室。婆家的举动决定了王树花接下来的人生。

---

① 访谈人：郭平，刘晓琰；访谈对象：王树花，扑灰年画传承人，40岁；访谈时间：2009年12月18日；访谈地点：山东省高密市姜庄镇孙家长村孙在礼家。

② 同①。

我结婚以后也没寻思能画这门艺术，全国各地领导和老师们支持，婆家特别支持。我对象原来在家干床子，加工模具。那时候就有一趟旧房子，我在那儿画画，精窄地方坐不开。后来把床子卖了专门支持我画画，盖了新屋，他学了裱画，还替我出去开会，这里那里的，维护着这画。

我娘家那村现在没有画的了，工厂多，收入挺高，画画挣钱少，画不好卖不了，所以都改行了，维持下来的不是很多。我就是爱好年画，结婚以后，这边又支持，有一个不支持的话，也干不成了。俺婆婆、公公还有对象都说，再有什么地方有活动，你就去。要不去的话，机会就失掉了。管什么没有，花钱盖房子办画展。①

婚姻往往对于女性具有决定性的影响，特别是对于传承民间文化遗产的女性，手艺一旦与生计相脱离，尤其是影响收入，没什么经济前景，反对之声会扑面而来。生产、生育、家务的繁重负担占据了女性的绝大部分精力，多少手艺和才情不得不搁置一旁。王树花是成千上万民间文化女性传承人中幸运的一位。在婆家的支持下，画业得以维持。几年后，国家推动非物质文化遗产保护运动，扑灰年画迎来新的发展机遇。当地政府开始重视传承人，国内外学者慕名而来，到王树花的画室与她交流。王树花参加了一些展览和大赛，获得赞誉和认可。她由一个闭门抹画扑灰年画的艺人，成为名声在外的女传承人，传承扑灰年画成为她生活的一部分。

（三）关于传承人的社会交际

王树花婚后与公婆生活在一起，育有一女一儿，大家庭生活中人际关系相较核心小家庭要复杂一些。结婚多年，日常生活的模式已经定型。家庭基本生计方式是种地加做年画，完全承袭了传统的农耕文化，但是其中又有所

① 访谈人：郭平，刘晓琰；访谈对象：王树花，扑灰年画传承人，40 岁；访谈时间：2009 年 12 月 17 日；访谈地点：山东省高密市姜庄镇孙家长村孙在礼家。

变迁。做年画是主业，种地变为副业，并且画坊是女人掌舵，这是孙家特有的文化现象。其他人做辅助性工作，如购买材料，制作工具，裱画，卖画，招待画客，出去开会，等等。以前做画是季节性的，因为春节要集中生产和消费大量年画。现在是常年做，没有淡季旺季之分。对于庄户人来说，也就没有农忙种地、农闲做画这一风俗了。

王树花被认定为传承人之后，需要出去参加一些展览会、大赛和年画节等活动，主要交际对象有政府工作人员、专家学者、媒体、传承人和消费者等。这是她跟爷爷学画、做画时代鲜有的经历。作为非物质文化遗产保护主体，政府、专家和媒体与王树花之间往往是管理、服务、合作、互动的关系，也存在一定的冲突与博弈。传承人和消费者与王树花之间通常是平等、交流式的关系。在新的社会关系中，王树花不可避免地发生过“文化休克”，因为无法适应一些交际模式而压抑、痛苦过。女性传承人的身份从内到外对她进行新的建构，谈及这些，王树花说，她最喜欢的状态就是在画室里画画，听着收音机，与外界相隔。可以说，新身份再造初期王树花更多处于被动状态。多年以后，她才逐渐适应了新的角色，并且在许多方面习以为常。如外出展示扑灰年画工艺，她自然而然地使用“表演”等新词汇。“表演”是传承人社会交际中越来越普遍使用的一个说法，表明非物质文化遗产保护话语中对于意义的一种特殊理解[15]。

三、性别规范再生产中的女性传承人

性别差异在年画制作当中导致新的分工与合作。那些耗费体力或者具有一定危险性的工艺，通常由丈夫来操作，如采集柳枝，烧制柳枝炭条，制作明油，装裱，等等。特别是明油的制作，以前使用95°以上的工业酒精，加上黄香拱开。现在酒精质量不太好，需要加火燎，一见火，蹿起来的火苗有时候把头发都给烧了。这道危险的工艺都由孙在礼承担。还有烧制柳枝炭条，这道工艺必须经验丰富，才能掌握好火色与时间，烧出来的炭条既下灰又不容易断。孙在礼经过多年实践，已经熟能生巧。年画制作工艺分工的不同，强化了女性气质与男性气质差异。

人际交往方面，在某些场合习惯性遵循传统性别规范的王树花会感到局促不安，不得不努力调适自己的思维与行为。做姑娘时她几乎足不出户，“我那时候在屋里不大出去，过年吧找上谁耍耍，平时不大交流，各干各的工作，她们也不说我什么。俺家是若干年的单传，一般很少出去。一般的门户大的家族，过年了串串，俺家不是这样”①。成为传承人之后，她需要与多种身份的人打交道，甚至必须参与一些应酬。在笔者访谈她的几天里，有时中午公婆和丈夫孙在礼预备饭食款待。王树花每次都是频频站起来以茶代酒敬“各位领导、各位老师”，紧张得很少吃东西。其实真正承担陪酒角色的是坐在主位的丈夫，他和男客们有说有笑，喝得热热闹闹。不仅如此，有些会议也是丈夫替她去开，成为“主外”工作的一把手。

经济实力的回归使王树花在家庭、亲友之中获得认可，这一方面得益于婆家支持，另一方面也是她坚持自己志趣的结果，女性坚忍的品格在她身上得到典型体现。她本来不是王家传承年画的“正统”，早年父母也是农忙种地，农闲即跟着老人做画，王家扑灰年画父子合作、传承有序，在当地很有名气。王树花的弟弟中学毕业后，跟着爷爷做画，画得也挺好。1996年，王树花出嫁第二年年底，父亲过世，家族传承链断裂为隔代模式，弟弟、弟媳跟着爷爷干了两年，挣钱越来越少，便停笔不干了。爷爷年过八旬，无人协助，也只好撂下画笔。原本画业兴旺的甄家屯传承濒危，孙家长村扑灰年画反倒越来越红火，这与王树花这样领军式传承人的作为是分不开的。

在对王树花的访谈中，笔者更加注意主体的性别特征对于文化传承的特殊意义，而不是局限在从男女社会角色的不平等关系中去捕捉性别意识。

---

① 访谈人：郭平，刘晓琰；访谈对象：王树花，扑灰年画传承人，40岁；访谈时间：2009年12月19日；访谈地点：山东省高密市姜庄镇孙家长村孙在礼家。

“‘性别意识’并不是透过男女两性角色或社会运作层次上的宰制关系来呈现的，而可能只是仅仅存在于文化深层的象征体系当中，只是用来作为两个不一样的文化分类范畴而已。”[16]围绕着女性传承人，社会性别规范在传统的“男主外，女主内”范式基础上，因女性特殊的文化身份带来了主体转移。虽然丈夫可以实际承担角色，但是在他者的眼中，王树花作为传承人具有在场的象征性。

四、历史记忆、口述史与女性传承人

非物质文化遗产基本依靠口传身授进行传承，经验、技艺与知识在代际传递过程中通常没有文字的参与，下一代通过跟随上一代实践操作，逐渐成为行家。因此，日常生活实践在文化传承中扮演了至关重要的角色。“我们应该认识到，文化是在生活实践中不断加以重新塑造、重新诠释的。个体的生活实践经验和当下的现实场景，使人们去重新理解和诠释所处的社会和文化的规定性力量，并根据社会现实进行种种变通。”[17]在对历史记忆的继承中，传承人会在传统的基础上生发一定的意义流变。同时，记忆具有当下性，王树花在传承人身份的重构过程中，也会不可避免地发生一些变异。

通过访谈和分析王树花的口头记忆可以发现，影响女性传承人记忆形成的主要因素有以下几方面。

首先，在记忆的建构方面，女性传承人属于弱势方，政府、专家、媒体等保护主体的意见具有决定性的影响。王树花出嫁前，便有日本学者和学生到甄家屯寻访她，还有电视台、报社记者采访爷爷的同时采访王树花。结婚之后，来孙家长村采访她的媒体更多。高密扑灰年画申报省级非物质文化遗产代表性项目时，王树花绘制《踢毽子》的全部过程被山东电视台录制下来。每提到这些，她习惯于这样表达：“全国各地领导、高密市的领导还有镇领导给了我许多支持，买画扶持，维护着扑灰年画。我现在是山东省非物质文化遗产传承人，2007年评上的，市文化局给了很多帮助。”[①] 近10年来，王树花多次参加文化部、山东省和外省市文化部门主办的非物质文化遗产传统手工技艺展览等活动，一些专家为她题字，像王树村、刘克沙、王连海老师等，还有国内外高校的师生踊跃与她交流。王树花提到政府、专家、媒体时认真而严谨，记忆非常清晰。具体到技艺的传承，她也得到了一些“指点”：“我们民间画东西都有点儿夸张，画出来不像那个实物、真人一样的，我们是写意画，画出来看着差不多就行……染衣服的边，我们都叫写意画法……画法一开始就那么画，写意的叫法是后来一些教授来说的，以前就叫染边。”[②] 扑灰年画中特有的工艺“染边”，经过教授们指导而成为过去式，变成了“隐性记忆”，现在被习惯性称为“写意”。笔者在口述史访谈中，为了保持非物质文化遗产口头记忆的真实性，鼓励传承人使用当地方言和术语，反复询问，才恢复了“染边”一说。

其次，市场的影响。随着城市化、工业化进程的推进，传统农耕文化严重消退。年画脱离年俗而成为民间艺术品，其功能已转为装饰、收藏、馈赠、研究之用。受制于市场和现代审美观的变化等因素，王树花必须迎合消费者的需求，在年画制作材料、工艺甚至题材等方面进行变革，形成新的记忆素材。材料方面，以前使用大厚纸，品色，没法装裱，现在改用宣纸和国画颜料，提高档次。年画是民众集体创造的成果，历世历代只加印画坊字号，绝无画工题款。但是现在为了满足人们收藏的需要，王树花加盖个人印章。为了增加新画样，王树花也借鉴外地题材，用扑灰技法制作，甚至大胆改动了高密扑灰年画传统题材《三星图》。《三星图》绘制的是民间信奉的三个吉神福、禄、寿，王树花翻看了很多年画集，也出去参观了一些展览，各地《三星图》多数都是禄星抱着一个小孩。于是，她也在禄星怀里加画一个小孩，认为：“你不跟上时代，不走出去，不看看人家这些题材，光自己在家里，有

① 访谈人：郭平，刘晓琰；访谈对象：王树花，扑灰年画传承人，40岁；访谈时间：2009年12月19日；访谈地点：山东省高密市姜庄镇孙家长村孙在礼家。

② 同①。

的时候也不中，必须该改变的就改变。”① 在继承扑灰年画传统题材的基础上，王树花模仿其他工艺绘画素材自创扑灰年画题材达到 400 多种。值得欣慰的是，扑灰年画在当地生活中保持着较高的认可度，与当代生活紧密结合，如盖新房、搬新家，当地人习惯悬挂各种装饰性的扑灰年画。通过王树花们的努力，扑灰年画在高密这个场域中得到了有效的保护与传承[18]。

最后，能动性发挥对历史记忆的形成造成一定的影响。历代民众在享用和传承文化的时候，都会自觉不自觉地进行创新和扬弃。“就其本质而言，乡民艺术并不具有结构的永久稳固性，而是徘徊于传承与再造之间，在知识的不断发明与增长的过程中自我更新。”[19] 非物质文化遗产是身体文化，女性身体、生理和情感的特征都会对之形成建构，乃至创生新的风格和作品，从而在传承过程中导致一定的文化变迁，形成新的记忆。王树花虽然师承爷爷，完全是老人家口耳相传教出来的，但是在接受传统的规范和习惯的基础上，王树花构筑了自己的艺术模式。她喜欢古朴淡雅的色调，与爷爷浓郁的用色习惯截然不同。艺术风格方面，王树花的特点是将男人女相化，“有人说关公别人画的面相太恶，我画的善良，我画的恶人都有善良的感觉，一般都这样说”②。在她的心目中，年画里的人物都是吉祥的，连祛邪禳灾、面目狞厉的神灵也是祥和的。王树花喜欢的作品之一《踢毽子》，表现的是一种地方传统游艺民俗，充分体现了女性自由自在的日常休闲状态。年画的题材以表现人物为主，但王树花偏爱花鸟，这是女性一种天然的爱美心理的表现。动物和花草陪伴着在乡村长大的王树花，是她记忆里温馨的组成部分。家族扑灰年画传承到第五代王树花，实现了创造性发展。

传承人的文化职责是守望和传承非物质文化遗产，持守地域性、标志性的民间文化，这是保护人类文化多样性的一个原则。王树花挚爱历史上独一无二的扑灰年画，坦言自己“不可能用别的技法，别的技法也不会”，因此全

① 访谈人：郭平，刘晓琰；访谈对象：王树花，扑灰年画传承人，40 岁；访谈时间：2009 年 12 月 19 日；访谈地点：山东省高密市姜庄镇孙家长村孙在礼家。

② 同①。

身心传续历史记忆。她继承、恢复了170多种传统扑灰年画题材。在用色方式上，坚持“抹画子”风格，大笔狂涮，恣意汪洋。造型方面，也是恪守老样子，不轻易增减一笔。2009年笔者访谈她的时候，发现一些年画当中男人的脚比较小，王树花对此答道：“这是传统扑灰年画的风格，我这个心理就是保持原味比较好看，一改动就不好看了。”① 她也希望能够创作出新画，但是“有的时候随便创作一幅出来，不那么活泛，不那么好看，还是传承那种（传统）风格比较好看一些”②。扑灰年画中女性人物造型特点是胖头大脸，显得有福相，王树花坚持这种画法。

“通过口述史材料的分析，我们可以了解具体的民俗传承人的生活经历和传承行为的关系，更敏锐地把握现代社会的民俗变迁”[20]。王树花的口述史包含扑灰年画的集体记忆、个体记忆，也有通过技艺操作来表达的身体记忆，更有关于非物质文化遗产的公共记忆。在身份被重塑的同时，传承人的记忆也在各种话语权利之下被形塑。包括口述史调查，对于传承人的记忆也是一种建构。但是，“我们必须清醒地意识到，‘保护’本身也是一种外来影响。这种影响如果力度过大，同样会对非物质文化遗产及其传承人带来某种负面的影响甚至伤害”[21]。在文化话语一直被社会精英所掌握的时代，民间文化长期处于边缘化的地位，其中的女性传承人更是淹没于民众之中。女性传承人如何忠实于自己的记忆，如何真实、完整地表达自我？实际上，非物质文化遗产是基于现代性语境下生成的哲学认识，传统的保护与传承某种意义上成为人类如何对待历史记忆的命题。田野调查呼唤方法论的建设，“口述资料的最大价值或许并不在于其保存历史的作用，而在于它所能够呈现的非物质文化遗产相关记忆的变化过程，这就需要在田野现场倾听民众的多种声音，分析其口述行为中的意义生成”[22]。这与传承人身份的再造和认同是同一命题的两个面向，因此，如何在非物质文化遗产保护工作中呵护传承人的

---

① 访谈人：郭平，刘晓琰；访谈对象：王树花，扑灰年画传承人，40岁；访谈时间：2009年12月18日；访谈地点：山东省高密市姜庄镇孙家长村孙在礼家。

② 同①。

主体性，了解并尊重历史记忆、个人叙事的规律与特性，从而实现传统文化的传播与发展，这是值得继续深入研究的话题。

【参考文献】

[1] 祁庆富．论非物质文化遗产保护中的传承及传承人[J]. 西北民族研究，2006（3）：121.

[2] 冯骥才．冯骥才文化保护话语[M]. 青岛：青岛出版社，2017：546–547.

[3] 沈奕斐．被建构的女性：当代社会性别理论[M]. 上海：上海人民出版社，2005：28.

[4] 葛新艳．少数民族非物质文化遗产女性传承人现状研究[J]. 学术研究，2009（18）：15–18.

[5] 梁莉莉．社会性别视野中的非遗传承人保护路径探索：基于回族女性传承人的讨论[J]. 云南民族大学学报（哲学社会科学版），2016（6）：62–68.

[6] 王烜．裕固族非物质文化遗产女性传承人研究[D]. 北京：中央民族大学文化与新闻传播学院，2013.

[7] 刘诗琦．湘西苗族鼓舞女性传承人的研究[D]. 福州：福建师范大学音乐学院，2016.

[8] 田丽红．山西侯马刺绣女性传承人研究[D]. 临汾：山西师范大学文学院，2015.

[9] 解晓丹．云南花腰傣服饰的女性传承[J]. 怀化学院学报，2016（3）：13–15.

[10] 黄燕华，缑文学．南宁平话师公戏女性传承人口述史研究：以南宁陈东村师公戏为例[J]. 法制与社会，2016（10）：275–278.

[11] 张卫民，谭婕．湘西苗绣传承人吴英继口述史[J]. 艺海，2017（4）：5–12.

[12] 刘锡诚．传承人与传承人论[J]. 河南教育学院学报（哲学社会科学版），2006（5）：25.

[13] 陈爱国．非物质文化遗产传承人的日常实践考察[J]. 广西民族大学学报（哲学社会科学版），2013（5）：64.

[14] 冯骥才，郭平，刘晓琰．高密年画王树花吕蓁立 [G]// 中国木版年画传承人口述史丛书．天津：天津大学出版社，2010.

[15] 黄龙光．当前中国非物质文化遗产传承的三条路径 [J]. 思想战线，2017（1）：151.

[16] 游鉴明．倾听她们的声音：女性口述历史的方法与口述史料的运用 [M]. 中国台北：台湾左岸文化事业有限公司，2002：147.

[17] 王建民．非物质文化遗产传承人的生活史研究 [J]. 民俗研究，2014（4）：34.

[18] 赵屹．非遗保护，回归生活本元：由新生代年画艺人创作引发的思考 [C]// 冯骥才．原生态新生代：传统木版年画的当代传承国际研讨会论文集．北京：文化艺术出版社，2017：74.

[19] 张士闪．乡民艺术民族志书写中主体意识的现代转变 [J]. 思想战线，2011（2）：10.

[20] 王晓葵．记忆论与民俗学 [J]. 民俗研究，2011（2）：36.

[21] 苑利，顾军．非物质文化遗产保护前沿话题 [M]. 北京：文化艺术出版社，2017：168.

[22] 冯骥才，向云驹，张士闪．传承人口述史方法论研究 [M]. 北京：华文出版社，2016：157.

“五七家属工”的前世今生

焦　杰*

摘要：“五七家属工”是计划经济时期特殊的群体，绝大部分都是妇女，她们以非正式的身份参加了20世纪70年代的国家建设。在自力更生、艰苦奋斗的日子里，她们克服种种困难白手起家，或在国有企业中从事辅助性生产劳动，或在街道办厂从事生产，为我国的社会主义建设作出了重要贡献。身体的痛与精神的愉快，是她们关于那个时期最深刻的记忆。改革开放之后，随着市场经济的到来，她们陆续退出了劳动市场，重返家庭。由于各地方各单位主管部门的政策不同，这批步入老年的家属工的晚年生活并不一致，这也导致她们回顾人生时便有了不一样的感叹。

关键词：五七家属工；白手起家；劳动强度；晚年生活；情感认同

“五七家属工”是指20世纪70年代，曾在石油、煤炭、化工、建筑、建材、交通、运输、冶金、有色、制药、纺织、机械、轻工、农、林、水、牧、电、军工这19个行业的具有城镇常住户口、未被劳动部门录用、没有企业正式职工身份的人员。在这个群体中，除了部分街道厂组有少数的男性外，绝大多数都是女性。她们中的绝大多数都是城镇职工的家属，参加工作时间一般都在1980年以前。关于她们的研究，目前所见只有两篇硕士论文和三篇期刊论文。中央民族大学强燕平的《企业家属工生存状况与社会保障问题研究——对甘肃省某企业的实地调查》（2007年）通过对甘肃省某企业家属工

* 焦杰，陕西师范大学历史文化学院教授。

的口述访谈，探讨了企业家属工产生的历史、家属工当时的生存状况、家属工的社会保障情况，并对社会保障中存在的一些问题进行了分析。浙江师范大学曲贵卿的《“半边户”中的家属工：一种边际性身份的社会建构与地位抗争——以吉林省A企业生命历程为研究背景》（2009年）以吉林省A企业的发展过程为背景，从社会学角度为切入对家属工这种边际性身份的社会建构与地位抗争过程及其背后的社会含义进行了探讨分析。宋少鹏的《集体主义时期工矿企业里的家属工作和家属劳动》（《学海》2013年第2期）从宏观政治学角度出发，探讨了集体主义时期和市场经济时期，工矿企业处理生产与再生产的不同方式。邓军蓉的《关注三线企业“半边户”生存构建和谐社会——对湖北省宜昌市部分三线企业“半边户”家庭的实证分析》（《产业与科技论坛》2006年第5期）以宜昌市200个三线企业“半边户”家庭的调查资料为依据，对他们的生活现状进行了分析，呼吁在构建和谐社会的进程中，三线企业“半边户”家庭的生存问题应该引起重视。昝金华的《维权轨迹之二十一——半边户》（《工友》2006年第1期）则回顾了计划经济时期半边户在日常生活劳动中遇到的问题和困难。这些研究虽然已经打开了家属工问题“冰山”的一角，但是作为新中国历史上的特殊现象，作为计划经济的产物，家属工分布范围之广，存在时间之长，不同行业不同地区的家属工问题有着不同特点，因此它不仅是社会学、政治学要探讨的问题，也是历史学要探讨的问题。目前现有的成果对于我们了解家属工的历史、家属工在计划经济时期的贡献、家属工的心路历程和家属工当前的生存现状的复杂性、多样性是相当不够的。因此，本文以陕西、河南和河北三地来自工矿企业、事业单位、街道办厂的家属工的访谈资料为基础①，对她们在那个时代的生产劳动经历进行回顾，同时关照她们目前的生活，借以展现这个特殊妇女群体在新中国时代的生活轨迹，填补新中国妇女史研究的空白。她们的基本情况见表1。

① 本文的口述资料访谈者为作者本人及学生助理胡娜，访谈时间2012年9月—2016年11月，口述资料现藏于陕西师范大学女性研究中心资料馆。为保护访谈者信息起见，本文访谈者姓名均采用英文字母。

表 1　五七员工的基本情况

情况 / 来源	五七工年限		现在年龄		目前情况				备注
	10 年以上	10 年以下	60 岁以上	70 岁以上	转正或正式退休	参保			
						个人	单位和个人	未参保	
国营企业职工家属	14 人	1 人	3 人	13 人	10 人	3 人	1 人	1 人	大集体 6 人
城镇居民	2 人		1 人	1 人	2 人				大集体 1 人

一、白手起家和高强度的劳动

在五七指示的号召下，全国所有的厂矿企事业单位包括街道，都成立了五七工厂。这些工厂绝大部分是白手起家，开办之初什么都没有，连最基本的工具都是从自己家里拿出来的。FGY 是原西安市长乐村铝制品厂的五七工，又做了十几年的集体工后退休。老太太详细地介绍了厂子成立时的经过：

1970 年，人家号召是每一个那个居委会，每一个居委会人家召集，召集起来这家庭妇女呀，老头呀，没有工作的，召集起来，召集起来，叫自己成立厂子，自己成立厂子就是白手起家，你在家里拿个盆，我在家拿个锅铲，都这个劲，成立个厂子。

因为是白手起家，这些家属工的工作环境极其恶劣，一点儿劳动保护都没有。最早的时候没有任何资金，搭不起工棚，很多家属工就露天地里干活儿。关于当时的劳动环境，健谈的陕西鼓风机厂的 SSL 讲述得非常细致：

我来山上，来山上，干啥呢？割水焊，干水焊供应山上大厂子……没有房子，哪有房子，自个儿搭个棚，上面搞一个，一下雨，上面哗，还蹲着割呢……下雨呀，外面大下，屋里小下，外面不下，屋里滴答。就是那样搭，搁一个什么，就搁一个席子，你就来底下。

家属们最初参加单位劳动的时候主要是干一些辅助性的工作，陕西鼓风机厂的 CCY 老太太讲道："捡铁块，捡砖头，捡钢筋，撮煤块，撮焦炭，啥都干。煤气站，后面就成立了个煤气站，又在煤气站大楼里头，装汽车，添煤，啥活儿都干过。"虽然是辅助性的工作，但劳动强度并不低。井巷公司退休女工 LWF 于 1969 年开始做家属工，当时年仅 18 岁，那时井巷公司在贵州遵义，叫第六工程队。她回忆当时情景说道：

粉碎嘛，石头，戴着口罩，眼睛上、头发上，全都是那个灰，石灰……还有其他的家属那个时候，那个硝酸、盐酸，她们一打开以后，呛得马上往后一仰，然后一口气上不来，就憋得她们……

CHX 也是井巷公司老家属工，她回忆道：

装卸的，盖房子的……哎呀妈呀！那水泥，那是一百斤吧，自个儿得捧起来，还得装到车上，到那儿你还得卸，这一大车，你装上，从这儿拉到那儿，假设那盖房子需要水泥，你在水泥库装车，完了到那儿，你还得自己卸。

这些活儿有多累、有多重，当今的年轻人无法想象。PYH1948 年出生，20 世纪 70 年代初参加五七工厂才二十多岁，身体非常结实，所以她的家属工生涯主要以装卸和搬运物资材料为主："我做搬运工，往车上装砖头，用夹子，一次要夹二十五斤的砖头。累啊，累得想哭，但是不干怎么办？不干就没有钱。"PYH 还扛过水泥：

你想那么重的水泥袋子，一百多斤，能不累吗，当时年轻就不觉得，现在老了什么病都有，腰疼腿疼，腰椎间盘突出，全是当时累的。我做搬卸工，那水泥一车是几十吨，一天6个人，你想一个人搬多少？

那个时代的家属工的年龄有大有小，大部分都比较年轻，以二十多三十多岁的居多，但也有一些四五十岁左右的中老年妇女。四十以上的妇女多是裹过足的女性，虽然放了足，却没有天足（放足）的健康，参加劳动对她们来说无疑是严峻的挑战。20世纪60年代末“三线”建设时期，东北一些大厂内迁，为了提前进入生产，大规模地动员职工家属参加劳动。陕鼓集团的SSL谈到当时她们卸车的情况：

有钢筋，有圆盘，还有那个轨道，还有什么的，反正来了车一共是13车，来13车咋办呢？那一群小脚，包小脚的，也上班呀！那时候都上班，家属嘛，多大岁数都上班，完了都哭了。她干不动呀！……我说别哭，别哭，我去，我上运输科去。老头在运输科……后边来个叉车……咱往叉车上装，叉车就给咱往上整，那大圆盘呀，你说全是铁的，6个到7个，那个大圆盘比我都高，那大圆盘卸车，一卸多少哇，完了叉车，往那上一摞，这帮人呢就开始扶着，开始摞。

在妇女能顶半边天的主旋律中，没有人主动要求与这些体弱的小脚女性合伙工作，她们做完同样的工作往往比其他人付出更多的时间和辛苦。CCY补充道：

能干的找能干的，不能干的都是老弱病残都给你扔下了，装煤就是，人家老头子把7人挑好了，人家10分钟装一车，我们半天装不完，没敢上吊，托着你们俩装车吧，装了大翻斗煤，装完人家就拉走了，人家歇着，你们还这老些呢……

有的家属工虽然做的不是搬运这样的重体力劳动，也不用露天作业，但并不意味着她们的工作环境有多好，工棚简陋不说，工作起来经常连班倒。CSF讲道："五金厂当时就搭了个工棚，四处透风，就是下雨淋不着，忙的时候，比如镀金，只要一开工就得一星期，炉子不能灭，大家轮班倒，白天黑夜地干。"

CHX20多年的家属工生涯中一直在做缝纫活儿，为单位职工加工工作服和各种劳保用品。她的工作属于比较轻松的，至少不用出大力，但她的工作环境同样恶劣：

就是一个简陋房子，像个小板房似的，完了，反正漏不漏也不知道，就这么在那儿，机器一台挨一台，也有这、有我屋这大，就这个样子……窗户？窗什么窗户？搁油纸一钉，晚上有打更的，俩人一个班，你晚上衣服就在那儿搁着，你叫谁给你偷了，俩人一个班……轮流。

计划经济体制下，从事生产的单位正式职工有最基本的劳动保护，比如工作服、手套、口罩等，夏天会有白糖。其中工作服还分夏季和冬季，夏季是单的，冬季是棉的。家属工从事的很多工作其实也都是需要防护的，比如搬水泥、打玉石板，包括劳动强度不太大的缝纫工作，但是因为家属工是临时工性质，所以她们并没有相应的劳保。CHX一直在缝纫组为单位加工工作服，工作场所灰尘飞扬，尤其是絮棉花的时候，灰尘中夹着棉絮，直往鼻中眼中扑，可她们连口罩都没有：

哎呀，上不来气呀！那棉花熏得，鼻子里嘴里全是棉花绒子，棉花也不是什么好棉花，你说做工作服它能给你好棉花，那么一扔呀，扑扑喳喳的，都是那破烂花，那肯定不好了……我们整个大手巾，整湿了把嘴捂上。

ZAH 在学校刷油漆，那时候不讲究环保，也不提倡无害，根本连环保无害的概念都没有。那油漆味道很浓很浓，她们却不知道如何保护，受不了的时候，就出来休息一会儿。她讲道：

那时油漆味道也大得很，哎呀！我给那个啥地方，给那个三楼吧，那个小楼，就是联合教室（现在的积学堂）后头那个楼，油漆呢，几个人都昏倒了，我快昏倒了，就赶紧出来了，“哎呀，走走，赶紧出去，不行了”，就赶紧出来了。

没有保护的情况在各类五七厂也是很普遍的。绝大部分五七工厂都是白手起家，自负盈亏，她们为大单位生产产品，大单位计件给她们拨钱。起初没有资金，自然没有劳动保护。有的职工出于自我保护的目的，就自备口罩、手套等劳保用品。CSF 介绍说她们的五七厂是“白手起家，公司不投资，才几个月什么收入都没有，一年后有了收入才开始发工资，一天一块钱”。因为没有钱，所以“什么劳动保护都没有，只发了两件工作服，干活儿都需要的东西口罩、手套都得自备，一天一块钱，不干活儿就没有钱。”

后来随着五七工厂积累的增加，渐渐有了资金，生产环境由简易的小棚子变成了像模像样的厂房。陕鼓集团下属的骊山厂至今仍在，厂房高大而结实，这个厂房就是当年那些家属工一砖一瓦地亲手修建的。西安八〇九库家属工所盖的厂房依然在东郊的某一街道沿街而立，那是一排红砖砌就的平房，如今已经闲置在那里。而洛阳拖拉机厂家属工们所盖的配件车间厂房不仅依然矗立，而且她们的车间后来成为洛拖公司下属的一个分厂——配件厂。

CCY 老太太详细讲述了她们盖厂房的过程：

我们后来说挣钱了嘛，一点点买这一块地，买了地，我们就一块砖一块瓦，就这么盖，家属自个儿挖地基，完了就找几个退休的瓦匠，就是他们帮忙，给把这个厂房盖起来了。后来又挣钱了，这钱又多了，就靠南边买了一块地，你们看又盖的那个一直没有砌墙的那个，装风机嘛现在，那都是我们自己挣钱买的。

虽然有了厂房，不再担心刮风下雨，但这并不意味着劳动环境的改善，因为当时依然没有什么保护措施。有些五七工厂生产一些带有简单的技术性产品和零配件，比如电镀厂、铝制品厂、打火机厂等。这些厂子普遍的情景是设备简陋，家属工们都是在毫无保护的环境中从事生产的。LWF 在电镀厂干了好几年，她回忆道：

电镀也是挺艰苦的，按道理讲，应该有些换气扇、排气设施啥的，粉尘比较大，没有排气排那个设施，没有。电镀的那个药特别浓，浓酸那个东西，都没有排毒气的东西。她们那个搞拔丝又脏又累呀，还有靠盐酸熏，就戴着一个小口罩，戴着口罩熏得呛得鼻子受不了。

70 年代末 80 年代初，铝制品一度非常红火，所以很多五七厂都生产各种铝制品。但是由于街道办厂技术水平不高，一些工序的操作方式非常原始，连刷磷那道工序还采用手工，而磷又是对人体非常有害的。FGY 老太太回忆：

俺那里头有个卫素贤，卫素贤最后好像得那职业病。她是弄啥呢，捣那铝锅，那个铝盆呀，铝盆要刷那个磷，那个磷是到处跑，你比方说，你这手上着这黑的，你搁这儿洗，簌簌簌簌它搁这儿跑上来了，洗不净；一洗，簌簌簌，它就跑了，哎，那个活儿没有人干，那老婆老实，就那老婆干。那不能戴手套，刷磷不能戴。啊，它是往那个模子上刷磷，磷不是滑嘛，好接嘛，最后那老婆得了气管炎。

二、身体的痛与精神的愉快

虽然劳动很辛苦、很累，但家属工们还是非常珍惜这个劳动机会，因为不是正式工，没工薪假，也没有伤病假，停工一天就少一天的工资。WFL从小便患有关节炎，犯病的时候也不敢请假，怕耽误挣钱，仗着年轻能吃苦，跪在火车上往下卸货：

那几年年轻有劲，就是，嗯，年轻有劲，我那几年可怜，还有个关节炎，她们去的了把我拿架子车拉上，我跪到上头，手可往下卸，到火车上，手搁那儿端钢筋，我现在还比较快一点儿，就是那个手可灵巧。那时可怜就那八毛钱不敢请那个假，请那个假还要给娃做饭。

LQY在五七厂里因为工作紧张，曾经有很长一段时间老是莫名其妙地头痛，但她一次工也没有歇，因为不上班就没有钱，她舍不得：

我都觉得挺好的，我也不娇气，我上班之前就没有生过病。也就是我跟你说的那，我那时候就是感觉到头痛。整天开点头痛贴一贴，再上班还是头痛，没有休息过，因为你不舍得歇。怎么不舍得歇，家庭条件困难么，你休息一天，你就得放你一天的工资。

FGY先后做过打钯钉、翻砂、拉车、捣铝制品、制刷子等工作，因为街道办厂后来被区上接收，成为大集体企业，所以她直到1988年才退休。她的回忆真实地体现了一个街道办厂中这些五七工的劳动强度：

这天热时候，起来时候，这身上像水滴着，全是汗，火冒出来比这都高，冒出来，坐着一圈一圈，翻砂，中间是个大炉子，大炉子翻砂……一个砂箱要30多斤呢，我坐几个钟头起来腿都打哆嗦哩……一箱一箱地翻，一个人才开始是35个，最后一下涨到100个，这8小时你就要翻100箱，100箱，还要坏哩，捣不成的，还要翻工重捣，哎，一天要搬100多箱，起来这腿都打哆嗦。

在体力劳动尤其是重体力劳动中，女性要面临两个问题：一个是每月那特殊的几天，一个是怀孕、生育和哺乳。当年的家庭工大部分都处于生育期，年轻的二十来岁，年纪大点儿的三四十岁，每月的月事是不可避免的。但是在访谈中，关于女性月经最常见的回答就是根本没把那当回事，需要休息是奇怪的事情。在这些家属工的观念中，月经就是女人的本分，受点儿苦是正常的。CHX说："来月经就来月经，也不说请假休息呀，也不说这疼那疼，疼就疼，该干活儿还得干活儿。"LQY也说："来了例假照样干，相互上也不跟任何人讲。"说起月经，有过两次人流经历的WFL更是轻描淡写："烂布子一缝，烂下可又缝。继续工作。那几年的人就不管这些事，不管疼多少，只要她不害重病，趴不到床上，就算没病。"

FGY年轻时身体特别好，没有痛经的经历，也从来不把月经当回事，回忆起来除了量多之外，没有别的感觉：

那正多的那一天，那真出大力，跟你说卸这么大那大原木，那几个人那撬杠子弄啥地，那一使劲就能感觉到那呼呼的，那真挺多挺多的。谁管那个啊，也不在乎那个，那时候什么忌凉水啊，我们根本没有。我也没有痛经，我也没有啥。我这人这身体，我跟你说，说难听点儿我都赶上个牛了。

因为不拿月经当回事，所以月经期间的家属工没有不干的活儿，装卸、搬运、酸洗等，根本不考虑对身体有什么影响。PYH来了月经照样做搬运工："一用劲，血忽地就下来了。本来四五天，会拖到六七天。来的时候那个腰疼呀！"FGY说："那就是要不舒服两天，干那么重的活儿，不舒服。"LQY说：

“有时候像正来着呢，抬拖拉机顶盖，好几天好几天不来了，腰疼。”

同样的生理周期，个人体质不同，月经期间的反应不同。很多女性在那个时期都会痛经，但痛经也不能停止工作，不管舒服不舒服，她们之中没有一个人因为来了月经身体不舒服而选择请假的。MYD 讲道：

为了挣点儿钱，忍受着，我就是一来月经，疼得厉害，有一次我来月经后，那会儿还是在做那个装卸工，装卸工，很累，你想那会儿，相当的累……哎呀，疼得我肚子受不了，我有点儿坚持不住了。就是为了挣点儿钱，因为家里困难就是想着说，我就说把这一车能坚持下来哎我就能多挣两块钱，我要说我不坚持了哎就没有这个钱了，就因为家庭困难就想多挣点儿钱，就那样坚持着把这活儿干下来。

很多女性在做家属工时还比较年轻，都有过生育的经历，不过家属工的工作报酬是按出勤率而算，上一天班算一天工资，不上班就没有工资，因此绝大多数家属工在怀孕以后都坚持上班到临产。陕鼓集团的 CCY 老太太在 1970 年元月从沈阳来到临潼，夫妻一团聚便怀了孕，当年 9 月就生了个女儿。这期间她一直没有停止干活儿，只不过快生之前，被分派较轻的活儿。她回忆说：

我是元月上班，我 9 月份，就是来那年就生，我就没搭一天工，我就生完了。我就那什么玩意儿，就那样大肚立希地也没有舍得搭一天工，舍不得搭呀！……昨天上班，今天上午生她。上午还到学校那旮去看煤，看了一圈，给了二十几条裤子，我洗了，中午把杨大夫叫上，12 点我就生完了。

CSF 打草帘子、CHX 做缝纫活儿，她们的工作都不是重体力劳动，所以她们就一直干到生产的前一天。CSF 讲道：“我当时打帘子，就坐在地上打，所以一直干到生孩子时，今天生孩子，一直干到昨天。一满月就回去上班。”CHX 唯一的儿子是在做家属工时怀孕并生产的，她一直干到生产前的一天：

做家属工当然还怀孕，那个小刚不是？嗯，继续呀，那你要不干你咋弄呀，你要不干就撂下了，以后你再想干又不知道，你这笔钱就没有了，我带小刚，就一直带，一直到生，啊！那天白天上一天班，小刚是第二天早上5点生的……满月又上。

虽然劳动强度大，但那时的女性耐受力很好，因劳动而流产的例子似乎并不多，十几个对象中几乎没有一例因为劳动而流产的，但是有做人工流产的。现在做人工流产一般会给半个月的休假，但对那个时代的家属工来说，即便有休假，她们也不选择休假，因为休息就没有钱。PYH 说道：“当时孩子都皮实，不像现在。不过有人做过人流。不想要，孩子多养不起。做完后几天就回来做活儿，哪像现在休息一个多月，那时没人照顾你。”PYH 做搬运工，这是重体力劳动，所以到一定时期就不得不回家休息。她讲道：“怀孕时候也干活儿，一般人 5 个月就不让干了。我身体好，干到 7 个月，生完孩子满月后就上班了，不上班就没有钱。”

因为一休息就没有钱，所以除了生孩子必须坐月子外，生病、做人流，家属工们都不请假，有的家属工因人流后得不到休息而患了子宫下垂等妇科病。访谈对象 WFL 就是其中之一。当时她作为合同工为八〇九库的留守职工做饭，可能不懂得避孕常识，她怀了两个并不在计划中的孩子就做了人流。她说：“我到兴平做饭呢，我刮了两个孩子都没歇一天，自己跑回来就给食堂做饭，就得了个下垂的病。”

虽然劳动很累很辛苦，但对这些没有收入的家属来说，有了工作，一群姐妹在一起干活儿，说说笑笑，比在家里做家务倒多了一种愉快的心境。FGY 老太太说：“那时候开心得很，年龄都是四十多岁嘛，三十多，四十多，啊，还有五六十的，看着都五十多的，都可开心，可开心干活儿。”

洛阳拖拉机厂的 QMY 和 LQY 是所有访谈对象中非常幸运的。国营大厂条件较好，在五七厂的修建过程中给了不少支持。厂子初建没有厂房，家属工们的任务就是盖厂房。建厂房所需要的工具、材料、机器，包括砌墙的工人，都是大厂支援的。谈起这段经历，她们虽然觉得那时候很累，但心情却很是舒畅，尤其是 LQY：

那时五七工厂架车间，搬砖，劈腻子，盖房子，搅拌机搅拌那个水泥，就是这样，什么都干！人多么，都是女的，谁也不照顾谁……都是说的笑的，都是，有搬砖的，有往那儿扔砖的，有在梯子顶上站的，有劈腻子的，干啥子的都有……哎呀，都累死了，但当时干得都可高兴。

FGY 是个乐天派，回忆起家属工的点点滴滴，总是兴高采烈。她做过的工作很多，轻松的是在小卖部卖货，重的是开山路放炮，提起这些事情，她觉得可开心，尤其是讲到自己挣的钱多，更是得意。FGY 身体特别好，应该是没有裹过脚，胆子也很大，用她自己的话讲叫“虎着着的”（东北话），也许身体和胆量是她显得与众不同的原因吧：

一会儿来车了，去卸车去，卸两吨货，有十几个人，两吨货六块四，十几个人，都记上有谁，一人分一毛多钱，我记账。嗯，一会儿装车了，装上一吨货、装上两吨货，好了装三吨货。呀！三吨货，三八两块四吧，那一人得两毛多钱，就那一天卸几回装几回……那时候也不管累不累，那时候干得可高兴……赶后来我们队上吧到柞水县的大西沟，哎呀，到那儿去以后，队上成立一个商店，把我两个人就选到商店去了，我就不干这些苦力活儿了。一天一块钱那商店。上柞水县九十华里出差去进货去，两毛钱差费，可高兴了。

八〇九库的五七厂发展不错，很快就开始盖厂房了。这房子便是由家属工们自己动手盖的。讲起这段经历，WFL 虽然感到很辛苦很累，但却是眉飞色舞，显然这段劳动的日子是很让她怀念的。WFL 是我所有访谈对象中印象最深刻的一人。她的经历是所有五七家属工中最丰富的一个，干的工作种类也是最多的一个，也许因为见得多，加之本身非常聪慧，她也是访谈效果最好的一个。虽然她经历的很多事情都是当今年轻女性无法想象的，她的身体也受过很多苦、很多罪，但她讲述自己的过去时，尤其是那些能体现出她的聪明、她的能力、她的成就的事件时，她总是眉飞色舞，显然对这一段历史她还是非常认同的。

三、不一样的晚年与不一样的感叹

党的十一届三中全会以后，中国走上了改革的道路，国家经济由计划经济开始转向市场经济，各企业事业单位的五七工厂便失去了存在的价值。如何处理五七厂的问题，怎么安置五七厂的家属工，对这些艰苦工作十余年的妇女来说直接影响了她们后半生的生活。我们所访谈的 15 名五七家属工的结局大致可分为五种形式：(一）机缘巧合，转为正式工，以正式工的身份退休；(二）五七厂继续保留，家属工成为单位的正式职工，一直工作到退休；(三）五七厂解散，家属工退回家庭，五七厂原来的一些功能则被劳动服务公司取代，用于解决返城知青的就业问题；(四）五七厂直接转成劳动服务公司，在单位领导的努力下变成了集体企业，家属工以集体企业职工的身份退休；(五）70 年代一些单位的五七厂与地方街道五七厂合并，成为集体企业的工人，以集体企业职工的身份退休。

在这五种情况里，退休以后二三十年生活状况最好的是第一和第二种。她们机缘巧合得以由家属工转为正式工，从此摆脱了家属工的身份，继续在单位劳动，享受着体制内的各种福利，一直工作到退休。唯一美中不足的是，她们的工龄只能从转正的时候算起，所以虽然有退休金，但并不是很高，当然随着近些年来退休金的调整，基本上都能拿到一千五六百元。

第二种是家属工中非常幸运的一些人。说她们幸运，是因为她们的五七厂并没有在20世纪80年代被解散，而是一直保留下来。骊山厂目前仍然是陕鼓集团下属的一个公司，正因为如此，当她们从工作岗位上退下来的时候，她们都有了正式职工的身份，拿上了退休金。后来单位为她们办了劳动统筹，进入了社保，随着时间的推移，退休金也不断在涨，目前每月的退休金都能拿到一千五六百元，而且随着年纪的增长，她们的工资还在增加。尤其值得特别说明的是，现任领导又非常关心这些老太太，而所在单位的效益不错，所以她们不但和正式职工一样享有医保，而且单位的福利也都有她们的份。CCY老太太说道：

我们厂子现在这条件更好了，你看我们这老板，我们这退休的，整个，现在骊山厂的都上大厂上班去了。那部分都上西安了，俺这整个搁厂子一样，现在老板对我们特好，一年你说不用买粮，不用买油……现在就说这个老板照顾咱呀，要不然这劳保去看病的没有吃饭的，去吃饭的没有看病的，哎，就唠这个事……我这叫实话实说，哎，这老板对我们简直是真的，啊！

摊着这样一个好领导，陕鼓集团的家属工们相对来说有一个幸福的晚年。因为都住在一个院子里，老太太们常常见面，据CCY讲，她们一见面都是姐姐长姐姐短地叫着，感情特别深。“现在我们啥都不想，我们这些老太太就说，咱这么好的条件，好好活着就行了。（大笑）现在就觉着知足了，不挨着那段累哪有今天呀，是这么想的，没有苦哪有甜哪？”

与她们同样感到幸福的是洛阳拖拉机厂的两位老人。她们的厂子组建后没过几年就被转成了大集体，在劳动部门注册，从此她们成了集体制工人，除了工资稍低之外，其他与正式职工区别不大。她们一直工作到退休，有退休金可拿，目前也都进入了养老统筹，一个月也拿到了一千五六百元。回想从前的经历，LQY说道：“现在下来，我还觉得我是不错的，有时我就觉得我这上班上了十来年吧，退休了，我自己也觉得挺自豪的，公家给开了点儿钱，也没有啥不满意的，觉得也挺高兴的，现在自己也自在。”QMY 也说：“回想起来那我不是说跟人家不一样，人家都是搁城市里生活的，我是农村里生活的，我总觉得蛮感激，虽说我工资挣得低一点儿，反正够我花了，到月底花不完，咱不生病花不完。”

其次，晚年生活有保障、生活相对比较稳定的是那些街道办厂以及原属于企事业单位后与街道办厂合并的五七家属工们，也包括那些原本属于企事业单位的五七厂后来转为集体经济的家属工们。因为属于集体经济，所以她们的企业在 20 世纪 80 年代时期没有解散，而是在市场竞争的浪潮中挣扎前行，一直到 90 年代出现了分化。有的厂子垮了，有的厂子与其他企业改组整合。这些企业的家属工绝大部分都在 80 年代末 90 年代初退出了工作岗位。但是同样是退出劳动岗位，因为退出的方式不同，五七家属工们的命运并不完全相同。

有的被企业一次性买断，比如 1987 年 7 月，按照铁道部郑州铁路局《关于集体所有制工人退休、退职的暂行规定》，西安铁路局新颖服装厂对厂内的家属工一次性办理退职手续，按照工龄一年计发一个月工资的标准计算，发放一次性生活补助金，同时终止双方的养老保险关系。后来在加入养老统筹时，她们和铁路局打了一场官司，最后在妇联的支持下维权成功。

在 70 年代，一些街道厂被政府接收，这部分厂子里面的五七工最后退休的时候都有工龄，有退休金。有的是企业经营不下去而解散，财产拍卖，每位五七工按工龄都分得一部分钱作为退休费用。我们的访谈对象 FGY 老太太 1988 年退休，当时退休金 70 多元，到了第二年厂子便经营不下去了，“厂子一散，地就卖了，一个人，按工龄给你分的，给我分了 8000 多块钱”。这类家属工们在我国重新实行养老保险社会统筹制度之前大约有几年的时间没有养老金。到 1991 年，随着国务院《关于企业职工养老保险制度改革的决定》的颁布，在全国范围内陆续重建养老保险社会统筹制度，她们的养老问题就得到了解决。

由八〇九库合并到新城区打火机厂的 WFL 等人与 FGY 的境遇相似，她们是1991年退休，退休金80多元。在这之前她们所在的厂为她们统一交过劳动统筹，所以后来厂子垮了之后，她们依然有退休金，以后随着年龄的增长，退休金也慢慢地涨，如今也拿到一千五六百元左右。在目前的物价水平下，她们的工资虽然不高，但也是国家对她们辛苦劳动的回报，所以她们非常珍惜，也非常感激。FGY老太太说："一千多，要不是这个工作，也没这生活费，你吃那个低保吧，好像觉着那个说不起话那个。"她又补充说："老了做不了什么。就这就行了，这点儿工资，生活有保障。"

目前这批老太太生活有保障，日常生活所需能够自足，唯一不足的是没有医保，只有社区医保，即每年180元的基本医疗保险。对她们来说，令她们担心的就是患上大病，那时候便不得不动用儿女的钱了。FGY老太太说："我就这干巴巴的几个工资，啥都没有，也没有给俺办医保，我搁社区办了个，一年交180元。"WFL也有这样的顾虑："就这现在看病你还看不起，你得要娃负担，你问医院你能进去？哦，这老头走了，我害病这都、这都把娃的多少钱给花了。"

最惨的是第三种，她们的五七工厂被解散，她们有的回到家中，什么都没有。PYH、CSF所在的五七厂在1982年解散，据她们介绍，当时厂子解散之时，设备什么的都归了公司，厂子当时总共有多少固定资产和流动资金也没有清算，账目也没人管，完全是一笔糊涂账，稀里糊涂就交给公司了。因为当时年纪并不太大，她们二位就留在服务公司干活儿继续挣钱，后来CSF因身体不太好，年纪也大了，就彻底不干了；而PYH年轻一些，身子骨很好，一直想办法干活儿挣钱："我们就在劳动服务公司干，我还是做搬运工，她还是电镀，一直到1988年，看我们老了，就不让我们干了。我呢就在冶炼厂做小工，什么都干。"

近几年，随着国家加快社保工作的步伐，PYH和CSF这些家属工也都参了保，但是因为她们家属工的工作年限得不到承认，所以她们不得不自己掏钱来办社保。河南劳动厅的政策是单位或个人负责20%，国家负责80%，但她们所在的单位早已与其他公司合并，没有人给解决问题，所以单位那部分全是她们个人出的。对此，她们的感觉是自己掏钱太亏，但“不办觉得亏得慌”。尽管自己得掏 4 万元，每月只拿到五六百元钱，但是因为二人还年轻，所以还是办了社保，因为毕竟还有二三十年的日子。她们最大的希望就是国家承认她们的工龄：“哪怕 5 年也行，多一年工龄多 30 元钱，也希望那 20% 单位能给我们出了。”

那些条件尚可、年纪相对较轻的家属工，尽管觉得很亏，也对现行养老政策有所不满，但还是会掏钱为自己买养老金，有一些年龄偏大而家境实在困难的家属工干脆就不办了。访谈对象 CHX 老人是所有访谈对象中命运最坎坷的，也是晚景最凄凉的。因为她的丈夫不属于工伤，所以丈夫去世之后，她和她的孩子既不能接班，也不能领到抚恤金，她一个人靠做家属工养大了 6 个孩子。现在她已经七十六七岁了，每月只有单位发的 300 元的抚恤金。因为家里穷，她没有办社保。她的小儿子已经四十多了，一直没有结婚，母子俩就住在单位分的三居室的房子里，面积只有六十来平方米。她讲道：

我没进社保。两个方面，一个经济不行，小刚还没有媳妇。另一个我有三百块钱，三百块钱不管咋扣是公家给的，把我这三百块钱拿掉，我还得自己掏两万六千块钱，我上哪儿整两万六，孩子，你说就这就没办。再一个我岁数也大了，不见得能活几年，要它干啥哩。

四、结　语

五七时代已经离我们远去，那些在艰苦的时代以家属身份参加生产劳动的老太太也渐行渐远，她们在 20 世纪 70 年代国家基础建设过程中付出的艰辛和作出的贡献也渐渐被遗忘。在那个特殊的时代里，这些家庭妇女走上了劳动岗位，与国家在编职工一起参加了国家建设工作。虽然她们的来源不同，有的是单位职工的家属，有的是城镇市民，有的是单位职工的子女，但是她们在劳动过程中付出的艰辛则是一样的。她们干着最脏最累的活儿，拿着最少的工资，在几乎没有一点儿劳动保护的情况下做着最艰苦的工作。所以，她们的功绩是不应该被忽略，也是不应该被忘记的。国家最新的社会保障政策将五七家属工也纳入进来，正体现了党和政府对这一庞大群体的关怀。当然，因为“一种社会记忆，口述历史与自传、传记一样所呈现的‘过去’并非是‘全部的过去’，而是选择性的过去；不是所有人的过去，而是部分人的过去”。[①] 所以五七家属工对她们那段历史的回忆，是否完全是那个时代那个群体的真实客观的写照？行文至此，却不敢明下断语，但可以肯定的是，她们是那个时代那个群体中的一部分，对她们个人而言，那就是她们生命史中的一部分。

① 王明珂：《谁的历史：自传、传记与口述历史的社会记忆本质》，载定宜庄、汪润主编《口述史读本》，北京大学出版社，2011，第62页。

四川小三线建设口述史研究：以长城机械制造厂与燎原机械制造厂的女性职工为中心

曹　芯　徐有威*

摘要：自 20 世纪 60 年代中期起，根据中共中央和毛泽东指示，四川省南充县建立国营长城机械制造厂和国营燎原机械制造厂两家小三线企业。在梳理四川小三线演变历程后，着重呈现两厂女性职工的工作生活画面，探讨研究四川小三线女性职工在支援理由、工作、家庭娱乐生活方面的内容，展现四川小三线女性职工能顶“半边天”的功绩。

关键词：小三线建设；妇女口述史；长城机械制造厂（长城厂）；燎原机械制造厂（燎原厂）

四川小三线建设是在 20 世纪六七十年代紧张的国际形势下，根据中共中央、中央军委、国务院关于加强备战、巩固国防的战略部署，集全川之力在四川省南充县华蓥溪口镇建立的两所全民所有制军工单位。

---

* 曹芯，四川卫生康复职业学院马克思主义学院教师。徐有威，上海大学历史系教授，上海大学中国三线建设研究中心副主任。本文得到 2013 年度国家社科基金重大项目“小三线建设资料的整理与研究”（项目编号：13&ZD097）、2017 年度国家社科基金重大项目“三线建设工业遗产保护与创新利用的路径研究”（项目编号：17ZDA207）和 2019 年上海大学研究生创新人才拔尖项目“四川小三线建设研究”的资助；同时得到中共四川省南充市委党史研究室、四川省南充市档案馆、四川华蓥市有关单位以及西华师范大学历史文化学院的热情帮助。特别感谢接受采访的四川小三线原长城机械制造厂和燎原机械制造厂的干部职工和相关人员。

目前，对小三线的研究主要有上海大学历史系徐有威教授及其小三线研究团队，[①]就2022年三线建设研究来看，主要呈现于高校思政课融合、经济学、三线文化、城乡发展、铁路建设以及文艺与体育等方面，[②]对四川小三线研究较少。因此，四川小三线为研究对象，就注重其所具有的重要历史贡献和研究价值。笔者在国营长城机械制造厂（以下简称长城厂）和国营燎原机械制造厂（以下简称燎原厂）的职工口述资料、厂志以及其他档案资料的基础上，首先梳理四川小三线建设的历史沿革，在了解其总体情况的条件下，将研究重点放在女性职工上，通过她们的亲身经历与述说，对其进行探讨研究。

一、四川小三线建设历程

四川小三线建设系全民所有制的地方军工企业，位于四川省南充县华蓥市溪口镇。四川小三线企业由国营长城机械厂和国营燎原机械厂组成，两厂从1965年选址建设，几经波折，至1995年搬迁南充，历时共30年左右。

（一）建厂时期（1965—1972年）

四川小三线建厂历经多次波折，经过两次下马才最终建成。四川小三线

① 主要成果包括徐有威、陈东林主编《小三线建设研究论丛》（第1—9辑），上海大学出版社，2015—2023年出版；徐有威主编《新中国小三线建设档案文献整理汇编（第一辑）》（8册），上海科技文献出版社，2021。有关四川小三线建设研究成果比较少，目前主要有郭纯纯：《四川三线建设》，硕士论文，西华师范大学历史文化学院，2017；曹芯、曹卉、罗智凯：《高职教育视域下三线建设资源融入“四史”类课程研究》，《现代商贸工业》2023年第3期。

② 徐有威、张程程：《2022年三线建设研究述评》，《三峡大学学报（人文社会科学版）》2023年第4期。

的筹建孕育于20世纪60年代，当时正面临严峻的国际国内社会形势，[①]在这样的背景下，1964年，中共中央在北京召开会议，决定了三线建设的战略部署和方针原则。根据毛泽东指示及其中央精神，1964年7月，四川省委地方军工领导小组根据“靠山、分散、隐蔽”等原则决定于宜宾南溪县城北建设两厂。为了保证两厂职工的专业性与机密性，特地从1965年3月退伍士兵中挑选符合条件的转业军人，并将他们分别送往重庆长安厂和重庆长江厂进行培训。[②]1965年4月，根据邓小平、彭真等同志对四川省地方军工建设的意见及中央对全国军工建设的部署安排，[③]省委地方军工领导小组研究决定将两厂移交中央五机部。至此四川小三线南溪建厂下马（第一次下马）。

而后1966年12月底，原本在重庆长安厂（456）和重庆长江厂（791）参与过培训的大部分转业军人要求恢复四川小三线，得到省机械厅的支持，以张欣、刘正元等为代表的转业军人前往北京请愿。[④]1967年7月底，经国务院国家计委批准，四川小三线筹建工作再次上马。[⑤]经过多方勘探、反复研究后，1968年2月，四川省革委筹备组决定于内江市红旗公社修建两厂。5月初，前往北京开全国小三线会议的周振华同志来电，说明周总理的指示：“内江是交通枢纽，最好不要摆，南充不是很好吗。”[⑥]因此，内江建厂再次“流

---

① 中国人民解放军军史编写组：《中国人民解放军军史》第5卷，军事科学出版社，2011，第392—393页。

② 《关于抽调退伍士兵和技术工人支援地方军工厂的通知》，1968年，川革生字第296号，四川南充市档案馆藏。《关于抽调退伍士兵到九八四六厂和九八二一厂工作的通知》，1969年，四川省革委会军工组地方军工组，四川南充市档案馆藏。

③ 国营长城机械厂办公室：《国营长城机械厂简史》（未刊打印稿），1991年印刷，第5页，原件藏四川省南充市档案馆。

④ 曹芯：《刘正元（长城厂车队队长）口述史访谈》，长城小区会议室，2017年12月29日、2018年1月5日，上海大学历史系徐有威收藏。

⑤ 国营长城机械厂办公室：《国营长城机械厂简史》（未刊打印稿），1991年印刷，第6页，原件藏四川省南充市档案馆。

⑥ 国营燎原机械厂办公室：《国营燎原机械厂厂史（1964—1985）》（未刊打印稿），1986年印刷，第49页。

产”（第二次下马）。

最终，根据“靠山、近水、扎大营”“备战、备荒、为人民”的原则，两厂确立于四川南充华蓥市溪口镇。1968年，两厂正式对外命名为“四川国营长城机械制造厂”和“四川国营燎原机械制造厂”，并在重庆成立“成都军区革委011工程指挥部”，[①]于3月在溪口镇觉庵村玛琉岩破土动工，并先后正式投产。

（二）军工时期（1972年—20世纪70年代末80年代初）

两厂为枪弹配套厂，主要生产常规陆军用枪弹。1972年至20世纪70年代末80年代初，中国处于社会主义计划经济时期，两厂主要按国家计划指标生产军品，然后交由驻扎于厂内的军代表，由他们验收合格后带回部队。[②]由于这一时期是依据国家指标进行生产，厂里生产稳定，能做到自给自足，还被评为“学大庆先进集体”。[③]

（三）军转民时期（20世纪70年代末80年代初—20世纪80年代中期）

时至20世纪70年代末，国内外形势发生变化，定位于备战备荒的四川小三线也渐渐无法跟上时代的步伐。1978年党的十一届三中全会召开后，中国迈入一个新时代，国内的工作重心由以阶级斗争为纲转到以经济建设为中心上。20世纪70年代末召开的全国计划会议上，五机部要求军工厂“军转民”，这一要求给予四川小三线企业巨大压力，当然，同时也是一个重要契机。

---

① 《关于在重庆成立011工程指挥组的有关问题》，1968年，川革生字第429号，四川南充市档案馆藏。

② 曹芯:《周安盛（成都军区军代表）口述史访谈》，长城小区物业办公室，2017年12月10日，上海大学历史系徐有威收藏。

③ 《光荣榜》，《南充日报》1978年4月15日第2、3版。

自20世纪70年代末80年代初起，两厂遵循“军民结合”“以民养军”的方针，处于一边生产军品，一边研制民品的状态。燎原厂生产的军品在这一时期，任务大幅度削减。在此情况下，为实现全厂的彻底转民，制订了《国营九八二一厂转民方案》，[①]工厂千方百计找米下锅，大搞民品生产，经过两年多的努力，被动局面开始扭转。[②]燎原厂曾研制过环球牌气枪弹、山峰牌气枪弹等，其中浙江省射击队采用燎原厂生产的环球牌气枪弹，经鉴定，确认具有国际先进水平，填补了我国一项空白。[③]在1980年1月亚洲女子射击锦标赛中使用，参赛者吴小旋以385环的成绩破亚洲纪录，获个人冠军，为国争光。[④]长城厂曾研制过轻纺配件、汽车刹车轴等，因军工出品，质量优良，引发人们抢购。但由于工厂处于深山，面临距离市场远、信息不通畅、交通不便、运输费用高等弊端，迫使工厂搬迁日益被提上日程。

（四）民用国营企业与调整搬迁时期（20世纪80年代中期—1995年）

随着改革开放的逐渐深入，1985年后，长城厂无军品任务，彻底转民品生产；[⑤]1986年后，燎原厂无军品任务，[⑥]两厂全面进入“民品”生产。转型后，两厂曾有过发展相对较好的时期，然而，随着经济的不断发展，地处深山的工厂愈来愈难以满足市场的需求。“工厂地处山沟，信息不灵，交通不便，产品配套半径远。对发展商品经济十分不利；加之军转民后，生产线未有资金进行技术改造，竞争力不强，效益差，企业面临军转民艰苦创业之

① 《国营九八二一厂转民方案》，1987年，燎原厂办发字第91号，四川南充市档案馆藏。

② 《关于申请扩大企业自主权的报告》，1981年，燎原厂生发字第28号，四川南充市档案馆藏。

③ 刘秀品、刘家焕：《扬军工之长适民用所需，燎原机械厂生产的民用产品质量高、销路广》，《南充日报》1984年2月22日第1版。

④ 浙江队张厚基：《浙江省射击队女子步枪发来贺信》，1981年5月2日，四川南充市档案馆藏。

⑤ 《关于我厂列为四川省三线调整搬迁企业的报告》，1989年，长厂子第2号，四川南充市档案馆藏。

⑥ 《国营九八二一厂转民方案》，1987年，厂办发字第91号，四川南充市档案馆藏。

中。”[①]1989 年 7 月，溪口镇发生特大泥石流，两厂以“脱险搬迁”为由，申请搬迁到城市。[②]经四川省人民政府批准，最终确定两厂整体正式搬迁至南充，并于 20 世纪 90 年代中期（1995 年），全部搬迁完毕。[③]随着成功搬迁至南充并完成溪口的交接工作，也就意味着，真正属于四川小三线的时代最终退出了历史舞台。

二、四川小三线女性职工

“麻雀虽小，五脏俱全”，四川小三线的两所军工厂有完整的生产配套，不管是车间、工艺或是技术工人都是样样俱全，尤其在调遣人马组建两厂期间，是尽全川之力来建造这两所省属军工厂。长城厂生产枪支，主要由重庆建设厂援建；[④]燎原厂生产子弹，主要由重庆长江电工厂援建，[⑤]还调派全省各个民机厂、农机厂职工，省“五七干校”以及南溪建厂时期的转业军人进入两厂内。再加之 1970—1971 年，两厂在溪口、南充、岳池、阆中招有一批“超龄生”“社青”和“知青”做学工，和部分 1976 年复退军人入厂，[⑥]

---

① 《关于我厂列为四川省三线调整搬迁企业的报告》，1989 年，长厂子第 2 号，四川南充市档案馆藏。

② 《关于九二一厂地理情况的报告》，1987 年，燎原厂办发字第 10 号，四川南充市档案馆藏。《四川计经委关于四川农用运输车集团公司长城、燎原两厂脱险搬迁建设方案的批复》，1991 年，川计经机 1120 号，四川南充市档案馆藏。《四川燎原机械厂关于脱险搬迁后困难情况的报告》，1996 年，燎迁计发第 148 号，四川南充市档案馆藏。《关于做好脱险搬迁工作有关问题的通知》，1994 年，长厂字第 66 号，四川南充市档案馆藏。

③ 《关于长城、燎原机械厂搬迁等问题的会议纪要》，1994 年，南府议 23 号，四川南充市档案馆藏。

④ 国营长城机械厂办公室：《国营长城机械厂简史》（未刊打印稿），1991 年印刷，第 12 页，原件藏四川省南充市档案馆。

⑤ 国营燎原机械厂办公室：《国营燎原机械厂厂史（1964—1985）》（未刊打印稿），1986 年印刷，第 72 页。

⑥ 《关于分配复退军人指标的通知》，1976 年，四川省第五机械工业局，四川南充市档案馆藏。

截至 1990 年 6 月 30 日，长城厂有职工 2622 人，燎原厂有职工 1557 人。[①] 正所谓“男女搭配，干活儿不累”，这四千余人中，女性职工占据比例颇大，长城厂女职工几乎占全厂三分之一（见表 1），女性职工是两厂重要劳动力资源。

表 1　职工队伍性别、年龄结构状况（单位：人）

年份	性别结构		年龄结构			
	男职工	女职工	16—30 岁	31—40 岁	41—50 岁	50 岁以上
1970						
1975	591	313				
1980	711	409				
1985	902	411	620	373	333	75
1990	912	574	638	384	340	124

资料来源：国营长城机械厂办公室：《国营长城机械厂简史》，第 68 页，原件藏四川省南充市档案馆。

（一）支援

在毛泽东的号召下，大量闲暇的城市妇女、农村妇女走出家庭进入工作场所，成为劳动生产的重要组成部分。这一时期，出现大量“不怕苦、不怕死的铁姑娘”“不爱红装爱武装的女战士”。因此，在这一时期，支援四川小三线的妇女前仆后继，其支援动机除当时社会环境鼓励妇女工作外，还有其复杂的因素。以笔者抽样访问四川小三线的 15 位女性职工为例[②]，其支援动机

① 四川省华蓥市志总编室：《溪口镇志》，四川省华蓥市人民政府地方志办公室印刷，1992 年，第 49 页。

② 分别是：方作琼（长城厂检验工），黄秀英（燎原厂工人），李淑仙（长城厂工人），罗成秀（长城厂子弟校校长），梁竹青（燎原厂子弟校教师），林元英（长城厂子弟校教师），李世忠太太（长城厂工人家属），周世珍（长城厂工人家属），陈忠秀（燎原厂工人），刘荣清（燎原厂工人），陈利素（燎原厂工人），詹春华（燎原厂工人），龙碧成（燎原厂工人），邓德荣（长城厂子弟校教导主任），尹才树（燎原厂工人）。

可主要分为三类，且多种因素并存。

第一，组织号召，寻求新环境。当时社会环境复杂，适逢四川小三线大量缺人，国家又大力号召支援小三线，部分女性职工因而前往华蓥溪口支援四川小三线。

我大概是1971年左右调到长城厂的，我们家老伴儿先来到溪口，我是后到的，我是检验科搞检验的，当时（重庆）建设厂有1000多检验工人，我要求来长城厂的时候，我的领导问我为啥子要去溪口。我当时也是老实，我说听别人说溪口的厂大，工资要高几角钱，物价又便宜，生活条件又好又舒服，感觉比建设厂要好些。最重要的是，当时怕打仗，我就想去，当时我的老伴儿不想来，在重庆当然要好得多啊，组织上也不让走，当官的说，你们跑去山里头干啥子，长城厂这边的听说我们主动要来，那是非常乐意地说："要的！"①

第二，照顾家庭关系，完善厂组织结构。从采访的15位女同志来看，有10位女同志是为了照顾家庭关系及完善厂组织结构而前往支援，这同样也是两厂大部分人支援四川小三线的理由。照顾家庭关系，主要是为了解决夫妻两地分居的问题，这不仅是女性职工选择前往支援的理由，同样也是男性职工选择前往支援的理由。②"我就说，必须照顾我们的夫妻关系，如果不照顾，我就不来。当时我爱人在重庆北碚教书，他让我先来了再说，然后我想，我来了之后，不给我解决，那我岂不是要干瞪眼。"③长城厂劳资科科长隆道明同意调往长城厂的最大缘由就是为了解决夫妻两地分居的问题。

---

① 曹芯：《方作琼（长城厂检验工）口述史访谈》，长城小区生活区，2017年11月10日，上海大学历史系徐有威收藏。

② 《关于三线建设问题的情况汇报》，1983年，长厂字54号，四川南充市档案馆藏。

③ 曹芯：《隆道明（长城厂技安科科长）口述史访谈》，长城小区生活区，2017年12月17日，上海大学历史系徐有威收藏。

在照顾家庭关系解决两地分居的同时，也兼顾厂单位组织结构的合理，比如燎原厂为解决子弟校老师大量稀缺的问题，决定调遣职工家属是教师的进厂，并让家属组织办学。[①]“我们都是家属，照顾关系，从各个地方学校调到这个厂头来了。调到厂头来是没有学校的，我们现办学校。”燎原厂子弟校老师梁竹青说道。[②]同样，长城厂为解决缺教师的问题，做了相同的举措。“我是4月生的孩子，8月我就开始组织老师，那时候有六七个老师是随着家属先过来的，就组织他们（开始办学）。”长城厂子弟校校长罗成秀讲解道。[③]女性职工的到来，在照顾了家庭的同时，也完善了厂单位的组织结构，对四川小三线在深山中能够自给自足和缓和工厂工作氛围起到重要作用。

第三，自主报考，顶替父母进厂。在建厂初期，除部分从老厂调遣而来的技术骨干外，在1970—1971年，两厂在溪口、南充、岳池、阆中招有一批“超龄生”“社青”和“知青”做学工，这批职工中女性职工也占据一定比例，她们都是自主报考，经由厂组织筛选进厂。到了1986年7月12日，国务院发布了国营企业劳动用工制度改革的四项规定，即《国营企业实行劳动合同制暂行规定》《国营企业辞退违纪职工暂行规定》《国营企业招用工人暂行规定》和《国营企业职工待业保险暂行规定》。[④]该规定使子女顶替就业制度走向末路，因此在20世纪80年代，有大量职工抓住子女顶替就业制度的“尾巴”送子女进厂。燎原厂梁 ×× 为了女儿能进厂顶替自己而改干部身份为工人身份：“1986年的时候，我的年龄没改，将近45岁，刚好可以退。干部不能顶替，我的两个娃儿是1985年就参加工作了，儿子考到公安局了，我儿子

---

① 国营燎原机械厂办公室：《国营燎原机械厂厂史（1964—1985）》（未刊打印稿），1986年印刷，第217页。

② 曹芯：《梁竹青（燎原厂子弟校教师）口述历史访谈》，梁竹青寓所，2018年5月8日，上海大学历史系徐有威收藏。

③ 曹芯：《罗成秀（长城厂子弟校校长）口述历史访谈》，长城小区物业办公室，2017年12月10日，上海大学历史系徐有威收藏。

④ 王爱云：《我国历史上子女顶替就业制度的形成及废除》，人民网，2009年7月16日，http://view.news.qq.com/a/20101227/000005.htm，访问日期：2020年7月30日。

现在就是在公安局里。但我女儿的成绩不是很好，就想着顶替，（那我）改嘛，……我女儿也进工厂，在车间当工人。”

妇女支援四川小三线的理由虽大致可分为三类，但这仅为最主要的动机，实际多种因素并存。但不管支援动机为何，女性职工的支援，为男人占据大多数的军工单位增添了一份颜色，完善了工厂生产组织结构，这不仅有利于工厂生产效率，同时也利于稳定工厂的社会环境。

（二）工作

小三线妇女充分展现了“女人能顶半边天”，不管是建厂初期还是建厂后，四川小三线的女性职工都奋战在第一线，即使再累再苦也没有放弃。无论做什么样的工作，都如一颗尽职的“螺丝钉”，勤勤恳恳地完成属于自己的工作。

1. 建厂初期

1969 年 3 月，长城厂与燎原厂破土施工誓师大会在华蓥煤矿礼堂召开，[①] 在 011 工程指挥部的领导下，开始了轰轰烈烈的大规模基础建设。在这一时期，四川小三线妇女是巾帼不让须眉，挺身走上艰苦的建厂工作。

我来的时候厂还在建，建厂的时候可辛苦了。建那些房子，每个人都要搬土，挖泥巴。还把那些人召集起来，每个人背 50 袋水泥，背到山上去修水库。女的用肩膀扛哦，扛到山上去修水库，好辛苦的。还要扛砖，我们要修鱼塘，鱼塘要自己修啊。当时我们是传石头，一个一个人把石头传上去的，还要传泥巴，还要传砖头，辛苦惨了。我们住农民的房子，在溪口的那些农

① 国营长城机械厂办公室：《国营长城机械厂简史》（未刊打印稿），1991 年印刷，第 3 页，原件藏四川省南充市档案馆；国营燎原机械厂办公室：《国营燎原机械厂厂史（1964—1985）》（未刊打印稿），1986 年印刷，第 63 页。

民的房子里面住。单位组织起来去租的，但是农民也不会给你好房子住，厕所腾出来，伙房腾出来给你搭个篷篷，然后再把床一铺，一家几口人就睡那么一张床。那时候好多人呀,011 工程成立后，都在那个地方，有非常多的人。你们现在这批人肯定没法把这个苦吃下来，那时候我还发草鞋，发扁担，发锄头。建厂的时候就是这么辛苦。修新厂，都是先建厂房。边生产，边搞建设。[①]

陈安华作为一名参与建厂的女同志，并没有因是女性的身份而受到优待，同样在工地里辛苦劳作。而建厂的艰辛程度可从另一名男性职工口中了解到，“我们那个时候，好寒酸哦，女娃儿些还一天天哭哦，那条件差啊，路也稀巴烂，后来进厂的还好一点儿，之前进厂的都睡在洗澡堂里头”。[②] 从 1969 年 3 月开始，在高强度的劳动中，四川小三线人大战二季度，拿下主厂区，向国庆二十周年献礼，[③] 这一功劳包含妇女同胞的一份战绩。

在“边建厂、边生产”的口号中，四川小三线人轰轰烈烈地开展着艰苦建厂工作，为了使职工无后顾之忧，让孩子有学可上，这一时期两厂子弟校的负责人组织教师、学生开始建校工作。“我是 4 月生的孩子，8 月我就开始组织老师，那时候有六七个老师是随着家属先过来的。就组织老师，还有那些学生，在溪口小学读书的学生大概有二三十个人，组织他们去劳动的棚子里搬砖，每天上午去劳动一上午，由工人把它修成几间教室，地下用砖铺上，非常湿，一踩就要冒水。铺了大概有六间教室，上面还有两间，下面四间。学生坐的板凳，两人一起用的课桌，大概有一百多个板凳，几十张桌子的。

---

① 曹芯:《陈安华（燎原厂保卫处执勤员）口述史访谈》，燎原厂小区门卫室，2017 年 12 月 4 日，上海大学历史系徐有威收藏。

② 曹芯:《陈万平（长城厂工人）口述史访谈》，长城小区生活区，2017 年 11 月 10 日，上海大学历史系徐有威收藏。

③ 国营燎原机械厂办公室:《国营燎原机械厂厂史（1964—1985)》（未刊打印稿），1986 年印刷，第 63 页。

把这些全部弄起来，9 月 1 号正式开学。”[①] 长城厂子弟校校长罗成秀刚生完孩子不久，便组织教师和学生开始了建校工作，这些大多随家属而来的女教师与孩子们一同劳动建校。身为燎原厂子弟校办校元老之一的梁竹青说：“1971 年 3 月份开始筹办（学校），只有四个人。几乎都是女老师来办学校。那时候艰苦，没得房子，用那个牛毛毡搭棚棚。楠竹绑起架架，就在牛毛毡棚棚里上课。那个厕所，就是用那个楠竹来绑起架架下面搭几块板板，再挖个坑坑就是厕所。一个大风吹来，把楠竹架架一下吹跑了，厕所都没得了。”[②] 可见当时建校的艰难困苦。

在建厂初期，四川小三线妇女勇敢地走在艰苦奋斗的前线，不管是建厂工作还是后勤保障建设都有她们的身影。从无到有，她们用自己的辛劳与汗水，展现自我的人身价值。

2. 建厂完成后

1972 年，两厂产品先后试制成功，标志着建厂的完成。两厂各个生产车间与组织开始正常运行，四川小三线职工也从建厂工作重心转移到生产工作重心上，女性职工走上了属于自己的岗位。

同一时期，两厂成立了保障女性职工权益的女工委员会。女工委员会根据女工的任务和特点，开展了以下活动：第一，做好女工的思想工作，发动女工积极援助社会劳动工作；第二，发动女工积极参加工厂管理工作；第三，每年三八妇女节放假半天到一天；第四，维护女工合法权益；第五，大力开展“五好家庭”“劳动夫妻”“尊老爱幼”的活动；第六，女工委员会努力做

① 曹芯：《罗成秀（长城厂子弟校校长）口述史访谈》，长城小区物业办公室，2017 年 12 月 10 日，上海大学历史系徐有威收藏。

② 曹芯：《梁竹青（燎原厂子弟校教师）口述史访谈》，梁竹青寓所，2018 年 5 月 8 日，上海大学历史系徐有威收藏。

好调解家庭纠纷的工作。① 女工委员会开展的活动大大保障了四川小三线女工的劳动权益，同时鼓励了女工在工作和生活上积极向上，大胆进取，发挥个人特长工作，该组织为四川小三线女工提供了一个较为舒适的工作和生活环境。

从建厂走向生产岗位，四川小三线女性职工的岗位各不相同，但大部分女工都从事较为简单的基础工作。在生产车间上班的女工，主要负责零件生产线、抽样检查等基本工作，每天只需按部就班，比如长城厂检验工方作琼同志，工作时只需背着一卡尺在各个车间游走进行抽检测量，工作较为清闲简单。② 除此之外，女工的工作主要在保卫科当执勤员，在食堂做饭，在医院做医护，在子弟校任教等。在采访的 15 位女职工中，仅有 3 位在车间工作，③ 其余都分布于各个岗位，大多从事基础性工作。而从 59 位男性职工的口述资料可知，大量女职工是随丈夫调入厂里，其中大部分女职工并不是正式职工，她们隶属五七服务队（大集体），做着打杂等后勤保障工作，每月领取微薄的基本工资。当然，四川小三线也有女干部，但她们只占少数，且具有一定的学历或者政治经历，比如长城厂子弟校校长罗成秀等。

综上，四川小三线女性职工为两厂的建立与生产作出了重要贡献，但因各种因素，使得大部分女工的工作岗位较为基础简单、边缘化。但四川小三线女性职工并没有因为工作的辛苦、工资的微薄而心怀怨念，而是认认真真地完成属于自己的每一份工作。

（三）家庭娱乐生活

妇女一向是家庭生活的主力军，尤其在家务活儿和养育孩子上付出的时

---

① 国营燎原机械厂办公室：《国营燎原机械厂厂史（1964—1985）》（未刊打印稿），1986 年印刷，第 63 页。

② 曹芯：《方作琼（长城厂检验工）口述史访谈》，长城小区生活区，2017 年 11 月 10 日，上海大学历史系徐有威收藏。

③ 分别是：方作琼（长城厂工人）、李淑仙（长城厂工人）、陈忠秀（燎原厂工人）。

间与精力常多于男人。四川小三线女性职工不仅有着一份不甚清闲的工作，同时在家庭生活中也一样忙碌。

对于有家庭的四川小三线职工而言，最为重要的家务活儿就是买菜。因工厂只有星期天放假，因此要在这一天内买齐一周所需，而这样的任务一般由妇女承担。“那时候就背个背篼去买菜，背起一背篼回来还要爬坡，背回来后要吃上六天。平时间，你上不到街，就把那个莴笋买回来。把叶子剥了，先吃叶子，把根根立起来后几天就吃根根，不然就要坏了。”[①] 燎原厂梁竹青对如何合理地吃上一周的蔬菜，已有了实用经验。更甚者，燎原厂职工陈忠秀不仅要工作、带孩子，还要一个人去买菜，“像我一个人在厂里，一直都是我一个人去……他（老公）又不管事，他要管事，我就轻松了”。[②] 以及利用去买菜途中的时间捡柴火的，“(去山上）捡柴，背背篼到街上来买点儿菜，背回去吃几天”。燎原厂职工詹春华道。[③]“女工范菊英是三个孩子的妈妈，家庭拖累重，下班回家后看报纸，写批判稿，积极参加大会批判。”[④] 女工范菊英便是当时女职工的典范，即使家务工作再繁重，也不会耽误工作和积极向上。

但大部分丈夫是愿意分担家务活儿的，在休假日，家里大大小小都会忙活起来，夫妻两人兵分两路，一人去买菜，一人带孩子洗衣等，“星期天有一天的放假时间，但是有太多的活路要做，不仅是我们妇女要做，男的也要过来帮忙。比如说我家老头子做饭，我就出去买菜，还有我们家大孩子就带小孩子，娃儿还要洗衣服打扫卫生”。长城厂职工李淑仙说道。[⑤]

---

① 曹芯：《梁竹青（燎原厂子弟校教师）口述史访谈》，梁竹青寓所，2018 年 5 月 8 日，上海大学历史系徐有威收藏。

② 同①。

③ 曹芯：《詹春华（燎原厂工人）口述史访谈》，詹春华寓所，2018 年 7 月 15 日，上海大学历史系徐有威收藏。

④ 南充地革委军工工作部：《批林批孔简报》（第四期），1974 年 2 月 15 日，四川南充市档案馆藏。

⑤ 曹芯：《李淑仙（长城厂工人）口述史访谈》，长城小区生活区，2017 年 11 月 30 日，上海大学历史系徐有威收藏。

除此之外，养育孩子也是妇女必不可少的任务。身为人母都希望自己的孩子能吃得好、穿得暖，而这样的企盼也使女职工付出更多的时间与精力。“回家之后，是我老公做饭，我带着孩子玩儿，饭好了之后就先喂孩子，我们再吃饭。因为孩子还小，一般都单独给孩子做饭。那时候经常给孩子做土泥鳅拌饭。我们先买好土泥鳅，然后喂在房间的桶里，到晚上就弄一点儿猪油，掺一点儿水，给孩子熬汤，熬好之后就把肉理出来，第二天就用熬出来的汤和泥鳅肉和着米拿到厂里去蒸饭，中午的时候拿回来，切一点儿青菜和着泥鳅拌饭一起煮，可以煮成小两碗。孩子就中午吃一碗，晚上吃一碗。”① 为了让孩子吃好点儿，燎原厂职工黄秀英不计烦琐也要为孩子做营养餐。由于组织规定妇女产后56天恢复上班，孩子送去幼儿园，所以女性职工还要抽时间前往幼儿园喂奶，“那时候我们还带着孩子，喂奶也是有时间的，早上一个小时，下午一个小时，早上一般就是九十点钟的样子，娃儿喂完奶之后还要送到幼儿园去。生了孩子56天之后，产假一完就要把孩子送到幼儿园去”。② 当然，除了买菜、带孩子，还要做洗衣、做饭等家务，女职工身兼数职。

在娱乐生活上，女性职工有着十足的动力。两厂在军工时期，最为常见的娱乐是看电影，“那个时候看电影，一个月看一回，听说明天有电影，今天晚上就睡不着觉……那个时候的电影片，煤矿和长城、燎原还有其他地方。这一拨，一部电影几个片子。这一拨看了，赶快冲到那里去，把那里看了，又等到起，等到第二部才来接到那上头。就是文化生活很贫乏，没有电视机”。③ 可见对看电影活动的热爱。除看电影之外，后期还组织跳交谊舞。两

① 曹芯：《黄秀英（燎原厂工人）口述史访谈》，燎原小区门卫室，2017年11月26日，上海大学历史系徐有威收藏。

② 同①。

③ 曹芯：《梁竹青（燎原厂子弟校教师）口述史访谈》，梁竹青寓所，2018年5月8日，上海大学历史系徐有威收藏。

厂还会在三八妇女节当天组织妇女拔河活动以及文艺演出等。[①]

综上，四川小三线女性职工在工作之余，还要在家庭里花费大量心血，部分妇女甚至需要一人完成工作、带孩子、干家务等事情。也正因为有着她们的辛苦付出，才会有“五好家庭”“模范家庭”的出现，为两厂的稳定和发展作出了重要贡献。

三、结 语

本文以长城厂与燎原厂女性职工作为主要研究对象，结合两本厂志及其他档案资料对四川小三线进行探索，通过梳理四川小三线演变历程、呈现两厂女性职工的工作生活画面，探索其支援理由、工作、家庭娱乐生活方面的内容。

四川小三线主要分为四个时期：建厂时期、军工建设时期、军转民时期、民用国营企业与调整搬迁时期。这四个时期构成了两厂波折的历史，即使是现在也显得熠熠闪光。在这一大背景下，四川小三线女性职工用自己的方式诠释着小三线精神——不怕苦、不怕累，向世人展现“妇女能顶半边天”“铁姑娘”的形象。她们在相对闭塞的华蓥深山里奉献着自己的青春和劳动，为国防事业作出贡献与牺牲，她们所具有的艰苦奋斗、热情助人等优秀品质，值得我们赞扬与学习。

正如四川小三线人说“献了青春献终身，献了终身献子孙”，她们在华蓥深山里留下自己的青春与回忆，奉献了自己，她们的生活痕迹早已牢牢打印在华蓥山地上，她们的奉献应为人所知而不该继续默默无闻。然而，年华易逝，第一批进山的四川小三线人大多年岁已高，或撒手人寰或身体不适常年卧于病榻之上，即使是第二批进山的四川小三线人亦多有英年早逝者，因

① 国营燎原机械厂办公室：《国营燎原机械厂厂史（1964—1985）》（未刊打印稿），1986 年印刷，第 273 页。

此对于四川小三线的口述史收集应刻不容缓。在某种意义上，口述史的价值是不可替代的，它可以为研究四川小三线提供证据补充，可以帮助我们了解档案的真实性，甚至可以带领我们重回历史现场，[①] 领略历史风月变化。因此，利用口述史这一工具研究四川小三线建设是必不可少的，两者相结合相得益彰。笔者相信，抓住机会与时间赛跑，继续用口述史方法研究四川小三线建设必定收获巨大，不仅能为我们留下宝贵的史料，也能让我们追寻前辈的足迹与思维，为社会创造出更多更宝贵的价值。

---

① 徐有威:《刻不容缓地重视口述史，保存中国当代史不可再得的鲜活资料》,《社会科学》2012 年第 5 期。

将口述史方法用于大庆石油会战研究

——从两位女性“老会战”口述经历说起

孙婧琦*

摘要：大庆精神是在大庆石油会战中形成的，深化大庆石油会战史的研究，有助于更好地弘扬大庆精神。运用口述史方法可以细化拓展研究，尤其是对于以往研究较为薄弱的会战女性群体。本文以对两位女性“老会战”的口述为例，通过对她们会战时期的艰苦环境、辛勤工作及家庭等内容的描述与分析，从女性参与者的角度对会战进行研究。

关键词：口述史；大庆石油会战；女性

产生于大庆石油会战的大庆精神，一直是鼓舞黑龙江人民乃至全国人民奋进的精神动力。2016 年习近平总书记视察黑龙江时就指出，要继续弘扬大庆精神。而深入研究大庆石油会战，既有利于对大庆精神的理解与传承，也对相关的学术研究大有裨益。可以运用口述史方法研究会战，特别是此前重视明显不足的会战女性，不但能展示生动而个性的“老会战”生命历程，而且有助于了解会战全貌。

---

* 孙婧琦，女，见习研究员，研究方向为社会性别与发展及公共政策。本文转自《理论观察》2018 年第 2 期，本次出版略有修改。

一、访谈缘起与经过

20 世纪中期的大庆石油会战是新中国成立后的重要历史事件，目前对于大庆石油会战的研究取得了一定成果，但著作多为资料汇编或宏大描述整个会战过程，论文则集中于探讨大庆精神、铁人精神。近年来运用口述方法的研究逐渐增多，不过主要是对王进喜、采油队等先进个人、集体及相关人物的采访，[①] 对参与会战的女性仍关注不够。

石油会战期间，有众多女性从全国各地奔赴大庆，她们的身份、经历各不相同，但都是会战不可或缺的一分子。我访问的两位女性，王凤允 1924 年生于辽宁省安东市，念过几年书，十多岁开始打零工。抗美援朝时期来到北京，后调到石油部。到大庆后在财经学校、设计院工作，1962 年到缝补厂担任党支部书记。刘淑杰 1937 年生于黑龙江省齐齐哈尔市，初中没有毕业就开始打工，后参加劳动局招工，成为修理工人。1958 年调配四川，后到大庆参加石油会战。虽然两人只是当时会战大军中的极少数，但她们叙述的会战经历仍具有一定的代表性。

尽管访谈前后我也努力查询资料，希望保证记录的真实可靠，但像一些日常生活的细节等内容很难考证。不过我的访谈没有涉及金钱或利害关系，只是为了收集资料，她们只需回忆自己的人生历程，没有虚构的必要。

下面主要叙述会战期间她们的经历，这是两位受访女性最难忘的部分。通过她们的口述了解参加会战的女性情况，并进一步审视她们的讲述是否能提供新的研究方向，同时也对访问中可能存在的不足进行说明。

---

① 第一，大庆油田文化集团录制节目，采访大庆“老会战”；第二，孙宝范所著《铁人传》《听亲历者口述铁人》，采访了铁人的战友、亲属和知情 400 余人；第三，油田档案馆采访了个别“老会战”，如农场茹作斌、第七采油厂李忠荣、建设集团周占鳌、女子采油队等；第四，宫柯对“老会战”杨继良、包世忠等进行了采访。张文彬、刘晓华：《口述史方法与大庆石油会战史研究》，《教育教学论坛》2017 年第 23 期。

二、会战中的工作与生活

大庆石油会战期间，女性工人和家属同样为会战贡献良多。与此前被广泛传播的铁人事迹不同，她们的会战故事有自己的特色。当然两人叙述的内容并不相同，但都是真实的生命历程，对更全面地了解会战有重要意义。

（一）艰苦的环境

两位受访者都是和丈夫一起来到大庆，但具体情况有所差异。王凤允来得较早，1958 年她的爱人主动报名参加东北石油探测，她决定跟随。刘淑杰则是 1960 年来到大庆，她所在单位通知要支援大庆，正好她和爱人都在名单中。此外，两人都提到去大庆有自己的“私心”，因为娘家在东北，大庆离家近，也许能回家看看，这也是她们选择来到大庆的重要原因。可能很多女性都有这样的心理，不舍得离家太久。

尽管来到大庆的原因并不相同，但两人面临的艰苦条件却是相似的。在两人的叙述中，都说初到大庆时一片荒凉，人烟稀少，周围全都是草。王凤允说，一次开完会往家走，由于全是草地，没有地标，迷路转向了，天黑以后才分辨出回家的路。刘淑杰则讲道，开始安排女职工住集体宿舍，大家很害怕，“有时候听到门响，以为是坏人，就吓得抱在一起”。

尤其对冬天的寒冷印象深刻，每天烧炉子、烧火墙也不暖和。刘淑杰说，早晨起来，发现晚上剩下的窝头冻硬了，只能切了烩着吃。刘淑杰还讲到了吃水。没有自来水，只能到外面打特别浅的小井，装水回来沉淀，用上面的清水，但是水仍然很浑浊。

此前关于大庆会战的艰苦多为笼统性的描述，两人讲的走路迷路、吃水困难、住宿害怕等让艰苦有了真实感，尤其是女性在荒无人烟的环境中所面临的困境。但她们仍然坚守，没有离开，更显得难能可贵。

（二）会战工作忙

除了自然条件的艰苦，工作也不轻松。女性也为会战奔波忙碌，在各自的岗位上发光发热。

1.“全能”的缝补厂书记

王凤允作为缝补厂的第一任党支部书记，至今仍记得第一次到缝补厂的场景，“没找到厂子的牌子，就看见一个破牛棚，既没有门也没有窗，院子里还堆着好多石头”，条件艰苦。作为书记，她的工作内容很多，主抓党务，参加车间劳动，为厂里工人解决困难、调解矛盾，宣讲大庆精神，接待外宾等。

缝补厂不仅缝补旧衣服，更主要的是生产劳保服及鞋帽手套。当时机器、设备、原料等都很缺乏，但每年的生产任务还要按时完成，因此“大家通过各种方式节约”。比如去盐碱地刮碱回来熬；用碱水把拆下的扣子、钩子洗净，再钉到其他衣服上；上面发下布来，把做里子的布省出来做面儿，用旧衣服的布做里儿，省一半的布料。艰苦奋斗的缝补厂精神逐渐形成，这也是此前介绍比较多的地方。

除了工作，还要解决本厂工人住房、烧气、分东西等问题，从点滴为工人们着想，改善生活。缝补厂一共 500 多人，人与人之间难免产生矛盾。有一次，两个人打架，王凤允拉开后分别做工作，最后和好了。类似的事情很多，“这个工作非常难做”。这些在以往的研究中很少提到，缝补厂不仅是如何勤俭节约，为石油工人解决穿衣问题，工人的生活状况也不应该被忽视。有些遗憾的是，由于顾虑他人的名声，有些事情她不愿提起。

后来工业学大庆，王凤允跟随大庆领导到全国多地宣传大庆精神，同时我们国家和其他国家的很多人也到缝补厂参观。其中 1966 年周总理参观最为难忘。总理走后，她组织家属和职工讨论，都觉得来缝补厂来对了，很高兴见到国家领导周总理。之后工人们的工作劲头明显提高，“以前上袖子一天能上四十几个，现在一下子干到七十多个”。此前的研究多着重讲述总理参观的过程，但对起到的作用缺乏分析，王凤允的讲述让人真实感受到总理的“魅力”，也了解了工人的辛劳。

王凤允一直强调缝补厂发展是全厂所有人一起努力的结果，不是她一个人的功劳，她只是做了自己应该做的。她很遗憾“好多人好多事，都想不起来了”，如果可能采访更多缝补厂健在的工人，将普通工人的叙述与作为领导的王凤允的讲述结合对照，将会更全面地了解缝补厂。

2. 修理女工的忙碌

会战期间，刘淑杰在建工部六局机械修理厂工作，负责镗缸。每个月月初，负责人都会将本月的工作安排好，但是一旦有急活儿，晚上就要加班，一直干到半夜，第二天早上还要准时上班。她的工作很重要，“缸体就像心脏似的，它修理好了其他零件才能往上安”，因此要尽快干完。有时候下大雨，就在托儿所孩子睡的小床上睡。此外，别的单位有急活儿，人手不够，也都被抽调去支援。比如帮助农民一起拔草、收割，跟着上房顶抹房子，盖房子帮着运砖、运泥。

刘淑杰的工作在常人看来十分辛苦劳累，但她却说：“年纪轻，没觉得太累，而且好像干多了就习惯了。”她还讲到例假来得多，肚子疼得厉害就吃点儿药，还是跟平常一样干活儿，从不请假，也不请别人帮忙，说“这些都是小事，能挺过来”。

刘淑杰还提到了和男职工比着干的心理。需要去其他车间压缸套，压完了回来再接着干，当时大车多，缸套也大，缸体是很粗的一根大棍子，材质都是铸铁的，挺沉的。但她不觉得女性干着费劲，也抬着缸套走，也跟着男修理工人一起干。这样的叙述带有明显的时代特点，新中国成立后强调“男女都一样”，男人能做的女人都能做，不能否认，“谁说女子不如男”在当时的确成为很多女性的座右铭，并成为激励其努力工作的动力。这提醒我们研究时不能忽视性别因素，尤其是女性的心理状态。

刘淑杰还讲述学习铁人王进喜等模范的事迹，学习后“感觉他们能干，咱们就比不上”，因为王进喜是在工地里干，属于前线，她是在车间里干活儿，属于后方支援，“好像就差点儿劲”。这样的讲述我还是第一次听到，让我有些诧异，虽然王进喜是大庆石油会战中涌现的模范典型，但是如果没有后方的支援，前方采油工作也无法顺利进行，我们在宣传铁人精神的同时，也不应该忘记众多的后方工人，他们也是会战群体中不能忽视的重要部分，有必要将他们也作为研究对象。

（三）平衡工作与家庭的关系

对于工作的人，尤其是女性而言，如何平衡好工作与家庭的关系是一个很重要的难题，两位受访者也面临这样的艰难选择。

刘淑杰有三个孩子，在会战最忙的时候，孩子都很小。她抱着大女儿来到大庆，因为没有托儿所，就把孩子送回老家，让她的母亲照顾。由于两个多月就断奶，孩子身体不好，经常生病。母亲来电报说孩子有病了，就请假回去。她从二十里驻地，独自一人在冰天雪地里走到安达去坐车，一路大荒甸子，没有房子，也没有人。到了车站，手脚都是冰冷的。给假时间也不长，孩子好得差不多了就往回赶。

生了三个孩子后，觉得照顾不过来，刘淑杰就再次把大女儿送到母亲那儿，母亲不管学习，她觉得不行，把女儿接回大庆上学。但是基础没打好，念书跟不上。女儿总抱怨为什么不早接回来，刘淑杰说“因为太忙了”。早上孩子哭闹，时间来不及，吃不上早饭，她就带着干粮上单位边干活儿边吃。有时候周末加班，带孩子去车间，孩子弄得身上都是油。小儿子出生后，下面还流产一个，因为“一边要抚养孩子，一边还要上班，每天都很忙”。照顾孩子基本都是她一人，爱人很少帮忙，“好在那时候年轻，岁数不大，也就坚持过来了”。

王凤允有四个孩子，到大庆时孩子都已经上学。忙着工作，就没有精力照顾孩子。家里孩子们把东西扔得到处都是，邻居说：“你那缝补厂才是你的家，你那个家都不像个家样。”在孩子的教育方面，有时候组织开会，告诉他们不能和别人打架、吵架，别做坏事，回家以后自己做饭。此外，教育孩子保持艰苦朴素的传统，“钱都来得不容易，需要就花，不需要的话就不花这钱”。

前文提到，两人到大庆的一个重要原因是希望能经常回家，但愿望都没能实现。刘淑杰很少回家，每个星期只休息一天，偶尔回去过春节。王凤允更是和家里十几年都没有联系，只有1964年回了一趟家，父亲都不认识她了。

两位受访者为平衡工作与家庭都付出了很多努力。刘淑杰由于孩子较小，工作、家庭两头忙；王凤允孩子相对大一些，她把更多的精力都投入到工作中。两人的选择无所谓对错，受限于传统观念，与男性相比，女性往往在工作的同时，要为家庭付出更多，这是研究中不能不考虑的重要方面。

三、结　语

口述历史既是一种史料，也是研究当代历史的一种方法。[①]这两位女性口述的大庆会战经历，再次说明历史是由男性和女性共同创造的，会战将她们带到了大庆这个陌生的地方，并在此扎根，也丰富了她们的人生阅历。王凤允等人的口述记录，不但提供了女性生命史的材料，也有助于相关问题的研究。

首先，大庆石油会战的参与者不仅仅是男性，其中也有女性的身影，只是在以往的相关文献中她们并不是主角。因此，研究这段历史不能完全以男性的视角，也应该关注那些同样贡献青春与热血的女性。其次，即使同为参

① 游鉴明：《口述历史与性别史研究》，《郑州大学学报（哲学社会科学版）》2009年第2期。

与会战的女性，她们的工作也不尽相同，像王凤允作为缝补厂的书记，要在艰苦的条件下通过各种方式勤俭节约，保证服装供应，而刘淑杰是修理工，需及时将维修车辆的镗缸工作做好，为下一个修理环节创造条件。这告诉我们会战中的女性也有每个人的特殊性，不能以偏概全，要具体问题具体分析。再次，婚姻与家庭是研究女性无法回避的问题，讨论会战中的女性也是如此，工作与家庭交织在一起，让她们的形象更为立体全面。同时，人不能脱离社会而独立存在，两位受访者的故事，都呈现出大的社会背景下普通人的生活。

弘扬大庆精神需要加深对大庆石油会战的研究，口述史方法是一个很好的选择。访谈对象不只限于传统意义上的名人，普通女性也有发声的机会，让我们读到她们各自的生命史之外，也呈现了与以往印象中不尽相同的历史，有助于丰富历史书写。不过，口述历史也不能保证完全真实，应该多方求证其真伪，毕竟它也只是多种史料中的一种。

【参考文献】

[1] 张文彬，刘晓华．口述史方法与大庆石油会战史研究[J]. 教育教学论坛，2017（23）．

[2] 游鉴明．口述历史与性别史研究[J]. 郑州大学学报（哲学社会科学版），2009（2）．

东北地区工业化与妇女解放运动

——以第一汽车制造厂女性职工为例

刘尚麟　陈立赢　董　星　张馨之　邝珍妮　杨欣悦*

摘要：本文共采访了十位曾于20世纪六七十年代至90年代、21世纪初这段时间内，在第一汽车制造厂的一线工厂、后勤保障部门、附属医院、附属幼儿园以及管理岗位等部门工作过的女性职工，考察了在东北地区工业化进程中妇女解放运动在该厂中的开展状况以及该厂中的女性职工在其中的具体表现。

关键词：单位制社会；妇女解放运动；女性职工；口述史

一、绪　论

（一）“妇女解放”在中国——理论、路径与现状

妇女解放运动自近代[①]以来便一直是中国历史发展的一支主流。

从晚清“废缠足”运动的迅速发展、“女学”的广泛创办，到辛亥革命时期从事军事、教育、兴办事业的各类妇女团体的涌现、妇女更多地参与政治

* 刘尚麟，英国曼彻斯特大学硕士，研究方向为城市跨国移民与族群关系、后殖民理论。陈立赢，吉林大学东北亚学院硕士研究生。董星，吉林大学文学院毕业生。张馨之，吉林大学交通学院毕业生。邝珍妮，吉林大学哲学社会学院毕业生。杨欣悦，吉林大学行政学院毕业生。

① 本研究中“近代”指1840年以后。

活动，到民国时期以《新青年》为思想阵地的新文化运动对妇女解放的宣扬、对北洋政府遏制妇女解放运动的抨击以及胡适、鲁迅、陈独秀、李大钊等人对传统封建妇女观念的批判，到中国共产党自创立之初便开始致力于妇女解放并制定相关政策、创办妇女刊物、建立妇女组织等，到新中国成立初期新婚姻法、妇女权益保障法等法律的制定及相关法律体系的建立，集体化时期的妇女全面参与各项劳动，再到改革开放至今，中国女性在各个领域中创造出了众多的辉煌成绩。百余年来，中国的妇女解放事业未曾停歇，中国女性也一直在为自身的解放而不懈奋斗。在这百余年的妇女解放运动的实践路程中，自然也少不了相关理论的参与与指导。

晚清时期妇女解放思想自西方传入中国，对传统的、具有强烈封建意识的妇女观造成了巨大冲击，男女平等思想对中国社会产生了巨大影响，为近代以来中国妇女解放的发展奠定了良好基础；辛亥革命至五四运动乃至新文化运动时期，妇女解放思想与理论进一步发展，马克思主义妇女观开始对中国的思想家、政治家、理论家们产生影响，向警予、李大钊、毛泽东等人都发展出了相应的妇女解放运动思想；至新中国成立后，妇女解放思想理论进一步发展，甚至一致认为男女平等即男女无差别的“男女绝对平等”，尽管推动了妇女在劳动方面上的进一步解放，但也在一定程度上错误地指导了妇女解放运动的实践，对部分妇女造成了相当程度的伤害；改革开放后，妇女解放运动进入了新阶段，妇女解放思想与理论也同样得到了进一步的发展，“男女平等”思想在 1995 年被提升至“基本国策”的地位，马克思主义的妇女观也在不断发展。

目前，随着生产力的进一步解放、义务教育的日益普及、职业教育的不断发展、法律法规的不断完善、互联网等新媒体的广泛运用，中国的妇女解放运动也在不断向前推进，妇女对国家与社会的影响也比以往更加深远、重大。

（二）东北地区的工业化进程——从“一五”计划到“九五”计划

东北地区的工业化发展走过了很长的一段时期。

自晚清以来，东北就开始了工业化进程，但此时东北地区的工业化还处于十分不成熟的、萌芽的阶段；民国时期东北地区的工业化虽有所发展，但很快被日本的侵略战争所打断。新中国成立后，通过“一五”计划，在东北地区建设了大批大型工厂，极大地推动了东北地区的工业化建设进程；至“九五”计划时期，东北的工业化基本完成。

作为“超大型单位”的“典型”之一，长春第一汽车制造厂（以下简称“一汽”）和其他“超大型单位”一样，具备建立了“包下来”的福利制度、产生了“单位办社会”的格局[①]、所在空间具有明显封闭性等特点；同时，该厂内部有大小车间、厂房数十个，各类学校、医院、商店等附属机构数十处，本研究难以覆盖一汽厂内所有单位中女性职工的劳动状况，故本文将仅就访谈所得的文字稿以及一汽厂厂志，就本次访谈中的女性职工们的工作单位来考察在一汽厂的这些单位中妇女解放运动的具体开展状况以及妇女解放运动在东北工业化进程中是如何在一汽这样的超大型单位中开展的。

（三）“典型单位”——长春第一汽车制造厂

“单位”是在我国社会生活中，人们对自己所就业于其中的社会组织或机构如工厂、商店、学校等的统称，是我国各种社会组织所普遍采取的一种特殊的组织形式，是我国政治、经济和社会体制的基础，而随着“单位”的广泛成立，“单位制”也在新中国成立初期逐步形成，并于“一五”计划时期不断发展与演进，最终消解与畸变于20世纪90年代至今。

新中国成立后，在东北地区经由“一五”计划建设，形成了众多“超大

① “单位办社会”一词见于《典型单位制的起源和形成》，在访谈过程中也有受访者提及这一概念。

型单位”，第一汽车制造厂便是其中的一个典型。

该厂是我国“一五”计划期间建设的156项重点工程之一。该厂于1950年开始筹备，1953年兴建，1956年建成并投产。至20世纪90年代初，该厂已发展成为一个实力雄厚的大型汽车工业基地，拥有全民职工69243人。工业生产用建筑面积1514212平方米，设备13885台。固定资产（原值）16.7544亿元。全厂设有28个专业厂并按照生产经营的需要建立了产品开发、工厂设计、生产技术、质量保证、计划管理、物资供应、销售服务、职工教育等经营管理体系以及比较完备的生活文化福利设施，从一汽建厂至20世纪90年代初，一汽累计生产汽车1425987辆，完成了以产品换型为中心的工厂技术改造，生产能力由原设计的年产3万辆提高到年产9万辆；产品由单一品种发展到3个系列、4个基本车型、30多个品种；向国家有关部门和第二汽车制造厂等兄弟企业输送了领导干部和技术、生产骨干1.8万多人；累计实现利税和上缴折旧基金74.73亿元，相当于建厂投资的12.1倍。[①]该厂为国民经济的发展作出了重大的贡献，这样的光荣历史与特殊身份也使一汽中的职工产生了对该厂及自身极强的认同感与自豪感。

二、女性职工在第一汽车制造厂中的劳动状况

本次口述史调研共采访了10位曾在一汽工作过的女性职工，她们的工作岗位涵盖了从一线工厂、管理岗位到工厂附属部门如医院、幼儿园等，比较全面地展现了从“前线”到“后方”的一汽女性职工的劳动样貌，“男女平等”“女性也要劳动”“女性能顶半边天”的妇女解放精神也同样体现在这些老同志的人生经历中。

这10位老人的年龄从67岁到80岁不等，入厂时间则从1958年至1980

① 第一汽车制造厂史志编纂室：《第一汽车制造厂厂志 · 第一卷（上）》，吉林科学技术出版社，1991，第3页。

年不等，基本都在1995—2005年退休，且大部分都已入党。就本研究中受访者们在一汽工作的时期来看，这段时间内一汽共经历了部分型号的载重汽车、越野汽车、轿车等车型的开发工作、老产品的“换型改造”工作也即所谓的“二次创业”等工作。而受访者中有人只经历了“（第）二次创业[①]”，也有人经历了她们所说的“（第）二次、（第）三次创业”，可以说，她们见证了一汽在长春的建设、发展与转型的历史，而这一代女性职工也经历了妇女解放运动在中国发展得最为迅速的一个时期，正是这一代女性职工在前线与男性工人的共同奋斗，在后方解决前线男、女工人的后顾之忧，在一汽中参与了广泛的劳动，推动了妇女解放运动在中国的进一步深入与发展。

（一）劳动岗位的多样性——从“前线”到“后方”

一汽在招工过程中吸收了众多女性职工，这些女性职工分散在一汽内的各个机构、单位中，为一汽的发展与建设“顶起了半边天”。

一汽当时生产处共分热加工系统、机械加工系统、辅助生产系统三大系统，下含共28厂（处），这些系统和它们所含的厂（处）构成了整个一汽的“前线”部分。“前线”工厂中，每一部门中都有为数不少的女性职工，以铸造厂为例，该厂1986年年末职工总数为4476人（含计划外用工），女职工1020人，女职工人数占职工总人数比例为22%；再以铸模厂为例，1986年年末该厂有职工1617人，女职工478人，女职工人数占职工总人数比例为29.5%，其他各厂（处）中女性职工占职工总人数比例为20%—30%左右不等。[②]而在负责整个一汽的各类后勤保障业务的生活福利处，女性职工比例则高达81.29%。可见，一汽内部尽管各个岗位上都有女性的身影，但是由于各类工作的工作性质、工作条件、工作需要的不同，各类工作岗位上的女性职

① 即所谓的“换型改造”。

② 第一汽车制造厂史志编纂室:《第一汽车制造厂厂志·第1卷（上）》，吉林科学技术出版社，1991，第189-196页。

工的比例也有所不同。[①]

磨床、铣工，我什么都干。就是我们车间的十二个床子，我全干过，我很厉害！[②]

我来以后我们这个团队就这个 ×× 科[③]仓库，我们女工是总厂的这个先进女……不是，是分厂的女工之家，就优秀的女工之家。我们那党小组呢，是总厂的优秀党小组。在一号门那旮[④]还给照相呢。那时候吧就觉得吧那个荣誉吧就高过任何的东西哈。我们都比较看重这些东西。[⑤]

蒸汽机车它有个啥缺点呢，它不是有那个大锅炉吗？一个月，那锅炉啊，那里头的罐啊，所谓的罐得洗一次，所以它所有的那个机械配件，有那么一会儿，检修，我也是机械加工，主要是为那个火车头，车辆检修。[⑥]

但是年轻人那时候都是小姑娘也不干啥，但是呢最起码的就是说从劳动的这个体验过程当中也知道，这房子干点儿从搬砖卸沙子，然后你挑沙子，然后抹砖又勾缝，整个是一系列，了解有体会，确实当个建筑工人不是那么容易的。[⑦]

一汽中除了前线各类工厂外，还设置了服务职工的各类附属机构，在这些附属机构中，有些机构内由于其特殊的工作性质会聚集更多的女性，比如说医院、食堂、幼儿园等单位。

---

① 第一汽车制造厂史志编纂室：《第一汽车制造厂厂志 · 第 1 卷（下）》，吉林科学技术出版社，1992，第 313 页。

② 《五人群访》，陈立赢、董星采访，邝珍妮、陈立赢整理，该段为 Z 口述。

③ 为保护受访者隐私，本文将受访者的具体单位或车间、部门做了模糊化处理。

④ 那旮：东北方言，意为“那里”。

⑤ 《五人群访》，陈立赢、董星采访，邝珍妮、陈立赢整理，该段为 W 口述。

⑥ 《五人群访》，陈立赢、董星采访，邝珍妮、陈立赢整理，该段为 X 口述。

⑦ 《四人群访》，陈立赢、董星采访，杨欣悦、陈立赢整理，该段为 H 口述。

炊事员大多都是女的呀。[①]

我们幼儿园全是女的，她们好像跟厂里那些工种车钳铣刨都有。每个工种都会有女工，我认为。[②]

妇女在一汽厂内同样也负责一些管理性质的岗位、担任领导干部，负责相关的一些行政任务与党群建设等工作。

因为正常我们的工作呢，就是说领导调换，然后呢，就是说叫 ×× 档案，×× 档案时去的那个档案，谁谁管那个科就是那个机床用一些资料啊图纸啊设备啊，所有机器用的这个什么档案资料什么的，就管理这些。[③]

我（19）78 年七八月份回来，回来之后，9 月份到部里去 ×× 科，完了之后呢 12 月份就正式提拔了，那个就是 ×× 的干事。在 ×× 干了几年时间。我是（19）83 年提的，×× 书记啊，提到那个科级，那就是 ×× 级岗 ×× 书记。完了呢，（19）85 年提的 ××，（19）86 年 1 月份提的，在这 ×× 主席岗位上一直干到退休，一直干到 2002 年。[④]

可见，在这一时期的一汽中，妇女并未因性别问题而被剥夺在不同岗位上工作的权利，在一汽的各个部门中都能看到妇女辛勤劳动的身影，妇女们的各项劳动为一汽的发展作出了巨大贡献，这些劳动无疑是值得被肯定的，这些劳动的价值也同样得到了这些女性职工自身的高度认同。

（二）劳动时间与强度的无差别化——“倒班”制、“单休”制

在访谈中，有老人提到了“倒班”制。

---

① 《C 采访》，陈立赢采访，董星整理，该段为 C 口述。

② 《G 采访》，张馨之采访，董星整理，该段为 G 口述。

③ 《四人群访》，陈立赢、董星采访，杨欣悦、陈立赢整理，该段为 E 口述。

④ 《四人群访》，陈立赢、董星采访，杨欣悦、陈立赢整理，该段为 F 口述。

我记得那时候，就是二连三班，就是二班是（下午）4 点半上班，应该是半夜下班。是不是，到第二天早上再上班你再走。就是人，机床不停，人，搁[①]人顶，就是这样。哎那时候真苦啊，不像你们后方，哎呀，那时候给个面包。这面包……要平时能吃着面包很好了啊，而且那时候吃这个面包就跟在嘴里打瘪瘪[②]似的，因为又困又累呀，这是搁人堆干出来的这个活儿的，不像现在效益好，机床先进了，这些个都代替了就是。[③]

倒二班就是，晚上是 4 点半上班，接白天的班，晚上 12 点半应该一点钟下班，啊就是这样。[④]

老人们也同样提及了平日里休假的问题。

完了等到我们那时候还没有大礼拜呢，就是一个休息日。[⑤]

早来那时候没有大礼拜，就是礼拜天休息嘛，礼拜天。[⑥]

除了常规的每周一天的休息日外，新婚夫妇还可以有 3 天的婚假，而孕妇在生产后则有 56 天的产假，在休完假后，女性仍然要回到原来的工作岗位继续工作。在当时的环境下，则更不会有所谓的“月经假”这样的假期。

没有，根本就没有（来月经请假）这说的，不给请假都得正常上班。[⑦]

---

① 搁，此处音为“高”，方言，意为“用”。

② 瘪瘪，音为“此”，可理解为形容食物口感差。

③ 《五人群访》，陈立赢、董星采访，邝珍妮、陈立赢整理，该段为 Z 口述。

④ 《四人群访》，陈立赢、董星采访，杨欣悦、陈立赢整理，该段为 F 口述。

⑤ 《五人群访》，陈立赢、董星采访，邝珍妮、陈立赢整理，该段为 W 口述。

⑥ 《五人群访》，陈立赢、董星采访，邝珍妮、陈立赢整理，该段录音难以辨别口述者具体是谁。

⑦ 《W 采访》，陈立赢采访，董星整理，该段为 W 口述。

但是在当时也有少数所谓的“奖励假期”。

当时领导看我们干得挺好，就是奖励你半天（假期），那还挺高兴的就回去了。[①]

在劳动强度上，受访者们则提到了当时女同志和男同志之间的工作并不会因为性别的不同而有所差别，在需要人去工作的时候无论男女都要去参与劳动。

像我们当时就是为了建一些钢材基地呀，就那钢管都这么粗一茬，我们女同志都是跟着那男同志一样地抬呀、整啊。当时，过去那种干活儿就是说不是现在分工挺明确的哈，过去的人，只要是属于这个范围的，无论男女，领导一招呼反正就是，你就上。[②]

通过对老人们的采访可知，尽管因为工作性质的不同，女性职工在各个不同的工作岗位上所占职工总人数的比例会有所差异，但是在相同工作岗位上，她们并没有因性别的“弱势”而获得在劳动时间或强度上的优待，相反，女性和男性有着相同的劳动强度与时间，甚至在前线工厂“加班加点”赶工时，后方的女性们为了“支援前方”“保障前线生产”，也要同前线一起延长劳动时间，而这样的“加班”往往都是“志愿”性质的，并不会给支付加班费等报酬；即使是产假也只有56天，在休完产假后依然要去上班；同时也并没有女性会因为月经等女性所特有的生理现象而请假。在访谈中，老人们都表示了当时条件的艰苦以及工作的繁忙与劳累，但却很少表现出对当时的不满或抱怨，反而是会认为现在的人们缺少当年的无私奉献的精神。

---

① 《五人群访》，陈立赢、董星采访，邝珍妮、陈立赢整理，该段为W口述。

② 同①。

（三）特殊劳动的“奉献”性——“大干”“献工”与“支援”

除了平时的正常上班，受访者们还提及了一些比较特殊的劳动，其中最具代表性的是“大干”“献工”与“支援”这三种特殊劳动，这些特殊劳动都是国家或一汽自身处于特殊历史时期下的历史产物，具有一定的时代特征。

“大干”和“献工”一般都是针对一线工人而言的，但是在一线工人“大干”和“献工”的同时，后方也并未停止相应的工作，他们也都会配合一线工人的加班、赶工而相应地延长自己的工作时间。

再说我们（不）是为一线服务吗，一线工人，有的时候忙的时候，或者是大干啦，换型改造啦，他的那个就是工作时间比较长，孩子没人看。我们就是，幼儿园就得是抽出人来，就是说早上早接，晚上看到晚上他们父母接回去我们才下班。①

因为她们后勤为前方服务，也是加班加点。但是我们直接在前方，就是前方叫大干哈，什么大干、苦干加巧干，这就（是）当时的口号。②

过去的时候一赶上这个节假日就是献工！搞哪旮③突击什么的任务，或者临时性的什么工作就让这个人去突击去。④

老人们还提到这些劳动并不是在正常的工作时间内，而是“全都是业余时间”还“没有加班费，都是奉献”，这样的特殊劳动在一汽内是具有一定的普遍性的，并且从老人们的口述中可见，劳动的强度与时间并未因男女性别的不同而有所差别。

---

① 《五人群访》，陈立赢、董星采访，邝珍妮、陈立赢整理，该段为 G 口述。

② 《五人群访》，陈立赢、董星采访，邝珍妮、陈立赢整理，该段为 Z 口述。

③ 哪旮：东北方言，意为“哪里”。

④ 《五人群访》，陈立赢、董星采访，邝珍妮、陈立赢整理，该段录音难以辨别口述者具体是谁。

你像我们，我们当时那个，我们仓库那时候，因为它都是要存放一些大型的钢材呀，完了我们这些人吧，就是我们科长就领着我们在那草地上都给那儿清理了，像我们这个身板就背那个水泥啊，就那五十斤，可能是一百斤（还）是五十斤一袋水泥。我们那些女的，就能背着水泥，整个跳板，就往上上。完了等到我们那时候还没有大礼拜呢，就是一个休息日，（当时）孩子还特别小。但是谁都是干着（工作）呢，没什么想法，都是吧，一心朴实地为了工作，不计报酬不讲究那些奖励什么的。[①]

（四）劳动性质的明确性——“支援前方”

本次采访中的受访者除五位一线工人以及领导干部外，还有四位在后勤部门、附属机构工作的老人，这些老人当时的工作具有保障一线生产，为一线工人解除后顾之忧的特殊性质。

她们也都十分认同自己这样的劳动性质，并且对此感到十分自豪，认为自己的工作是有价值、有意义的。

我们虽然是后勤保管员哈，但是我们 ×× 分厂那时候是负责整个汽车厂的水、电、煤气的供应。我们就是说，呃，属于后勤保障嘛。“大兵未动，粮草先行”。[②]

当时在一汽内还有女工服务队这样的组织，当时这样的“女工服务队”以及其他后勤保障部门为工作在生产一线的工人们提供了十分坚实的保障。

我们成立了女工服务队的，女工服务队干的任务主要是什么，因为你，

① 《五人群访》，陈立赢、董星采访，邝珍妮、陈立赢整理，该段为 W 口述。

② 同①。

你技术也不太着，你也不能去干这些活儿，就为这些抢修安装施工的人吧在七八月份送水，送一桶水啊就是基本上送到那个现场啊，再说他们有一晚上不回家，家里边有的有事要回去了，需要我们了，我们给传个信，有的接着小孩的帮他传信，但这种情况比较少，他们有这样任务事先已经安排好了，我们主要以防突发状况，反正我们一直坚持到这项工作干完。①

三、女性职工在第一汽车制造厂中的生活状况

作为“典型单位制企业”及“超大企业”的一汽，自然承担了“单位办社会”的社会职能与角色，同样也建立起了所谓的“包下来”的福利制度，在一汽中，设置了各类附属机构，从幼儿园基本上能够满足在厂职工的各类需求。一汽中的女性们在较为完备的生活保障机制与条件下，可以基本上“无后顾之忧”地将自己的精力投入到生产与劳动中去，实现了一定程度上的劳动与人身的解放。

（一）生活福利处与女工家属工作部

一汽筹建期间，整个后勤服务工作由行政科负责。1953 年 1 月成立行政处。1955 年改称行政福利处。1956 年改为生活福利处。1957 年又改为福利处。1958 年福利处与房产处合并为福利处。1962 年房产处分出。1965 年房产、职工医院、教育处、修缮车间、印刷所、宋家洼子服务站等单位与福利处合并为生活服务办公室。1969 年 9 月分别成立食堂办公室革命委员会和服务办公室革命委员会，均属后勤部管理。1970 年 10 月，食堂办公室革命委员会和服务办公室革命委员会合并，成立生活服务办公室革命委员会。1978 年 10 月 25 日改为生活福利处。1982 年 6 月 12 日，农副业生产处撤销，合并到生活

① 《四人群访》，陈立赢、董星采访，杨欣悦、陈立赢整理，该段为 E 口述。

福利处。

生活福利处是一汽职工生活福利工作的管理部门，主要负责全厂职工食堂主、副食品的采购供应，理发，浴池，托幼保教，食堂及职工保健汽水生产等后勤业务管理工作。[①]

1954 年，厂工会成立工会筹备委员会时就设立了女工部，1955 年改称女工家属委员会，1959 年取消女工委员会。1981 年成立女工家属工作部。1986 年有专职干部 3 人。该部门在一汽内专门为女性职工服务，1954 年到 1959 年，女工家属工作部主要是负责职工家属住宅区居民委工作，开展以“职工出勤好、勤俭持家好、教育子女好、邻里团结互助好、清洁卫生好”为内容的“五好”竞赛，坚持每年一次评比三八红旗手活动。曾开展评选“女工之家”活动。同时，在女工保护方面，1983 年、1985 年经过两次女工劳动保护调查和健康普查后，协助行政在 34 个厂、处筹建 118 个蹲位的女工卫生室；通过各种渠道，为女职工争取住房 500 多户；帮助女职工处理各种受歧视、受虐待案 100 多件；呼吁和协助行政对从事有毒、有害和重岗位工作的女职工进行了调整；就子女入托问题向厂长提出 6 条具体建议，在厂扩建日托、全托、哺乳班后，还积极协助厂里举办 9 个集体、个体临时托儿所，解决近百名孩子入托问题；1985 年 3 月组织对大龄女青年调查后，厂工会建立了婚姻介绍所，各单位“女工之家”也相应成立了婚姻介绍所和组织了“红娘”队，并取得良好成效。[②]

可见，在一汽内部，除设立针对全体职工的后勤保障与福利的生活福利处外，也设有专为女性职工服务的相关机构，为女性职工在一汽内的生活、生产提供了更多的服务与保障，使得在各个岗位上工作的女性职工也能够减少如子女问题等相应的“后顾之忧”，使她们在获得生活福利等权利保障的同

---

① 第一汽车制造厂史志编纂室：《第一汽车制造厂厂志 · 第 1 卷（下）》，吉林科学技术出版社，1992，第 313 页。

② 第一汽车制造厂史志编纂室：《第一汽车制造厂厂志 · 第 1 卷（下）》，吉林科学技术出版社，1992，第 224—226 页。

时也使其参与劳动的权利获得相应的保障。

（二）基本生活

在访谈中，老人们都表示当时生活的“困难”与“艰苦”，但也都表示并未影响当时的正常生活，收入还能维持当时的消费。

第一年的工资是22块，第二年的工资是31块。之后就是（19）76年汽车厂，大规模的涨工资，我们是因为后勤服务行业，我们涨了7块钱，我的工资就提升到了38块钱，38块钱，我挣了好多年。好像我这38块钱一直维持到我（19）79年结婚。我（19）79年9月跟我家爱人，我的老伴儿结的婚。我老伴儿挣的比我多多了，他挣的是46块5，他是厂内的三级工人。我呢后勤服务挣的还是38块钱，（我）俩后来挣的100多块钱。[①]

等到调回汽车厂以后，工资就变成39块5了。我休完产假，（19）79年就上班了。[②]

从老人们的口述中也能了解到，在当时一汽职工的收入条件要高于其他长春市的普通市民。

另外吧就是从工资这块来讲吧，市里的人跟我们唠起嗑就说，你们汽车厂的人的工资高。[③]

（三）居住条件

一汽从建厂伊始便规划、实施了一汽职工生活区的建设，并在日后企业

① 《五人群访》，陈立嬴、董星采访，邝珍妮、陈立嬴整理，该段为G口述。
② 《W采访》，陈立嬴采访，董星整理，该段为W口述。
③ 《五人群访》，陈立嬴、董星采访，邝珍妮、陈立嬴整理，该段为W口述。

建设和发展的过程中不断完善职工的住宅、文化等生活福利设施。

1953 年建厂时，宿舍区工程共 23 项，到 1956 年年底，宿舍区建筑工程全部竣工，人们习惯地称 201 工地五个街区为 301 宿舍区，300 工地八个街区为 300 宿舍区，又统称为第一生活区。1963 年后又建简易平房宿舍 200 多栋，建筑面积 3 万多平方米，建简易中小学各一座。接着又在 301、300 居住区陆续进行了续建和改造工程；从 20 世纪 70 年代中后期开始，一汽的职工生活福利文化设施建设进一步扩大，到 1981 年 7 月底，职工住宅已达 84 万平方米，人均居住面积为 3.3 平方米。1983 年 4 月，二生活区正式开工，住宅单元标准采用一汽自行设计的定型标准单元组合而成，各种服务设施如百货商店、邮局、银行、新华书店、饭店、药店、照相馆、文体设施集中设置在居住区中部，形成一个商业、服务业及文化娱乐中心。菜场、粮油店、托儿所、幼儿园、小学校等设施分散布置在街区的内部。到 1986 年年底，一汽共建成职工宿舍 1045 栋，加上市内承租房 118 个栋（包括标准和非标准），总面积为 111.8611 万平方米。[①]

受访者们大都提到了当年住房为“非标准”，并且住房为单位分配。

孩子 3 岁的时候，我就搬到咱们汽车厂，那个我们 ×× 分厂自己盖的就属于非标准，就非标准带那个烧煤的，就开始在那个地方住，那个地方就是一般的平房，没有楼房，完了烧的就是现在我们厂那些剩的渣油啥的，完了就是条件挺一般的。那时候条件很一般，基本上也就跟农村差不多，在那儿住了几年以后我就搬到标准房了，就用暖气了，但不是这个独门独户这种，是两家三家一个门的。但是那时候就觉得条件也挺好。都是单位分配房子。等到最好的时候是（19）91 年、（19）92 年我忘了，就给我们分配那种独门独户的了，也是单位福利分房，就是按照工龄，按照你这个参加工作的时间

① 第一汽车制造厂史志编纂室：《第一汽车制造厂厂志 · 第一卷（上）》，吉林科学技术出版社，1991，第 115 页。

早晚完了就是都是这么正常的排序。等到（19）96 年，就是又提高了，房间也大了，分到 ×× 街区去了。那时候的房子，这个房屋由原来的 59 平方米后来顺着面积就变成了 70 平方米。①

可见当时的住房分配为职工福利待遇的一环，并且曾逐步提高标准，条件也较为优越。

（住房）挺好的，是独门独户的，反正煤气暖气都有，而且我们那时候是汽车厂，当时我们汽车厂那个煤气暖气吧，都是汽车厂供应。②

（四）婚姻及子女状况

在本次调研所采访到的老人中，有的在入厂前便已结婚。

1957（结婚），1965 年（入厂）。③

也有人通过爱人工作调动入厂。

（19）76 年我俩就结婚，结完婚以后吧，汽车厂那时候有解决两地生活这个指标，就有安排给调回来了。④

也有人的丈夫并不是同厂职工。

---

① 《五人群访》，陈立赢、董星采访，邝珍妮、陈立赢整理，该段为 W 口述。

② 同①。

③ 《C 采访》，陈立赢采访，董星整理，该段为 C 口述。

④ 《W 采访》，陈立赢采访，董星整理，该段为 W 口述。

（我）爱人不是汽车厂的。[①]

她们也都育有子女，但从采访结果来看，她们的结婚、生子并未对她们的生产劳动产生过多的影响。

56 天（产假休完之后把）孩子往那个托儿所一放，你该上啥班就上你的班。[②]

产假是 56 天。[③]

（19）79 年生孩子，当时婚假是 3 天，产假是 56 天，这个假都休着了，一天也没多休。[④]

在休完短暂的婚假、产假后她们便迅速回到了工作一线，而在她们工作时，她们的子女在一汽进行照顾与教育。

在一汽中，建立有较为完备的婴幼儿保健设施及制度。

20 世纪 50 年代初，厂行政处下设儿童保育科，制定职责范围 9 条。1964 年 4 月，制定保育员岗位责任制及各类人员服务范围。1976 年 5 月，为便于管理，将 10 个托幼园所分为 3 个科级保育院，原保育科为职能科室。1977 年，建立健全各项管理制度 115 条，建立“八大员”和“五大员”负责制度，对保教人员提出“三心”“三面向”的要求（“三心”即关心、耐心、细心；“三面向”即面向生产、面向职工、面向孩子）。1979 年制定了各保育院百分考核制度和标准。

同时，在建厂初期，一汽在师范大楼（现职工医院绿园住院部）建起第一个哺乳室。在长春市青海路、南岭建临时幼儿园 2 个。20 世纪 50 年代末，

① 《X 采访》，张馨之采访，董星整理，该段为 X 口述。

② 《五人群访》，陈立赢、董星采访，邝珍妮、陈立赢整理，该段为 W 口述。

③ 《W 采访》，陈立赢采访，董星整理，该段为 W 口述。

④ 《G 采访》，张馨之采访，董星整理，该段为 G 口述。

全厂托幼园所发展到8个，面积7608平方米，保教人员240人，收托儿童1640名。60年代末，全厂幼儿园所10个，面积10520平方米，保教人员300人，收托儿童3650名。70年代末，全厂幼儿园所增至21个，面积18631平方米，保教人员686人，收托儿童4936人。1986年年末，全厂共有托幼园所29个，总面积34983平方米，保教人员1400人，收托婴幼儿7312名。生活福利处自管托幼园所16个（其余为分厂处室自管）。其中哺乳室一个，托儿所一个，全托幼儿园2个，日托幼儿园12个，总面积25634平方米，保教人员967人，收托婴幼儿5400人，有幼儿教育管理人员和幼儿教师109人，代课教师56人。全处幼儿园所配有钢琴、风琴、手风琴、录音机、幻灯机等大型教具210件。各种滑梯、荡船、篮球架等大型玩教具94件，儿童食堂配备大型炊事用具90台，其中电烤箱1台，电冰箱15台，远红外消毒箱12台。1957年至1971年，婴幼儿收托形式为全日制一种，1971年以后为全日制和寄宿制两种。①

除托儿所、幼儿园外，一汽也设有附属的中小学。

一汽的职工子弟教育始于建厂初期。1954年，成立厂属第一所小学校——六五二厂职工子弟小学。1957年，在厂区成立一所中学——长春市第十六中学。两所学校分别由一汽生活福利处和长春市教育局管理。1961年，职工子弟教育管理工作由厂教育处负责。1969年，厂教育处撤销，8所中小学分别由工具、发动机等8个分厂管理。1971年，职工子弟教育管理工作由厂教育办公室负责。1979年，教育办公室撤销，职工子弟教育由新成立的厂子弟教育处负责。②

访谈中一位老人的孩子便是一直就读于一汽的职工子弟学校。

---

① 第一汽车制造厂史志编纂室：《第一汽车制造厂厂志 · 第1卷（下）》，吉林科学技术出版社，1992，第315–316页。

② 第一汽车制造厂史志编纂室：《第一汽车制造厂厂志 · 第1卷（下）》，吉林科学技术出版社，1992，第296页。

我儿子从幼儿园到中学都是在一汽的学校，一汽子弟学校啊，高中也是去的汽车厂的高中。①

本次访谈的老人们当中有一部分子女考上了大学并且目前有较好的工作。

我就一个孩子，我儿子是在 ×× 大学做了大学老师，我儿子离我挺近的，一般就是在微信上我们常见面，完了有的时候就是一个礼拜两回三回都不固定。②

但也有对孩子的状况不太满意的。

（孩子）学习成绩不好，考得不太理想，考的是 ×× 市的什么，那个是 ×× 大？③

她们的同事子女也都有较好的去处。

再就是我觉得我们医院这些人吧，教育孩子这方面也给我最大的一个启发。真的，教育那孩子，一个一个的（孩子），都非常好。哎呀都是，不是北大、清华呀、民族学院、那工大呀，哎呀我的妈呀④，就一般的小的学校都没有。⑤

（五）医疗卫生状况

一汽设有职工医院，仪器设备、医务人员较为齐全。

---

① 《G 采访》，张馨之采访，董星整理，该段为 G 口述。

② 《W 采访》，陈立嬴采访，董星整理，该段为 W 口述。

③ 同①。

④ 哎呀我的妈呀：东北方言，表示感叹。

⑤ 《五人群访》，陈立嬴、董星采访，邝珍妮、陈立嬴整理，该段为 L 口述。

1953年1月建立了隶属于厂行政处领导的卫生科，后来在绿园灰楼建立了一汽职工医院。1955年5月成立卫生处，6月建立门诊部。1957年4月住院部由绿园灰楼搬到师范大楼，至20世纪80年代，已发展成为临床、医技科室较为齐全，设备仪器较为先进的大型综合性医院和卫生防病系统。

卫生处下设爱卫会办公室、卫生防疫站、妇幼保健科等科室，在卫生防病方面对全厂各单位行使职能作用。职工医院的职能科室有：医政科、药械科、劳资科、办公室、公安科、会计科、技术发展科、护理部、行政科、离退科、食堂科、精神文明办公室（基建办公室）12个科室。职工医院下属单位有：门诊部、住院部、绿园住院部、一区门诊部及所属的五个家属区卫生所、结核防治所和基层防治科及其所属的20个专业厂卫生所。临床和医技科室有：内、急诊、外、妇产、小儿、传染、精神、中医（针灸）、麻醉（手术）、耳鼻喉、口腔、眼、职业病、理疗、高压氧舱、核医学、放射线、病理、检验、电诊等科室。①

本次访谈的老人们也大多数有过在医院就医的经历，也对医院有着自己的看法。

我觉得一汽医院吧，无论设备啊，还是医生的医德呀，医术呀，通过我两次住院，我觉得都可以，为一汽这个广大职工服务，我是这么认为。反正我有病啊，都是在一汽职工医院看病，我要上市里上医大啥的，也特别方便。实际一汽就像一般的老年人的糖尿病、常见病啊，完全可以满足。我是这么看，一汽医院还挺好的。②

我们一汽的职工医院在我刚去的时候就听老员工们讲，说一汽的职工医院不是很好啊，仪器比较好，但是大夫的技术没那么强啊，等到后期发展了，就变得特别的强，现在一汽的医院，仪器都比较先进，检测得比较强，医疗

---

① 第一汽车制造厂史志编纂室：《第一汽车制造厂厂志·第1卷（下）》，吉林科学技术出版社，1992，第327—328页。

② 《X采访》，张馨之采访，董星整理，该段为X口述。

技术好像也有所提高。[①]

（六）休闲文娱状况

一汽对于职工的业余文化活动也十分重视。

建厂以后，一汽工会坚持开展多种形式的生动活泼的职工群众业余文化活动。1986 年，有汽车工人文化宫、图书馆、俱乐部、文娱活动楼各一座，总面积为 1.3 万余平方米。建厂初期，一汽就成立了职工业余文工团，1984 年定名为“解放艺术团”，演出队伍由 10 余人发展到 100 余人。厂工会还先后成立了歌曲、戏剧、小说、诗歌、曲艺等创作组，现有业余创作积极分子 300 余人。在厂、市、省各类文艺汇（调）演中，演出过许多歌舞、曲艺、戏剧等文艺节目。1980 年 10 月，一汽成立厂业余文学艺术工作者协会，由文学、戏剧、音乐、曲艺、舞蹈、美术、集邮等 13 个协会组成。1986 年，有会员 500 余人。厂工会除经常组织游艺、演讲、影评、书评及周末舞会外，还定期举办“歌咏比赛”“文艺百花会”“职工美术展览”等活动。每年的元旦、春节、五一、十一等重大节日和“七一五”厂庆纪念日，还要组织秧歌、灯展和联欢会等活动。[②]

在访谈中，老人们也比较生动地回忆了当时的一些情景。

在一汽的时候其实也就是公费搞点儿活动，比如搞点儿什么联欢啦，搞点儿具体的。没什么钱，就是单位各个支会自己组织，就是像去水库旅游啊，那时候特别兴[③]上水库，什么新化水库、新立城水库，这些水库都去玩去。再就是工会搞点儿什么年检啥的，搞点儿什么娱乐，有跳交际舞、说一些猜谜语的活动，完了还有就是像那个运动会，那时候运动会是一年开一次啊，还

---

① 《G 采访》，张馨之采访，董星整理，该段为 G 口述。

② 第一汽车制造厂史志编纂室：《第一汽车制造厂厂志 · 第 1 卷（下）》，吉林科学技术出版社，1992，第 304 页。

③ 兴：东北方言，意为“流行”。

有篮球赛、乒乓球赛、排球赛，那时都有。①

电影院原来就是叫小俱乐部，后来扒②了改叫文化宫，就在五站后面那地儿，好像没怎么去过。就是轮流给你们这个组几张票，你们自己分，好几个月也看不着一回电影。③

平时也就是过年过节，单位开个联欢会，组织个会餐，就是春节的时候，我们幼儿园反正是这样的。开个联欢会，组织个会餐，大家跳跳舞。④

一汽吧，我们在职那么些年，平时娱乐活动也没多少，赶上过年过节了有年轻多的搞点儿小活动，写点儿诗，赛诗会，唱歌啥的。（不）像现在，有唱歌跳舞，那时候都挺少，有时候就念三句半，就工作中的好人好事宣传下，有的时候有政策法规宣传，就以这种形式。再一个就是有过年过节，以工会的名义给职工发电影票，上文化宫看个电影那就算，大伙儿就挺高兴，属于娱乐活动，那时候不像现在媒体这么发达。⑤

四、劳动、身份认同与妇女解放话语的建构

劳动和身份认同二者，均为人文社会科学研究的焦点，也是人文社会科学研究的经典课题。在一汽的女性职工研究中，劳动与身份认同被嵌套在了妇女解放的特殊话语之中，形成了一种特殊的话语体系。

在妇女解放的特殊话语之下，女性职工的劳动观念、劳动参与、劳动认同以及劳动实践都呈现出了不同于其他情况的特殊之处。在接下来的讨论中，本文将就劳动观念、劳动参与、劳动认同及劳动实践等方面，讨论在妇女解

---

① 《W 采访》，陈立赢采访，董星整理，该段为 W 口述。

② 扒：东北方言，意为“拆”。

③ 《C 采访》，陈立赢采访，董星整理，该段为 C 口述。

④ 《G 采访》，张馨之采访，董星整理，该段为 G 口述。

⑤ 《X 采访》，张馨之采访，董星整理，该段为 X 口述。

放的特殊话语之下一汽女性职工的劳动与身份认同问题。

（一）“男女都一样”——女性职工的劳动强度、时间与话语建构

在妇女解放的话语体系下，一汽的女性职工在劳动强度观念和时间观念上呈现出了不同于一般情况的异变。这种异变一方面是劳动观念在社会性别分工层面上的去差异化，但更重要、更突出的则在于在劳动观念上社会性别分工观念的“逆向差异化”，即女性职工不仅忽视与男性职工在社会性别分工层面上的劳动观念差异，更会通过话语表达有意识地消灭这种差异，甚至突出女性职工在各劳动领域中区别于男性职工的特殊劳动地位。

在女性职工的特殊话语下，女性职工会有意识地强调女性和男性在身体上的差异性，并以此作为前提进一步突出女性和男性在劳动上的“一致性”，最终强化女性职工具有更高劳动地位和劳动贡献的劳动观念。例如，在收集口述史材料过程中，受访者提到，“像我们这个身板就背那个水泥啊……可能是100斤（还）是50斤一袋水泥。我们那些女的，就能背着水泥，整个跳板，就往上上”。在这个表述当中，女性通过突出自己在身体上相较于男性的生理劣势，逆向突出自己相对于男性在劳动中更为突出的贡献，建立了逆向差异化的劳动观念。其他具有类似效果的表述还包括“就那钢管都这么粗一茬，我们女同志都是跟着那男同志一样地抬呀、整啊”，等等。

除了强调女性职工同男性相比在身体上的差异性，女性职工还通过强调社会性别与社会分工的差异，实现劳动观念的逆向差异化；其中十分矛盾的是，这种在妇女解放话语下所展开的逆向差异化策略，反而建立在强化女性社会性别身份的基础之上，通过强化差异性来实现消灭差异性的目标。例如，如下的一段表述就能够很好地体现这一点。

就是那个时候的人嘛，都是任劳任怨，都是奉献……那孩子往哪儿去？当时我们都搁哪儿？那孩子……就在……一楼幼儿园，就（把孩子）放到那

里头，医院就有放的。因为都是女的，你想不上班不行的，是不是？……56天孩子往那个托儿所一放，你该上啥班就上你的班。那个时候吧好像坐公交也很难，我们坐绿园（区）那个公交……你知道，我们那个年代呀，大冬天那个雪和风啊都特别寒冷啊，雪也特别大。唉，抱着孩子知道吗，哪有车呀？就那一趟车，7路车！[①]

从这些表述当中，可以观察到一种特殊的话语策略：女性职工通过针对性别分工的差异性表述，制造出女性和男性的劳动实践事实的反差，从而强化了自己的劳动观念的逆向差异化取向。在这种策略下，女性职工有效地建构了一套以女性为核心的劳动强度与时间概念，建构了女性话语下的劳动观念。

（二）“女性顶起半边天”——特定场域下女性职工的劳动参与和地位

除了整体性的话语建构之外，女性职工在特定场域有着特殊的劳动参与和劳动地位，从而形成了由女性所垄断的特殊话语场域。和上文所提及的一般的话语建构有所不同的是，女性在以后勤部门为代表的特殊场域下所建构的话语是女性垄断（female-dominated）的话语，而非以女性为核心（female-oriented）的话语。在这种垄断话语建构的过程中，女性职工也因此建立了一种话语的归属感。

在育儿、医疗、教育、后勤保障等特定的场域之下，女性职工建构了一套垄断型的话语，进一步树立了女性职工在劳动参与和地位领域上的身份特殊性，实现了对逆向差异化的进一步强化。

像我们科那个地方，仓库保养保管员女性就多一些，几乎全是；差不多

① 《五人群访》，陈立嬴、董星采访，邝珍妮、陈立嬴整理，该段为L口述。

我们20多个人吧，得有三分之二是女性……我们不属于生产线，是属于后勤。后勤吧，我觉得那个时候的人，就是我们仓库，虽然说都是女同志、都是妈妈，但是干劲都挺足。我们这个仓库随着工厂的扩大，一些我们需要的材料也在扩大，需要建一些场地，一些钢材啊、铜管什么的，需要我们去建的，我记得我们科长就领着我们这帮人去干。①

在这一套话语体系的建构当中，女性职工建立了区别于男性职工的、对于其生产场所的特定且不可替代的归属感，而这种归属感则是通过劳动实践和话语体系建构所形成的特殊劳动参与地位所带来的结果。换言之，话语的垄断权催生了对话语的认同感，劳动参与和劳动地位的特殊性建构强化了女性职工对一汽的一般性身份认同。此时，女性职工对于一汽的一般性身份认同，被寓于其具有特殊性的劳动参与经历和劳动地位之中，不可替代的特殊劳动参与和地位反而强化了被泛化的身份认同。

（三）“我们都很骄傲”——女性职工的劳动认同

本研究中，女性职工的劳动认同及其建构是一个值得进一步讨论的内容。本研究所讨论的女性职工劳动认同包括两部分：本节将对通过口述史材料所采集到的女性职工劳动认同进行初步的描述分析；在下文，本研究将进一步展开劳动认同这一概念的排他性定义以及劳动认同何以可能的问题。

一汽女性职工的劳动认同具有明显的外显性（explicitness）。值得指出的是，由于本研究使用的是口述史方法，对于内隐性（implicitness）的劳动认同缺乏测量工具及手段，故而，在本研究中所提到的“劳动认同”实际上仅包括一汽女性职工的外显性劳动认同，而不包括内隐性劳动认同。这实际上也是本研究所收集并使用的口述史材料能够体现并讨论的范围。

女性职工对于劳动认同的建构，建立在价值认同的基础之上。对于女性

① 《W采访》，陈立赢采访，董星整理，该段为W口述。

职工而言，劳动认同是自身对特定价值认同的结果，而绝不是对组织本身认同的结果。也因此，女性职工所建立的劳动认同所反映的，是女性职工的价值倾向，而非女性职工的身份认同。

但是那个时候的人也都能吃苦，也没有什么任劳任怨……就这（当时的人）觉得吧，责任心很大。就是那个年代的人，都会把“为人民服务”的思想贯彻进去。但咱不能说现在啊，这现在和我们那时候的想法完全不一样。你看我们就那么艰苦，那么辛苦，没有节假日，那我就顺着班排，你排哪儿就是哪儿；你（大年）初一就（大年）初一，（大年）初二就（大年）初二，（大年）初三就（大年）初三……你说女的有几个说“今天我休息”呀。就算你有天大的事，哪天的班，（就算是）三十（的）班你也得值上；你要是不值的话，不能把病人都扔到那儿吧。所以我感觉就是说，我就同意：那个年代的人，其实“为人民服务”的思想和“救死扶伤”的思想，比现在的人我想更负责任。[①]

从这一点来看，女性职工的价值认同对其原有的身份认同展开了涵化(acculturation)，从而建构了新的话语结构。而这一涵化所带来的，实际上是女性职工在社会生产场域下对特定认同的习得；这种习得又会进一步对其生活的其他面向进行濡化（enculturation)，最终实现劳动认同和个人生命历程认知的结合。

我这个人吧，就是比较喜欢一些正能量的东西。我觉得吧，对汽车厂咱们对这个具体的情况不清楚，但是我上班那个时候就是觉得汽车厂挺好的……作为一汽工人有一种荣誉感，我其实挺为一汽骄傲的……从自己来讲，咱们这个从个人家庭来讲、从国家来讲，我都希望有一个好的、优秀的、传

① 《五人群访》，陈立赢、董星采访，邝珍妮、陈立赢整理，该段为 L 口述。

统的东西，在人们之间传扬一些正能量的东西……虽然我们现在退休了吧，但是我们在这个家庭里头、在左邻右舍也应该带头（传播）一些好的思想作风、好的宣传，也希望我们国家一些优良的传统都能够代代相传。①

这种涵化和濡化影响了女性职工的话语表达。尤其是在新中国成立初期东北地区工业基地大力发展工业生产的年代，推动社会生产的政治宣传和女性职工的劳动认同产生了共鸣，并且将这种共鸣泛化、濡化了对于所有同辈、同事群体的认知之上。这种认知的泛化和濡化过程，进一步促进了身份认同的形成，最终也强化了女性职工的劳动认同。

你说是不是好多企业好像不是都有“大干”的精神，而一汽不一样……一汽人的精神就是不一样：它有那种积极上进、艰苦奋斗、不辞辛苦、任劳任怨、奋力拼搏，就是那种不怕吃苦的精神。其实你说，从工人到技术干部、到这些政府干部，也包括那些就是厂长们，他们身上就这一系列人的精神。那时候的人就是不知道累……大家都是特别上进。②

很有趣的现象是，女性职工在讨论其劳动认同时，也包含了对于妇女解放运动的认同以及实践。这也是在本研究接下来的部分将会详细讨论的。例如，下文的口述史材料就是很好的例证。

所以说吧，就是说应该我在汽车厂那段时间，虽然不是建厂期间，但是单位吧，那仓库都是冷库，没有暖气。冬天整理啥的，那人也都是热火朝天地干哪。我来以后，我们这个（女工）团队就这个供应科仓库的、是分厂的优秀女工之家。我们那党小组呢，是总厂的优秀党小组。③

① 《W采访》，陈立嬴采访，董星整理，该段为W口述。
② 《四人群访》，陈立嬴、董星采访，杨欣悦、陈立嬴整理，该段为F口述。
③ 《五人群访》，陈立嬴、董星采访，邝珍妮、陈立嬴整理，该段为W口述。

我记得我们当时建的一个钢材库，需要铁板顶上刷油漆。我们早上起来才四五点钟，这女同志就站在那（铁板）顶上，那起码也得有二层楼那么高，就站在那顶上刷油漆呀，迎着那初升的太阳，心情都特别好。①

到（19）76年、（19）78年吧，（我）就上科室了，就一直到退休，而且（我是在）专业厂。她们都是后方，我就给你补充点儿专业厂的知识……她们后勤为前方服务，也是加班加点；但是我们直接在前方，就是前方叫“大干”，什么“大干、苦干加巧干”，这就（是）当时的口号……磨床、铣工，我什么都干。就是我们车间的十二个床子，我全干过，我很厉害！②

女性职工的劳动认同何以建构，又如何有着如此强大的影响力、号召力和感召力，这仍然是有待研究者讨论的一个重大问题。接下来，本研究将简单讨论女性职工的劳动认同从工作期间直至退休后的延续性实践的问题。

（四）“依然发光发热”——女性职工劳动认同的延续性实践

女性职工的劳动认同不仅贯穿了女性职工的社会生产活动以及个人生命历程认知，更直接导致了劳动认同的延续性实践问题。例如，在口述史材料的采集过程中，就发现了以下的情况。

（19）85年提的××，（不是1985年，是19）86年1月份提的，在这××主席岗位上一直干到退休，一直干到2002年……我今年都65周岁了，但是也没觉得自己那么老……我们有个志愿者服务队，现在是32个人了，你看那个各种照相的、理发的、修电器的、修自行车的都……全是志愿的……现在我们重点的困难户和卧床的有40多人，还有9个人孤寡。另一个呢，我

① 《五人群访》，陈立赢、董星采访，邝珍妮、陈立赢整理，该段为W口述。

② 《五人群访》，陈立赢、董星采访，邝珍妮、陈立赢整理，该段为Z口述。

们光癌症的病人就有42人，都需要去找（帮助）。所以我们这些志愿者就涵盖了对这些人的服务，我们是每个月都上门去走访慰问。[①]

研究发现，劳动认同不仅在劳动过程中发生了作用，同时对退休后的个人生命历程也产生了重大的影响作用。换言之，这种劳动认同并非纯粹的劳动认同，而是一种超越了劳动认同本身的认同感。

之前的论述中提到，女性职工的劳动认同中夹杂了价值认同、涵化与濡化、对个人生命历程的认知以及对妇女解放运动的认同与实践。这是女性职工间劳动认同能够转化为延续性实践的重要原因。在这个延续性时间过程中，实践内容被寓于劳动认同之中，但这一实践本身却超越了劳动认同所涵盖的范畴。换言之，在女性职工当中，劳动认同这一概念遭到了符号化的扩展，更大程度上所指代的则是一种包括价值认同、生命历程认知和妇女解放运动认同等在内的复杂的社会文化符号，并且引发了更为深远和复杂的社会心理过程。这也是女性职工间劳动认同值得进一步考察、研究和讨论的重要意义所在之一。

五、结论与思考

一直以来，女性是人文社会科学研究者所关注的焦点之一；尤其是进入20世纪，女性的社会地位和社会角色发生了变化，女性在社会研究中的重要性不断增强。除了以女性主义（feminism）为研究视角进行研究之外，社会研究还通过将研究对象聚焦在女性以及社会性别本身，以实现对女性在社会中所扮演角色及其影响的研究和考察，例如布迪厄（2011）和波伏娃（2011）等学者所进行的社会性别研究等。

① 《四人群访》，陈立赢、董星采访，杨欣悦、陈立赢整理，该段为F口述。

本研究也通过直接将研究对象聚焦于女性本身的方式，深入探析了在东北地区工业化进程中女性作为重要劳动力构成所扮演的特殊角色。本研究通过对一汽退休女性职工口述史材料的采集，在进行这一研究的同时，也对下述问题展开了进一步的思考；研究者认为，这些进一步展开的思考对于人文社会科学研究的价值与研究本身同等重要。故而，本文将在上述口述史材料分析的基础上，对下文所提到的几个内容进行讨论。

（一）女性职工间的劳动认同何以建构

在本研究的进行过程当中，出现了一个非常有趣的现象：受访女性不仅对于工作场所、工作内容及妇女解放运动建立了认同，也对于劳动本身产生了强烈的认同感。针对这一特殊的现象，本研究将这种被建构出来的、对于一般化了的“劳动”这一概念本身所形成的强烈认同感，定义为劳动认同。本研究认为，对于未来进一步的研究，揭开劳动认同建构过程中的内在“黑箱”（black box）是分外关键的。

在这种语境之下，劳动认同与劳动分工、劳动异化等概念都存在着显著的区别。以涂尔干为代表的学者认为，现代社会的劳动分工所带来的是人对于特定劳动（或工种）的依赖性，从而形成基于社会分工与分化的有机团结（2017）；以马克思和卢卡奇为代表的学者则认为，工人阶级的纪律性来自劳动的异化过程，使出卖劳动力成为换取生存资料的主要手段，从而形成了人对其劳动岗位的依附性，而劳动者也在商品化的过程中遭到了物化（马克思，1975；卢卡奇，1992）。不同于上述二者的是，在劳动认同的语境下，劳动者的纪律性和团结性来源于其对于劳动这一过程本身的强烈情感定向。换言之，劳动者通过一种情感上的倾向建立了对劳动的强烈认同感，而不是因为劳动者的理性分工或者异化。

研究认为，女性职工间的劳动认同与其个人经历密不可分；而其个人经历与其他角色的显著差异在于，女性职工的个人经历与妇女解放运动本身密不可分。换言之，针对受访女性职工而言，其劳动认同的建构一定程度上是妇女解放运动的结果，而劳动本身也与女性的自我解放形成了直接的逻辑关联。最终，妇女解放所带来的是一汽女性职工对于劳动本身的强烈认同感，建立了对其劳动所在单位即一汽强烈的组织认同，也必然影响了受访女性职工在这一时期的劳动产出水平与劳动积极性。

基于本研究的发现，关于劳动认同的问题也可以进行拓展：对于新中国妇女解放运动时期的所有女性劳动者而言，妇女解放是否带来了劳动认同的结果，是否存在反例？而抛开女性劳动者这一特殊身份，对于一般的劳动者而言，又如何去寻求一种一般化的方式建构劳动认同？这有待进一步研究。

（二）宣传与认同：从劳动奉献的宣传到女性职工的实践

在研究过程中，受访者对于劳动奉献精神宣传的高度认同是不可忽视的。以“抓革命促生产”“以钢为纲夺取工业阵线的更大胜利”“出大力流大汗为社会主义多作贡献”等口号为代表的鼓励劳动奉献的政治宣传，在受访者当中得到了内化和认同，并且被投入到实践当中。下面就是一个很典型的例子。

> 那个劲头真是不简单哪，都是领导怎么安排就怎么干。但是领导那几年吧，第二次创业期间吧，给咱们的待遇走上坡路了……（那股劲头）主要还是靠（劳动）奉献的大气候。[①]

希腊马克思主义哲学家、社会学家尼科斯·普兰查斯提出，国家在处理阶级关系中，会利用对各社会群体进行针对性的动员活动，以调和社会矛盾并达成国家目的（1978，2008）；法国结构马克思主义哲学家路易·阿尔都塞也提出，利用意识形态实现对群众的动员，是国家机器的重要功能（1987）。美国政治学家、社会学家西达·斯考切波提出国家自主理论（state autonomy theory），以法国、俄国和中国的社会革命为例，论证了在一国社

① 《五人群访》，陈立嬴、董星采访，邝珍妮、陈立嬴整理，该段录音难以辨别口述者具体是谁。

会和经济发展过程当中，国家机器作为关键参与者的强自我能动性（2007），进一步阐明了国家机器对社会进行大众动员（mass mobilization）的内在机制。在本研究所讨论的案例中，经过了国家动员的劳动奉献活动不仅产生了显著的实现效果，并且在作为实践者的劳动者之中建立了有效的认同感。

在女性当中，这种政治宣传动员对女性劳动者的效果是特别的。除去政治动员对女性劳动者所建构的“政治使命感”之外，还存在着一种性别意识；然而，这种性别意识不同于一般意义上的将男性和女性有意进行社会性别区分的性别意识，而是一种刻意强调取消女性和男性间社会性别差异的“逆向性别意识”。这也进一步加深了女性劳动者的劳动认同，利用政治动员增援了妇女解放运动下劳动认同的建构，同时利用妇女解放运动下建构的劳动认同增援了“抓劳动、促生产”的政治动员运动。在这个角度上，在本研究着重讨论的案例，即一汽的早期发展中，国家及其政治动员是一个“看不见”的、但却十分重要的参与者，直接影响最终的工业化成果以及女性职工的劳动和认知。

（三）女性职工身份认同的形成、内化与实践

在长春第一汽车厂的早期发展中，女性职工扮演的角色多种多样；其中，女性职工大多集中在工厂的后勤保障领域，少部分为一线工人。尽管女性职工的具体职业多种多样，然而存在共性的是，所有的受访女性职工都表现出了对其工作所在单位的强烈认同感，以及对其自身作为该单位职工的身份表现出来的强烈认同感。这种身份认同的建立既不同于劳动认同，也不同于政治动员，而是一种针对特定组织所产生的特殊的情感定向，并且具有不可替代的特点。

女性职工基于一汽所形成的具有特定组织情感定向的身份认同，和时代环境下所形成的单位制密不可分；在单位制的语境下，单位不仅仅是工作场所，更是生活共同体。因此，额外负担了家庭抚养的女性职工在单位所面对的不仅仅是共同的工作场域，更是共同的生活场域与共同的情感网络。在

进行访谈中，“救死扶伤实行革命人道主义”“母子车的孩子妈妈就是一线工人”“接送完孩子……厂里早上学习工作晚上开课”等单位制下特有的工作场所和生活场所相互交织、边界模糊化的现象反复出现，不断强化工作场域与生活场域二者合一的特有观感。

在这个过程中，受访者对于工作场域的身份认同和对于自身生命历程的认同两者交织甚至同一化，从而形成了特别的身份认同现象：受访者将自己在劳动中的职业身份认同等同于对自身生命历程的认同，甚至在单位制的特殊情境下对职业身份认同进行了认知上的强化，此时的职业身份成为自我生命历程的一种代名词。尤其在女性职工身上，由于其同时担负抚养家庭的特别任务，这种身份认同的强化效果得到了进一步的凸显，和家庭也发生了关联。“下海……不能有一点儿这个思想……有这个思想就和你断绝关系”，这种对于国有单位的特殊情感定向以及对以挣钱为核心的私营企业的排斥，延伸到了家庭当中，同时也成为家庭维系的重要纽带。这是只有在单位制环境下才能被观察到的女性职工的身份认同现象。

（四）口述史在中国妇女史研究中的价值和意义

口述史既可以单独作为口述史学，作为历史学下的独立子学科门类，同时也可以作为一种史料采集的重要手段以及史学研究的重要方法。针对妇女史，口述史以其重视微观层面的考察、强调历史的多面性以及放眼于草根叙事之中等特点，对中国妇女史的发展有着深刻的价值和意义。

口述史强调对于微观层面的考察，这对于以妇女史为代表的社会史研究有着重大的意义。口述史技术所获取的口述史材料，不仅是通过口述方式流传的历史材料，更包含了讲述者的情感、情绪、表达习惯、所经历历史事件的细节以及个体的独特视角等，是极为丰富的社会史及个人史材料。以妇女为特殊社会史研究目标的妇女史，在结合口述史材料的条件下，能够实现史料更大程度上的丰富与翔实。

口述史除了着重微观层面的考察之外，还强调历史的多面性与草根叙事。

口述史强调不同个体对同一时间的不同表述，同时关注来自民间非精英群体的声音，与精英叙事构成呼应和对抗。在妇女史研究中，作为社会被边缘化、标签化及“特殊化”了的中国女性，需要通过口述史的上述视角特点，实现更有针对性的研究和讨论，以更好地描述与剖析中国妇女史。

口述史也是实现历史与社会科学衔接的有效手段。口述史的材料中，大量材料为社会科学的分析所用；运用口述史技术所开展的社会史研究也是社会科学分析可用的优质原始资料。故而，以口述史为手段所开展的中国妇女史研究，能够更好地和社会科学的研究与分析实现衔接，打破中国妇女史与中国妇女研究之间的隔阂，进一步推动中国妇女史及中国妇女研究二者的学科发展。

【参考文献】

[1] 林吉玲．二十世纪中国女性发展史论 [M]. 济南：山东人民出版社，2001.
[2] 路风．单位，一种特殊的社会组织形式 [J]. 中国社会科学，1989（1）.
[3] 田毅鹏．“典型单位制”的起源和形成 [J]. 吉林大学社会科学学报，2007（4）.
[4] 石建国．东北工业化研究 [D]. 博士学位论文，北京：中央党校，2006.

基于流动女性口述历史材料的社区戏剧实践

王晓昀 *

摘要：《生育纪事》和《木兰花的人生》是木兰花开社工服务中心近年创作的两部社区戏剧作品。它们基于口述史和社区调研，帮助基层流动女性以戏剧的形式发声。不同于采风式的创作，这两个社区戏剧项目更关注社区民众的主体性，也赋予口述历史以超出传统史料的互动交流价值，让我们看到了应用妇女口述史的新形式。

关键词：社区戏剧；口述历史；流动女性；妇女口述史

流动人口是中国城市化、工业化进程中形成的特殊群体，随着改革开放的不断深入和市场经济体制的不断完善，流动人口规模不断扩大，人口流动已成为一个长期的、稳定的社会现象。① 据国家卫生健康委发布的《中国流动人口发展报告 2018》指出，2017 年我国流动人口总量为 2.44 亿人。

据“新生代农民工课题组”2012 年发布的数据显示，新生代农民工目前在农民工外出打工群体中占到 58.4%，其中，新生代女工的比例达到

---

* 王晓昀，中央戏剧学院硕士，研究方向为社区戏剧、教育戏剧。现在多个社区开展应用戏剧活动，参与北京市教改项目“基于应用戏剧方法的《中外妇女运动》课程项目式教学改革”。

① 田丰：《2012 年中国流动人口状况调研报告》，载陈学艺、李培林、陈光金：《2013 年中国社会形势分析与预测》，社会科学文献出版社，2012，第 114–133 页。

40.8%。[①] 近九成已婚新生代流动人口属于夫妻共同流动，并且约 60% 的流动人口与配偶和子女一起流动。[②] 由于自身经济、文化水平等条件限制，进城务工的流动人口普遍面临融入城市生活困难、劳动权益维护能力弱等问题。大量流动人口的婚姻、家庭状况也随着流动充满着复杂性，如婚姻的稳定性欠佳，子女的家庭教育缺失等。[③]

木兰花开社工服务中心（以下简称木兰）是打工姐妹自发形成的民间公益团体，位于北京市昌平区北七家镇东沙各庄村。木兰扎根于流动人口聚集地，主要服务对象为基层女性及儿童，服务内容以文化教育为主，服务项目包括亲子教育课程、绘本阅读、成长陪伴、女性安全防卫、亲子厨艺班等。为更好地向流动家庭提供文化教育服务，木兰在 2010 年成立了木兰文艺队，创作了多个反映流动人口生活的歌曲、舞蹈、戏剧等文艺作品。

在木兰还没有成立的时候，机构创始人之一齐丽霞和志愿者们就对部分流动女性做过调研。通过在路上随机发放问卷的方式，齐丽霞初步了解到，北京流动女性的特点主要表现为年轻化，年龄大多在 18—30 岁；文化程度以初中比例最高，达 59.9%；工作时间长，没有充足的休息时间和娱乐空间，且人际关系薄弱，社会支持网络小。[④] 来北京已经有两年的打工女性，她们的社交圈也就三五人，平时的娱乐生活就是玩手机、看电视。女工们的选择其实很少，齐丽霞想，至少要能够帮助女工们快乐一点儿、自我一点儿。为了满足姐妹们的文化生活，齐丽霞和朋友一起创办了木兰。齐丽霞发现艺术更能感染人，所以机构成立伊始，她就组建了女工文艺队，目的是对内提升女

---

① 广州市法泽社会工作服务中心，流动人员口述史：10 名外来工讲述自己的生命故事，https://www.faze.org.cn/blog/post/liu-dong-ren-kou.

② 中华人民共和国国家卫生和计划生育委员会流动人口司：《中国流动人口发展报告》，2016 年 10 月。

③ 王喻燕、邹文平：《社工服务让流动人口与城市和谐共融》，《社会与公益》2015 年第 11 期，第 34-35 页。

④ 潘佳锟、武琳悦：《她让进城打工的姐妹们“找到自己”》，新京报，2017 年 1 月 1 日，http://epaper.bjnews.com.cn/html/2017-01/01/content_666530.htm?div=-1.

工自我意识，对外发声讲述女工真实的生活。不论是唱歌、摄影还是演话剧，齐丽霞希望让大家了解打工姐妹心里在想什么，不成为“失语者”。[①]

齐丽霞说，她能做的只是在城市里为她们提供一个社区活动中心。“我们没办法让她们变成有钱人，但可以让她们的生活从绝望中开出花来。”一位曾频繁参加文艺活动的社区妈妈说，自己生了孩子就没有工作，一直待在家里无所事事，现在每天排练，隔段时间还要演出，生活很有奔头。“以前每天在家里就是看电视剧、睡觉，现在跟姐妹们在一起，就很开心。”[②]

这让齐丽霞感受到了自己做这些事情的意义。“机构存在的价值，就是在那里，在姐妹低谷时，托她们一把，在她们陷入困境时，陪伴着她们，给她们最温柔的支撑。”[③]

歌曲、摄影、舞蹈、小品、戏剧等都是木兰发声的途径。在进行戏剧作品创作之前，木兰已经创作过多个反映社区妈妈生活经历的舞蹈和歌曲作品，如反映兼职小时工经历的舞蹈《疯狂清洁工》，如反映全职妈妈尴尬处境的歌曲《不完美的妈妈》等。

不同于一般的文艺活动，木兰更强调社区民众的参与，木兰的文艺作品都是由社区民众集体创作出来的。曾经有人建议齐丽霞，可以利用木兰的场地，让大家唱卡拉OK。这个建议迅速被齐丽霞否定了，她认为这与木兰的初衷相悖。[④]演绎现成的文艺作品，复刻与打工姐妹的真实生活相距较远的另一个世界，对社区民众来说，不是木兰开展文艺活动的初衷。就像一位打工姐妹所说的：“我们有情感，也有梦想，为什么没有一首歌是唱我们的？为什么没人唱我们的心声？”而正是这位打工姐妹的发问，开启了木兰第一部原创作品《木兰花开》的创作。集体创作的《木兰花开》的歌词呈现了打工姐

① 《“钟点工阿姨”唱歌跳舞，没想到登上联合国妇女大会》，腾讯公益，2018年，https://new.qq.com/cmsn/20181207/20181207014745.html.

② 潘佳锟、武琳悦：《她让进城打工的姐妹们“找到自己”》，新京报，2017年1月1日，http://epaper.bjnews.com.cn/html/2017-01/01/content_666530.htm?div=-1.

③ 同②。

④ 2019年3月27日，对木兰负责人齐丽霞的访谈。

妹的真实经历，木兰的每一位社区妈妈都会唱这首歌，她们在这首歌里找到了认同，歌词里的木兰花就像她们自己。虽然木兰的姐妹们都没有经过专业的声乐训练，但当她们唱起这首歌时，每一个人的声音都十分洪亮，能把人唱下眼泪来。没有音响，她们就伴着吉他唱。“我们不在乎歌的专业水平，我们只是唱出心声。”①

木兰文艺队自成立以来，帮助社区民众创作了多个艺术作品，有歌曲，有舞蹈，也有戏剧。跟歌曲《木兰花开》一样，这些作品都是反映木兰社区所服务的流动人口自己的经历，很多作品都多次登台演出过，获得了很好的社会反响。

在戏剧方面，木兰坚持社区戏剧／社区剧场的理念和方法，讲述基层女性的真实故事。2013 年木兰同花旦戏剧工作室合作创作了独白剧《离家》，于繁星剧场演出。2015 年木兰创作话剧《我要上学》，反映流动儿童上学难的问题，该作品曾在南开大学、中国人民大学等六所高校进行演出。2015 年木兰同新工人艺术团合作创作小品《四十年女工梦》，呈现“60”“70”“80”“90”四代外来务工女性的打工经历，于同年打工春晚演出。2016 年木兰创作话剧《我是女人》，与南洋姐妹剧团（中国台湾）交流合作，于蓬蒿剧场演出。2017 年木兰与绿色蔷薇社会工作服务中心②合作，改编创作舞台剧《红》，在银杏－共融艺术节上演出。2019 年，木兰社区收集到 29 位女工姐妹的生育故事，与中央戏剧学院赵志勇教授共同创作了戏剧作品《生育纪事》，在北京人艺菊隐剧场首演。2021 年，木兰与赵志勇、朗佳静、张竞文三位戏剧工作者合作创作了游戏剧场《木兰花的人生》，在北京 798 艺术区悦 · 美术馆首演。

一开始，齐丽霞觉得自己和戏剧是有距离的。她提到了自己曾去北京人民艺术剧院看戏的经历，那是一部关于古玩界的逸闻趣事的作品。齐丽霞怀

① 庄庆鸿：《齐丽霞和打工姐妹的〈木兰花开〉》，《百姓生活》2013 年第 2 期。

② 深圳市绿色蔷薇社会工作服务中心，于 2015 年 7 月在深圳市民政局正式注册，是一家专门服务流动女性及儿童的社工中心。

着对艺术的景仰观看了这出戏，但她觉得剧中发生的故事距离她自己的生活很遥远。“这些故事对于北京的底层来说是远还是近，我还真不能判断。但是，在我看来，跟我们打工人的生活就离得特别远。”① 后来，齐丽霞看到了新工人艺术团的民众戏剧演出，他们把流动人口自己的故事搬上了戏剧舞台。这让齐丽霞慢慢觉得，民众戏剧和之前自己在老家所认识的河南豫剧不一样，和自己在电视上看到的、在北京人艺看到的那些遥远的故事也不一样。之后，齐丽霞又参加了中国台湾戏剧人钟乔、赖淑雅的民众戏剧工作坊，慢慢了解到台湾的民众戏剧、社区剧场，以及波瓦的被压迫者剧场等理论和实践。这让齐丽霞认识到了草根的社区剧场、民众戏剧和舞台上高雅的艺术戏剧之间的区别，原来普通民众也可以用戏剧的方式来讲自己的故事。作为一个基层社区的公益机构负责人，齐丽霞有着强烈的愿望，要用戏剧为自己的服务对象——基层民众赋权，于是，她逐渐开始在自己的公益机构里尝试用社区剧场、民众戏剧的形式服务流动人口。②

不同于艺术家创作的高雅的文化商品，木兰创作的社区戏剧作品都是在描绘社区民众的形象，它们来源于基层女性的日常生活。社区戏剧关注当地故事，区别于主流戏剧，强调在开展戏剧活动的过程中给予社区参与者艺术乐趣和社会文化的赋权。③ 在木兰的文艺作品的创作过程中，社区妈妈始终处于创作主体的地位，她们在歌曲、舞蹈、戏剧中抒发自己的情感，展示和表达自我。

这些社区妈妈生活在木兰所在的城中村及其附近，是从外地跟随丈夫来京务工，负责在城中村照顾丈夫和孩子生活起居的全职妈妈。她们的文化水平中等偏下，远离原有的社会关系网络，生活半径比较小。身处基层社会和封闭的家庭场域，她们无处诉说生活苦涩和心理压抑。为了替家里减轻负担，

---

① 2020 年 4 月 1 日，对木兰负责人齐丽霞的访谈。

② 2019 年 3 月 17 日，对木兰负责人齐丽霞的访谈。

③ van Erven，E，*Community theatre*：*Global perspectives* (London，UK & New York，NY：Routledge)，pp.1–3.

也为了提升自己的家庭地位，她们除了照顾好家里的大小事情之外，往往会在闲余时候做家政小时工或其他临时兼职。[①]生活在城中村的家庭面临着双重的“悬浮”，城市身份的“悬浮”与家乡生活的“悬浮”。由于城乡二元制下的教育排斥，城中村的教育资源仍然比较匮乏。随着孩子逐渐长大，教育母职化给她们带来的压力越来越大。社区妈妈没有固定的职业，空余时间比较多，一方面为了适应教育母职化，另一方面也为了实现城乡流动中的自我期待，她们成为木兰组织的文化活动的主要参与者。

接下来，笔者将对《生育纪事》和《木兰花的人生》进行介绍。笔者于2017年至2020年担任《生育纪事》的导演助理，全程参与了该社区戏剧项目，对该项目的介绍较为详细。这两部作品都是在木兰开展的口述史调研的基础上创作的，不仅让口述历史走向大众平民化，让我们了解更多基层女性的口述史样本，也开启了口述史应用的新形态，使口述史内容以戏剧形式获得更广泛有效的传播。

一、《生育纪事》：生育故事的表演与发声

《生育纪事》项目缘起于木兰在社区内开展的一次关于生育意愿的讨论会，社区妈妈们在生育话题上表现出了十分强烈的表达欲。生育过程中的私密原本让女性难以启齿，但木兰创造的契机，让大家听到了平时很难听到的声音。经过多次讨论和研究，齐丽霞决定和中央戏剧学院的赵志勇老师共同发起《生育纪事》社区戏剧项目，以戏剧的形式让更多的人听见基层流动女性的生育故事。

接着木兰开始对社区妈妈们的访谈，以此作为之后创作剧本的素材。很多社区妈妈开始首次向他人讲述自己隐秘而又细微的经历和情感。一位社区

① 2017年5月19日，对社区妈妈Y的访谈。

妈妈形象地描述自己生孩子的感受："孩子被剖出来以后，感觉肚子一下就下去了，我说不行不行……特别难受，像把自己的心给摘了，肚子空空的。"① 一些社区妈妈表示，生育对于她们而言是沉重的负担。从怀孕开始，身体就产生了各种不适的变化，比如腿肿引起的疼痛。等辛苦熬到十个月的时候，终于到了生产，又是一道难关。一位社区妈妈就因为生产过程过于疼痛，很长时间都对孩子怀着恨意。②

社区妈妈们还提到，在生育的前后，女性也在独自忍受着各种负面情绪。产前疼痛还没有完全缓解，产后家人的照顾又不到位，不断累积的疲乏感终于压垮了她们。在为人母的温馨表象下，她们的身体记忆却是与"疼痛"挂钩的。③

木兰在社区内开展多人访谈，也面向有意愿的女性开展个人访谈，同时广泛征集访谈员。在访谈员队伍里，有社区工作者，有大学生志愿者，有高校教师，社区妈妈向他们分享了生育、家庭、婚姻等个人经历。在这个开放的过程中，大家了解到了很多宝贵的生育故事，前后总计采访了 20 多位社区妈妈。生育这个话题，将互不熟悉的社区妈妈们联系到了一起，使互相熟悉的社区妈妈们认识了彼此的另一面，也让更多人能够了解到基层女性的人生故事。

在几次剧本创作讨论会之后，戏剧老师赵志勇根据大家在前期调研中共同搜集起来的丰富资料——社区妈妈们的生育经验和感受，写出了三版剧本大纲。最后出于剧本容量的考虑，木兰决定选择其中一位社区妈妈的故事将其改编成剧本，调动社区资源，共同演绎基层女性的生育故事。

《生育纪事》讲述了一个名叫韩小玉的农村女性，两次因意外怀孕而流产，以及两次生育的痛苦经历。从小玉被迫流产开始讲起，回溯她前后生育两个男孩的过程，最后以步入老年的小玉仍然为儿子结婚生育的事情操心为

---

① 2017 年 9 月 20 日，小组访谈记录。

② 李钘滢：《被动怀孕、暴力引产……底层女性生育之痛》，尖椒部落，2020 年，http://www.jianjiaobuluo.com/content/107714.

③ 同②。

结束点。小玉生产时的简陋条件，流产时所承受的痛苦让我们看到了基层女性的生育状况和她们在生育问题上遭遇的困境。

在决定将社区妈妈的生育故事搬上戏剧舞台之后，为演职人员开展每周一次的戏剧工作坊也逐渐提上了议程。参与《生育纪事》项目的社区妈妈都没有上台表演的经历，由于一直做全职妈妈，她们中的好几个人表示自己生活半径比较小，很少和社会接触，明显缺乏自信，不会表达自我。[①]戏剧工作坊不仅希望为接下来的戏剧作品排练和演出阶段做准备，还想让社区妈妈有一个娱乐、交友的空间，帮助社区妈妈学会表达自我、展示自我、提高自信。

戏剧老师和社工充分考虑了社区妈妈们的需求和状况，为戏剧工作坊设计了三种类型的活动。第一种是具有戏剧元素的简单游戏。这部分活动主要是帮助社区妈妈们彼此相互熟悉，放下身体和精神上的压力，启动互相交流的空间，形成稳固的群体凝聚力。戏剧工作坊的参与者分别来自全国各个不同的省份，和木兰接触的时间也长短不一。有的社区妈妈本身已经是木兰的文艺骨干，有的才刚刚了解木兰，有的和社区妈妈们的平均年龄相差较大。尽管木兰社区的氛围活泼开放，但是要让她们在公共空间共同探讨生育这一私密性较高的话题，需要给所有参与者创造一个安全的环境，避免给任何人带来压力。这部分的活动，主要是由赵志勇老师、王晓昀两位指导者带领社区妈妈们做一些简单的游戏。社区妈妈们的日常活动空间主要是在家，工作和家庭的分界线早已不再清晰，她们有时也需要同时处理两件以上的家务。因此，在我们的戏剧游戏中，会注重培养社区妈妈们对一件事情的专注力以及打破她们身体运动的惯常模式，使她们的肢体、声音和头脑得到有张有弛的锻炼，学会观察自我和他人。

第二种是具有编创元素的戏剧活动。这部分活动是为了补充社区妈妈们的戏剧能力，让她们掌握戏剧这个工具，学会用戏剧这一媒介来进行沟通和表达。当前，国内的主流戏剧是高雅的、中产阶级式的舞台戏剧，这种戏剧

① 2019 年 6 月 4 日，对社区妈妈 M 的访谈。

不仅在形式上限制了我们的想象力和参与能力、行动能力，在内容上也距离普通人的生活非常遥远，基层女性也很少有接触这种戏剧类型的机会。而在主流戏剧之外的社区剧场主张戏剧是一种表达工具，为所有人共同享有。《生育纪事》项目采用社区剧场的相关理念，使社区妈妈能够以戏剧的形式自己讲自己的故事。在这部分的戏剧活动中，赵志勇老师作为协作者，带领社区妈妈们探索她们自身的日常生活和现实处境。社区妈妈平时的日常以居家照顾全家人的生活为主，少有对自我的观察和关心。因此，这部分的活动想要帮助社区妈妈们对自我进行审视，使她们逐渐能够在木兰这个公共空间讨论生育话题，回忆、思考自己的生育经历。

第三种是针对表演的训练。尽管《生育纪事》是以纪实剧场的风格讲述社区妈妈的生育故事，场景内容与社区妈妈们的现实生活十分接近，但是戏剧舞台上的表演和日常生活中的情景毕竟不一样。而社区妈妈们大多都没有上台表演的经验，也很少有在公共场合表现自我的机会。这部分的活动主要是在《生育纪事》剧本完成之后进行，由赵志勇老师为社区妈妈们设计、指导表演过程及细节，共同商讨表演方式，激发社区妈妈们的创造力和想象力，让社区妈妈们发掘自我，消除紧张的心理状态，建立自然的表演风格。

戏剧工作坊的效果良好，多位社区妈妈的反馈表明，戏剧工作坊起到了稳定参与人员和培养演员的作用，同时也增强了参与人员的凝聚力，为社区妈妈提供了一个娱乐、交流、表达的空间。

通过戏剧工作坊，大家打开了自己的身体，开始尝试用自己的身体去表达情感和生命经验。M 在提到参加戏剧工作坊的收获时，说道："我们都是非职业的演员，不知道该怎么演戏，这些活动就是为了让我们在舞台上演戏做的准备。我记得有个情绪练习，喜怒哀乐，让我们揉揉脸，去表达不同的情绪。其实，我做全职妈妈有很多压抑的情绪，参与这些活动让我的情绪得到一定的释放，所以说这些活动不管是从表演上还是生活上都挺有帮助的。"①

① 2019 年 7 月 2 日，对社区妈妈 M 的访谈。

随着活动的开展，社区妈妈们对《生育纪事》项目的认同感也增强了，她们感受到讨论生育话题是一件很有意义的事，也认识到了社区剧场讲述社区故事的理念，增强了表达自我的信心。同时，排演这部社区戏剧作品的过程也让妇女口述史的资料变得更加丰富、具体起来，作为演员的社区妈妈们与小玉的个人故事形成了某种意义上的互文，为我们拼凑出了基层流动女性的生活图景。

主要演员之一Q在排练期间就因意外怀孕而采取引产措施。在演引产的戏时，Q能够深刻地体会到小玉的痛苦，觉得那似乎就是自己。回忆起自己生孩子时，老公无法陪伴的经历，Q也有着些许无奈和埋怨。“到了要生的时候，我老公才从外地回老家来的。生完之后在家（安徽老家）待了有七天吧，然后他就回北京上班了。当时我觉得，怎么人家老公都能陪在身边。自己心里感觉很不舒服，也是有埋怨的。那也是没办法呢，因为你也是为了生活所迫，你如果说他光顾着陪你了，可能你的生活来源就没有了。你不可能让他为了陪你，你不生活了啊。”①

社区妈妈M回忆起排练的经历，说道：“剧本中的很多事情我也不说全部都经历过吧，但大多数都能有所体会。”②

社区妈妈L是“80后”，有两个孩子，生产比较顺利，怀孕期间没有严重的生理反应，家里人对她的照顾也比较到位。L常常开玩笑说，根据自己的生育经历来看，算是生活条件好的“90后”。“我的经历和她（小玉）比较脱节，在我们老家，这个故事基本上是我们上一代人的故事……我们的医疗条件要好一点儿，她这个年龄段的人，基本上我们那儿的条件就很好了，我们都是去县医院。”③

尽管对于小玉所经历的痛苦和无奈不能完全感同身受，但L认为，作为

---

① 箭厂视频《生孩子是遭罪？城中村女工把生育之痛演成话剧》，2019年，https://www.bilibili.com/bangumi/play/ep290212？from=search&seid=1454242162258061785.

② 2019年7月2日，对社区妈妈M的访谈。

③ 2020年3月12日，对社区妈妈L的访谈。

基层女性，生活都很艰难这一点是大家所共同经历的。①

L曾在高中的时候陪同好朋友去做流产手术，回忆起这次经历，让她感触很深。“那时候应该是刮宫，具体是怎么样，我也不太清楚，但是能听到她在里面那种受不了的尖叫声。”② 自从那次经历过后，L就对自己的身体非常关注。“我平时来例假，不碰冷水，不吃辣的，这些我都非常注意。”③

不论是木兰的工作人员，还是大学生志愿者，亲自走访社区，参与和观察社区妈妈们的日常生活，再以口述历史访谈的方式，共同记录下关于基层流动女性生育经历的历史资料，是一次宝贵的田野调查式的文史资料搜集经历。同时，木兰和志愿者们在线上线下都进行了与生育相关的物件搜集工作，搜集到了若干关于基层女性生育主题的图片、实物和视觉资料。在《生育纪事》演出前后，木兰将这些搜集到的资料进行了小型的立体展览。

从地理位置上来说，北京市昌平区北七家镇东沙各庄村在各公开媒体和出版物中的记录寥寥无几；从主题内容上来说，流动人口的现实生活、女性的生育经历在大众视野中缺乏表达出来的声音。本项目搜集到了大量基层流动妇女口述历史资料，《生育纪事》社区剧场的展演活动亦丰富了口述历史资料的呈现和传播形式。截至2020年，《生育纪事》共计演出3次5场。之后，该演出录像受邀至2020年鹿特丹国际社区艺术节进行放映，于2020年7月在腾讯艺术频道开启线上展映。

二、《木兰花的人生》：在游戏剧场体验真实人生

从《生育纪事》到《木兰花的人生》，木兰的社区戏剧实践既有传统舞台戏剧演出，也有互动式的游戏剧场，它们都是以基层流动女性的口述历史

① 2020年3月12日，对社区妈妈L的访谈。

② 2019年1月11日，演出总结会记录。

③ 同①。

材料为基础。《生育纪事》选择了一位基层女性的典型生育经历，创造出了丰富的舞台效果，其较为完整的舞台表达具有很好的传播效应。然而，《生育纪事》的演职人员数量多达 30 名，虽然这让大量基层民众共同参与其中，但也造成了较高的时间、经济和人力成本。该演出在 2020 年后亦再无重新上演的可能，只能通过放映演出录像进行再次传播。同时，《生育纪事》的演出结束后，主创赵志勇老师常常会想起那些没有被直接用作戏剧作品素材的口述史资料："我感觉对于她们无条件托付的那份信任，我们欠了一份交代。"[①]

从《生育纪事》项目开始，木兰一直不间断地对基层流动女性开展各种形式的访谈，最后搜集到 65 份打工女性的生命口述史，整理出长达近 40 万字的访谈记录。有的姐妹在 21 岁时被父亲许配给嫂子的弟弟，想到年迈的母亲和嫂子，便放弃抵抗，听天由命；有的姐妹回忆起在工厂缠胶带手指起水泡时的疼痛，"眼泪都要掉下来了"；还有姐妹清楚记得在北京分娩时那间十多平方米的小房子，接生婆是安徽人，自己躺在铁床上，看着那把将要破开自己身体的剪刀在蒸锅里消毒……[②]

经过多次商讨后，木兰决定与赵志勇、朗佳静和张竞文三位戏剧工作者合作开展沉浸式游戏剧场，试图让观众以第一人称视角体验女工真实的生命历程。

在《木兰花的人生》中，游戏剧场的容量变大，包含了 28 位基层女性的人生故事，甚至还存在添加新的口述历史材料进入其中的可能性。较少的演职人员，固定的演出框架，开放的互动形式，也便于随时培养新的演职人员参与其中。该演出自 2021 年首演后，仍不定期地在全国多个地点开展巡演。

游戏剧场开场伊始，每位观众各自领到一张基层女性的身份卡，上面有着个人身份信息的初始设定，这张卡片背后的故事都来自木兰访谈到的真实口述历史资料。随后，观众以这名基层流动女性的身份在教育、婚姻、外

① 王淇：打工姐妹走进美术馆，https://mp.weixin.qq.com/s/v0Zty-N7ffWEYe2trSvmfw.

② 同①。

出打工等关键人生节点作出有限的选择，沿着她的人生轨迹行走体验她的生活经历。剧中，观众以一名基层女性的身份面临各种各样的两难困境：当你还是一名小学生时，是选择把课余时间花在温习功课上，还是用来帮家里人干一些力所能及的农活儿和家务？当你进入工厂招工的场景，面对管理人员的责骂，是选择逆来顺受继续工作，还是冒着可能失去工作的风险而提出质疑？每位观众都可以在各个环节中获取金币和点值，但命运从来不是可控的，游戏中也会出现随机卡片，让观众的金币和点值发生突变。辛苦提升学历却仍然从事底层工作，为家庭和孩子付出很多却得不到来自他们的支持，为亲人承担了很多责任却被要求给予更多……学历围城、重男轻女、恋爱结婚、家庭责任、生养困境等都在她们的人生剧本中暗暗体现。互动游戏结束后，观众可以拿到这位基层流动女性的真实访谈资料，并自由收听口述史访谈的原始音频。

很多观众在面对两难困境的选择时表现得十分无力，这些基层女性难道不应该有更多的选择、更好的结局吗？有观众尽可能地做出一些对个人发展产生积极影响的选择，如坚持读书上学，拒绝包办婚姻等，可最终发现还是无法帮助到这位女性。一些人认为，这是游戏剧场这一形式上需要完善的问题，应该给予观众更多沉浸情境的机会和更多的选择空间。但更多人体会到了基层女性在现实生活中由于教育水平低、经济条件差、社会支持少等原因，并无多少自主选择的机会。基层流动女性所面临的困境是结构性的，个体的努力很难打破这一相对固定的人生剧本。

三、结　语

木兰的社区戏剧实践向我们展示了口述历史与戏剧进行结合的可能性。不同于采风创作，木兰一直坚持使用社区戏剧的理念开展戏剧创作，更注重项目本身对社区民众的益处，关注创作过程中的互动关系，包括社区居民个人与社区集体、社区集体与外界的关系等。

同时我们也看到了口述历史材料转化为剧场表演的多种形式，《生育纪事》采用了较为传统的舞台剧展演形式，《木兰花的人生》采用了游戏剧场的互动形式。《生育纪事》让我们看到了一个基层女性典型的生育痛苦，使用影戏效果重现生育场景，虚设一个抚慰产妇的小精灵角色等一系列艺术手法，增加了故事的感染力。《木兰花的人生》让我们看到了基层女性更加完整的人生困境，剧中模拟工厂招工、做工的互动场景，让观众能以第一人称视角体会基层女性的辛酸。剧情结束后的人生档案阅读和听录音环节，展现了口述史材料的原始风貌。

将戏剧活动添加进口述历史之中，让口述历史成为人与人之间的对话交流。戏剧活动及其表演是为过去的历史故事加入当下的注脚，展现了历史书写并非固定下来的文本，而是一个互动的过程，让我们看到了口述历史和社区戏剧具有的发展潜力。

三代人口述史中的黎族女性家庭地位变迁研究

陈丽琴　杨　璐*

摘要：一个民族的家庭性别关系会随着社会历史条件的改变而变化。黎族的家庭性别关系也在政治、经济、文化、风俗习惯等多重权力的重叠作用中发生着变迁。文章从三代人口述史中来窥探黎族女性家庭地位的变迁，指出黎族文化传统、习惯和生存是家庭地位大致“平等”的第一代女性面临的境况；而第二代女性在汉化、市场经济和资源劣势中家庭地位逐渐下降；第三代女性在旅游经济发展中所具有的性别优势使家庭性别关系再次趋于平等。因此，黎族女性家庭地位的变迁是黎族人在历史文化、市场经济和旅游发展过程中传承、博弈、融合的一种适应性结果：从理论层面分析是资源理论和习俗文化规范理论共同作用的结果；从现实层面看是市场经济和性别资源整合的策略选择。

关键词：三代人；口述史；黎族；女性家庭地位；变迁

黎族作为我国具有悠久历史文化传统的少数民族，主要居住在海南岛上；而海南岛的历史，无论是书写的、还是口传的，熔铸其中的女性形象都特别耀眼，如黄道婆、冼夫人、红色娘子军等都用各自的方式谱写了精彩纷呈、

---

* 陈丽琴，女，湖北天门人，海南大学公共管理学院教授，博士，主要研究方向为社会性别与公共政策。杨璐，女，湖北襄樊人，海南大学公共管理学院硕士，主要研究方向为社会性别与公共政策。本文为国家社会科学基金一般项目“乡村振兴战略下民族地区女性参与村庄治理研究”（项目编号：20BMZ125）的阶段性成果。

名垂史册的女性传奇，伴随着这些历史故事的还有很多歌颂女性勤劳勇敢、美丽多情的民间传说。可以说，海南岛特别是黎族留给外人的感觉是女性的形象要凸显于男性的。因此，“作家马原到海南岛拍专题片，片名就叫‘女人岛’的故事”。[1]那么，作为生活在“女人岛”上的黎族，其社会性别关系到底呈现出怎样的状态？曾经塑造过辉煌历史的黎族女性，在现代化的浪潮中迅速改变着黎族的面貌、许多黎族人祖祖辈辈生活的偏远山区都已经或正经历着现代科技与文化思潮对本民族传统文化渗透与侵蚀的今天，她们的社会和家庭地位是否也跟随着现代化的脚步在变化呢？特别是和汉族比起来，黎族的性别关系和女性的家庭地位是不是更趋于平等？这些疑问都如同披着神秘面纱的少女，给人以无限的好奇和想象空间。

众所周知，在中国这样一个多民族的国家中，不同的民族可能具有不同的社会性别关系，这种不同的性别关系会随着不同民族发展的历史和现实生活的改变而发生不同程度的变化。因此，在现代语境中用相同的标准来评判不同民族在不同时代背景下女性家庭地位所得出的一些普遍性或一致性的结论，如果还原到历史的纬度中，很可能有失偏颇。因此，恰当的方法应该是在不同民族社会性别关系横向对比的参照中，去纵向探究一个特定民族的社会性别关系变迁史，只有这样，才能全面准确地把握此时此种性别关系存在的来龙去脉。正是基于此，本文选择了三代黎族女性关于她们性别分工和家庭地位的口述资料，来对黎族这一少数民族的妇女角色和家庭地位进行解读，试图从黎族家庭中两性的社会分工、女性在家庭中的资源占有以及家庭成员的关系来管窥黎族女性家庭地位变迁的轨迹，并以此为视角来透视黎族的社会性别关系。课题组访谈的女性都居住于海南省五指山脚下的水满乡，之所以选择水满乡，主要是因为水满乡是黎族人主要聚集地之一。据官方资料，“全乡下辖 5 个村委会、23 个自然村、27 个村民小组，总人口 4605 人，其中黎族、苗族人口占 95.8%”。[2]所以水满乡作为黎族的居住地具有一定的代表性。访谈的时间为三个时段，分别为 2021 年 12 月、2022 年 2 月和 7 月；同时参照国家政治、经济的宏大叙事，本文把所访谈的对象分为三个不同的年龄段：一是60岁以上的女性（12位）；二是40—60岁的女性（17位）；三是25—40岁的女性（16位）。

一、文化传统、习惯与生存——家庭地位大致“平等”的第一代女性

在历史资料记载中，黎族女性的性别分工与家庭地位与汉族是不尽相同的。有文字记载，在性别分工上，“黎妇多在外耕作，男夫看婴儿，养牲畜而已。遇有事，妇人主之，男不敢预也”[3]。“……稻田的插秧，‘山栏’地的播种，及以后的除草、收割、储藏、加工等重要工作都是妇人为之。”[4]“黎村贸易处……四境妇女，担负接踵于路，男子则不出也。”[5]在恋爱婚姻上，“玩隆闺”①和“不落夫家”②的习俗更是体现了黎族女性在恋爱上自由、在婚前性行为上开放的“大胆作风”。因此，有学者在20世纪50年代对黎族社会调查后得出，“在家庭内，由于妻子还是主要的劳动者，因而还保持了应有的地位，家庭的大事，均需夫妇双方同意”。[6]董小俊在五指山考察时也发现：“黎族女在家庭内一般享有较高的地位，其代表之一就是掌握全家的经济大权，男子出售物产时都得征求妻子的同意。凡是在生产生活中，只要妻子反对的事情都很难做成。”[7]也有学者总结：“在原始风俗存留比较完整的黎族地区，黎族女性无论是在婚姻家庭活动，还是在社会活动中，都不以附属自居，她们的主动性与创造性很少受到压抑。……享有大体和男性平等的各项权利。”[8]

① “玩隆闺”是黎族古已有之的习俗：凡是男女长到十三四岁进入成年起，就需要离开父母另外居住。男子自己上山备料盖“寮房”（黎语称隆闺或“布隆闺”，意为“没有灶台的房子”），女子则由父母在住处旁盖“寮房”。每当夜幕降临，女子就相邀中意的男子到寮房中谈情说爱，情投意合时甚至可以发生性关系。

② “不落夫家”是指妻子与丈夫形式上结婚后，不住夫家或丈夫的父亲家里，而依旧回到娘家的“隆闺”里居住，在“隆闺”里她还可以与除丈夫以外的其他男性交往，一直到怀孕或生育后才重回到男家的现象。

这些文字记载和调查结论都直接证明了在黎族传统社会中，其性别分工与女性的社会和家庭地位的确和汉族有所不同，不仅打破了汉族“男外女内”的传统分工，而且女性的地位颇为重要。她们可以外出经商、可以耕作收割、可以当家做主、可以自由恋爱，里里外外一把手，超越了同时代的汉族女性。有学者把这种现象解释为黎族传统社会的“男狩猎、女耕种”生产方式的沿袭；[9] 也有学者认为这是黎族母系社会遗留下来的原始文化和习惯，“因为黎族一直到 20 世纪初被卷入‘现代化’浪潮的时候，也没有完全脱离母系氏族文化状态”。[10] 虽然在进入 20 世纪后，随着社会生产力的发展和封建制度的逐渐解体，黎族社会也经历了从落后的生产方式和封闭的社会状态过渡到现代社会的转变；但是在这个过渡时期成长起来并成家的第一代女性，她们和她们的家庭仍然受传统文化的影响，在某种程度依旧保留着黎族原来的性别分工和传统习惯，并且在生存的巨大压力中维持着大致平等的性别关系。关于当时的性别分工，有几位老人是这样描述的：

以前种田时我主要是插秧、拔草、收割、打晒等，重的体力活儿像挑担子还是男人在做，上一代家里的分工就是这样；家里很少有剩余的东西拿出去卖，有也是我拿到集市上去摆摊，没想过为什么男的不去，别家都是女的去，我们家自然是我去了，女的在一起也好聊天。(72 岁的 FCL)

年轻的时候家里面的事情好像没有特别的分工，没有说一定是男的或女的做，一般是谁有空谁做。他（指丈夫）经常做饭的，我去插秧了，也是他在家带孩子。(65 岁的 CXL)

我们那时没有说男的或者女的本事强的说法，家里分工都是上一辈的习惯；后来好像到年轻一代才有女的应该怎样，这应该是女的做的这些说法。(62 岁的 FCX)

地处偏僻的山区，与外界特别是汉族接触较少，黎族社会内部几乎没有发生大的社会变革，从而一直延续着母系社会的文化传统；再加上经济条件比较落后，全家都在为生存而奋斗，所以没有严格意义上的“男主外，女主内”的性别分工，也不存在不同的工种评价不同的差别。所以，女性外出从事商贸与社交和男性在家带孩子仅仅是一种分工上的差别，并没有高低贵贱之分。在她们朴素的心中，谁合适谁就做，应该就是唯一的评判标准了。所以，由于当时生产条件的局限性，男性和女性无论是在社会生产还是在家庭中的分工都呈相互交织、相互合作的状态，特别是在家庭生活中几乎没有明显的性别分工，只是在不同的家庭呈现出相互在自愿基础上的个别性差异。男女性别关系更是一种相互体谅、相互尊重的平等关系。

关于夫妻关系，也不是没有争吵和矛盾，但在当时的经济条件下，更多地让步给了生存的现实；家庭在组织生产、安排生活等方面，基本也都是夫妻共同商量决策的。

那个时候家里没什么大事情，没钱买不了东西，也没什么东西可买；大家都穷，谈不上谁做主；最大的事情就是能吃饱肚子，和这个比起来，夫妻吵架都是小事，忍忍就过去了。(61岁的LBC)

而对于现在的学者作为“他者”，在用现代语境和评判标准评价这时的黎族性别关系和家庭地位时喜欢用的“平等”二字，女性自己是这样看待的。

想的最多是吃饱穿暖、怎么养活孩子，当时都没有男女平等的说法，只是后来听到有时村里在宣传“男女都一样，妇女能顶半边天”这样的话，男女干活儿都是为了吃饭活下去。(64岁的ZCQ)

没想过家庭地位，也没有现在年轻人谈的男女平等，家里的事情好像是我做主多些，其实没什么大事需要特别做主的，都是那样过日子，谁先开口事情就定了；别人家有男的做主，也有女的做主，大家都觉得没什么。(64岁的LXH)

你说的平等是现在年轻人想的事情，我们根本不懂，也不会去想。别人

家男女怎么做，我们家就怎么做，没想那么复杂。(68 岁的 LYQ)

可见，家庭地位和男女平等这些打上现代标签的字眼，对黎族女性来说是比较抽象和陌生的。她们在当时没有闲情逸致来额外操心这些空泛的命题，养活年幼的孩子、吃饱穿暖、能够生活下去是当下首当其冲考虑的现实。

综合来看，当时黎族社会的性别分工和家庭性别关系更多的是一种历史文化传统与现实生存的客观条件所共同作用的结果；而于家庭个体和女性自身，更多的则是一种习惯和提高生产效率的策略选择。所以，当时的性别关系和女性家庭地位本质上是由特定的文化传统、社会结构和生产条件所决定的，而不是现代意义上真正的性别平等。所以，给这种朴实的平等打上引号似乎更为恰当。

二、汉化、市场经济、资源劣势——在“男尊女卑”家庭地位中屈服、顺从、反抗的第二代女性

随着新中国的成立，位于五指山腹地的水满乡也打破了世外桃源的宁静生活，与外界的接触开始越来越多，本族人慢慢将经济更为发达的汉族当成模仿和学习的对象，渐渐降低了对本民族传统文化的自豪感与依恋，有些甚至把民族传统当成包袱急于扔掉，扔掉的不仅仅是船型屋、黎锦等专属于黎族的建筑与工艺，还有本民族的文化与风俗。在 20 世纪 50 年代后，汉化对黎族社会的影响也不断从外到内、从表向里渗透。当然，这种渗透和瓦解是缓慢的、循序渐进的，先是从沿海平原地区开始，后来到山区一带，最后到达五指山腹地，凡离沿海平原和汉族居住地越近的，瓦解和过渡就越快，反之就越慢，越深入黎族的中心地区其瓦解和过渡就更晚。所以，海南岛黎族社会调查组得出了这样的结论：“黎族的家庭按地区来说，越向外围，财产由男子继承越明确，私有观念越巩固，男性在社会和家庭中的地位越优越。”[11]

可见，随着与汉族的融合越来越全面和深入，黎族的婚恋观念、性别关系、风俗习惯、性别分工所受到汉族文化的冲击和影响也越来越猛烈。

你说的玩隆闺这些风俗在解放后基本就不存在了，怕人家笑话，女的觉得这样羞，更主要是丈夫也不允许女的这样做了。(58 岁的 ZCH)

不仅仅是“玩隆闺”的婚前性自由受到了约束，就连婚恋自由也受到了父母的干预，不再是完全的自由恋爱，“父母之命、媒妁之言”开始居于上风。

我们这个年代的人大多数都是媒人介绍的，自己看中了，也要请人来做媒。自己看中的，父母不同意，也不行。(56 岁的 FQC)

传统的性别分工和性别平等出现了越来越多的变数，这在越年老的女性身上感受越深刻。

男女分工慢慢变化了，刚结婚孩子小时，都是他在做饭；后来孩子大了，他闲着都等我忙完我来做饭，和以前不一样了。(56 岁的 HX)

说不清楚是什么时候变的，具体变在哪里也说不清楚，没考虑过原因，就是慢慢的一种变化吧。但就是家务事好像我做得越来越多，家里的大事他做主也多了。(50 岁的 LH)

刚开始他（指丈夫）经常做家务、做饭，后来村里的男人做家务的就少了，说是怕别人笑话；有人说是和汉族学的，说是他们（指汉族）是女的做饭多，男的在外挣钱多，我们当然跟着学。(48 岁的 ZT)

男人不做家务事和带孩子好像是慢慢变化的，也说不出具体的时间；村里刚开始有的家里男人做得少，很快很多家都这样了，后来干脆不干了。他们那些男的经常坐在村头聊天，这种事学得快。(51 岁的 ML)

与此同时，女性也慢慢退出了曾经活跃的集市贸易和公共社交舞台。

去市场买卖东西，男人说现在都讲价还价，你又不懂，肯定上当受骗，还不如我去，后来他就拿家庭种的香蕉、木薯去卖了。(55 岁的 FQH)

我们农作物收成少，村里就派人出去向汉人学习经济作物的种植技术，我也想去。但他们那边是男人出来接待，我们这边去的自然就是男人了。(47 岁的 LJC)

当然，风俗习惯的汉化只是促使男性退出家务劳动和女性退出公共舞台的一方面；另一方面，市场经济的发展所带来的劳动生产力的流动更是为性别分工添加了助力。尽管水满乡也从 20 世纪 70 年代末起，农村普遍推行了家庭联产承包责任制并提高了农业生产的效率和家庭收入，然而男性在社会转型期的职业流动机会无疑多于女性，男性从事非农工作和外出打工的远比女性多，他们的收入、见识和才干相比增长更快，拥有的社会资源明显高于女性。

到 90 年代，村里很多人都出去打工了，男的出去多，男的出去安全；他们懂的多，给他们介绍工作的多，男人在外面能干的事也多。(48 岁的 LJC)

女的单独出去的少，都是夫妻一起出去的；女的单独也想出去，但还是有很多担心的，所以结婚了单独出去的少。(46 岁的 FX)

在外打工与在家务农所得的收入存在巨大差别，更重要的是，这种男女两性所获得的经济收入成为衡量对家庭贡献大小的重要标准：收入越高，对家庭贡献越大；反之越小。这种有形收入与家庭贡献挂钩的评价标准直接导致了女性家庭地位的下降。

打工寄回来的钱肯定比我们在家种田的钱多。他挣得多，当然他当家做主了，家里大事如孩子上学、买大件都是他拿主意。(45 岁的 CQ)

他赚钱多，回来说话的口气都变大了。我有时和他争吵几句，他就说你懂什么，你在家挣了几个钱。他回来给孩子们带穿的、玩的、吃的，孩子们也觉得父亲比母亲能干多了。(46 岁的 ZS)

可见，尽管女性承担着农业生产和养老育幼的两副担子，但因为所获得的有形劳动报酬显著少于外出打工的男性，导致了男性油然而生和越来越膨胀的优越感，而无形贡献虽大但有限收入不足的女性却在家庭中地位越来越卑微。

那女性自己是否意识到她们这一代人的性别关系和上一代比在发生变化，并且女性在家庭中的地位在退步，并对这种现象是如何看待呢？大部分女性对这种变化坦然接受，并认为是理所当然，而且很多妻子会主动承担更多的家务事来弥补自己收入贡献小的“心中亏欠”。

能够感觉到这种变化，也没有什么不适应。大家都是这样，也没有什么好抱怨的。(44 岁的 FHY)

当然，也有少部分女性对此是颇有微词并进行反抗的。

过年他人回来了，但家务事和地里农活儿、带孩子都还是我一个人做，他整天出去和朋友喝茶。我就发脾气，说你挣的钱比我多，但我做的也不少，我不做家里的这些事，这个家还在吗！他说村里男人都这样，怎么没见别人吵！你有本事就离婚。(45 岁的 ZKH)

抱怨归抱怨，反抗并没有带来很大的效果。

我有时也抱怨，说他连他爸都比不上，他爸年轻时好歹还做饭。说得多了，只是吵架，他也没改，有什么办法呢，只有慢慢忍受了。(43 岁的 GF)

于是，在汉族“男外女内”的性别文化和“经济基础决定上层建筑”的双重影响下，“男外女内”的性别分工逐渐向汉族靠拢并开始成型固化，“男尊女卑”的家庭性别关系开始逐渐得到认可并得到强化；这在 20 世纪七八十年代流行的黎谚——“男的做头柱，女的做次柱，家里才能圆似果”似乎可以得到证明。

至此，“男主女从”式的婚姻家庭模式和“男尊女卑”的性别关系已经被黎族主流社会文化所认可，形成了较为稳固的性别秩序和家庭关系。

三、旅游经济、性别优势、性别平等——家庭地位不断提高的第三代女性

当 2010 年海南国际旅游岛建设上升为国家战略后，五指山旅游掀起了“民族事物”商品化的浪潮，阳光、沙滩、黎族都是旅游市场主打的营销品牌。作为黎族同胞聚集地的水满乡更是成为民族旅游的典型地方代表。一时之间，“旅游经济”成为社会的主流话语和闲谈的中心词汇，如何能够挤进旅游经济发展的大潮中并且从中分得一杯羹成为乡政府、村集体、每家每户考虑的首要问题。对乡政府和村集体来说，最能体现民族特色和最能吸引游客的是展现本民族特色的“民族风情村”和富有异族情调的黎族女性。于是，伴随着“黎族文化风情村”“槟榔谷”等人文景点的建立发展，黎族女性的形象也开始重新定位和包装。她们作为女性他者的身份和少数民族他者的身份被叠加起来，在旅游经济的大潮中被推上台前。旅游在带给新一代女性无数的机遇和挑战的同时，她们的家庭地位也再一次在国家的宏大叙事、地方经济政策的调整和发展方式的转变中迎来了巨大的改变。

第一，女性在旅游经济的发展中获得了较多的就业机会，经济收入大大提高。在一些黎族村寨旅游景点，最能留住游客目光的是那些年轻漂亮、穿着民族服装、跳着竹竿舞、唱着情歌的女孩，在三月三这样黎族传统的节日中，传统的黎锦结合现代流行元素在女性身上千姿百态的演绎与变换，鲜明地彰显了女性作为本民族文化重要的传承者和阐释者的地位存在。

我们村是五指山重点发展的乡村旅游点，很多家开家庭旅馆，没有开的也在卖水果、特产，收入提高多了。(38 岁的 LL)

有的村建了黎族风情村，游客去得多，收入更高。肯定是我们女的就业机会多，景区的歌舞表演、景点的服务员、清洁工、开家庭旅馆、卖土特产的大多数是女的。男的在工地当工人，有的在景点采购原材料。但总的来说，是女的就业机会、收入多。(37 岁的 FCY)

黎族乡村旅游中舞台表演的都是年轻男女，但女的表演节目多，参与的游戏也多，收入更高。(35 岁的 YL)

第二，女性在旅游发展中的独特作用也为她们能力的发挥带来了机遇。女性除了有较多的参与机会外，在家庭旅馆的开设和民族歌舞的编排等场合还发挥着男性不可替代的作用，而且对于家庭人际关系的扩展和社会网络空间的培育，发挥着极大的主动性和能动性。如家庭旅馆经营的好坏，直接取决于女性当家管理和社交能力，虽然男性可以在后台统筹规划，但出面和游客打交道的基本是女性，女性的亲和表现和接待能力将直接影响游客的去留。

在家庭旅馆，男人出面接待，游客可能觉得不太安全，一般是我们女的在外面招呼客人进门；而且客人需要什么，女的还是清楚些。来游玩的客人多半都是女性游客在提出要求，当然是女的出面进行沟通。(32 岁的 LF)

第三，女性社会网络关系的扩大能够为家庭获取额外资源。随着女性在工作中社会关系网络范围的不断扩大和社会网络节点的不断增加，以及她们与其他网络成员之间建立的良好互动关系，使她们在闲聊中更容易获取最新信息，这些信息包括新增加的就业机会、游客的兴趣爱好等，而这些丰富的信息资源有时能够为家里的男性甚至孩子提供新的就业机会和赚钱渠道，这当然为其家庭地位的提高提供了进一步的支持。

旅游经济的发展和女性在旅游中的优势地位，也逐步改变着上一代“男外女内”的性别分工。因为对家庭而言，将家庭资源重新组合来顺应地方经济发展的大形势是当务之急；将家庭成员个人的行为与家庭收入的最大化紧密联系起来以此达到家庭经济的“帕累托改善”[①]是最现实的考虑；而女性在旅游中所展现的性别优势客观上要求家庭内部的资源和生产要素向其倾斜和进行配置，否则可能会带来家庭经济的损失。

刚开始是我在家做晚饭，但来乡游客都是傍晚来村庄买瓜果，等我做完饭就没生意了；几次之后，家里人就急了，说以后他做饭，让我快点出去。这时我就要出去卖水果，要等我回来做饭，都不知道几点才有饭吃，所以他就做饭了。(33 岁的 FT)

去宾馆应聘服务员，人家问晚上能不能值班，我说不能，孩子还小，晚上需要照顾，他们就不要我了；我回家一说，丈夫就责怪，说你怎么能这样说，你晚上值班，还有我管孩子啊。后来他就真管孩子了。(34 岁的 LM)

除了为获取更多经济利益的考虑，在实践中如果妻子既要在外面挣钱又要包揽所有家务，无论是在体力上还是在精力、时间上都无法胜任，这不得不促使男性花更多时间来照料子女及从事家务劳动。

走出家门的女性除了经济上的收获，心理也改变了很多。她们不仅对自己的评价提高了，而且对女性的整体能力开始重新评价，进而开始思考家庭

① 帕累托改善指在没有使任何人受到损害的前提下，至少对一个人有利。

的性别关系和男女平等等问题。当然，这种思考是模糊的、隐隐约约的，也达不到推翻现有性别制度的程度。

自从办了家庭旅馆，里里外外都是我操心，才知道自己原来还这么能干。(31 岁的 LH)

旅游的事现在多半是女的当家做主。你看，我们村旅游发展得多好，现在谁说女人不如男，我就跟谁急。(30 岁的 FDD)

我有时就看不惯我爸家里什么事都不做，就对我妈说，你在外面也挣钱了，家里又不是爸一个人在支撑，凭什么都听他的。我和我丈夫肯定不是这样，现在不是男女平等了嘛。要是他像我爸，这日子没法过。(28 岁的 ZYT)

旅游的发展使女性逐步走出家庭，在经济上成为家庭中不可或缺或承担了顶梁柱的角色，她们开始在家庭决策中献计献言，掌握了发言权，并成为最终拍板者；男性在旅游发展中的劣势促使他们退回家庭，不得不承担了部分家务，并且让渡了部分权利。女性的“进”和男性的“退”不仅模糊了上一代较为明确的家庭性别分工，而且在客观上促进了家庭性别关系的平等。

关于旅游经济给当地性别关系特别是女性家庭地位带来的变化，女性是这样自我认识的。

和上一代比，我们这一代女人的地位肯定提高了，女性经济上能独立是最重要的方面，但也有受教育程度、观念发生变化的原因。(29 岁的 DX)

女性独立了，对男性也有好处，起码他们负担没那么大了。当然，我们收入提高了，也不是说女人就一定要当家做主，欺负他们，家里主要还是讲道理，谁对就听谁的。(32 岁的 FZY)

男女平等具体要怎样，也说不清楚，就是互相体贴、尊重吧，他工作辛苦我就多做一点家务活儿，反过来也一样。(28 岁的 LX)

我妈那一代的生活方式我肯定不赞同，女的不比男的弱，为什么一定要

在家做牛做马还不被人尊敬！我觉得旅游的发展对女性来说最大的好处是让男性看到了我们的能干，不比他们差。(27岁的FKM)

当代西方大师级学者安东尼·吉登斯在“后现代”语境中，提出了“生活政治”概念。他认为，作为“进步主义启蒙运动的普遍律令”[12]的解放政治不仅表现为打破传统非合理社会制度的全面控制，同时它也可以表现为个体对自身生活方式的调整和选择以及一切有利于自我实现的生活和行动。这样，如果说以“打破父权传统枷锁、推翻性别压迫”为旨归的现代妇女解放运动是典型的解放政治实践，那么广大女性能够在日常生活中广泛自主行使权利，通过日常生活中的自我选择、自我成长与自我实现，哪怕它们是日常生活琐事，都可以成为性别平等的合法内容甚至经常性内容，都可以达到吉登斯所说的“生活方式”的政治。那么，在旅游经济中成长并成家的新一代，她们的自我肯定和自我发展是不是也是一种解放了的“生活政治”呢？

四、结　语

在社会对家庭性别关系进行建构的过程中，政治、经济、文化、风俗习惯、意识形态等多重权力的重叠都在不同时期共同影响和发挥着作用。因此，黎族女性的家庭地位，在不同的时代背景、不同的社会生产条件中，会呈现出差异性，并且会在宏观大环境和微观场域中发生一系列的变化，这既有国家宏观叙事的强制力量，也有黎族在现代化进程中不断汉化的外界影响，更有女性整体受教育程度的提高和自我意识的增强等多种因素；进入21世纪，又有旅游经济的强势介入，这些都共同影响着女性家庭地位的变迁。在黎族女性的口述史中，纵观三代不同女性的家庭地位大致是这样变迁的：从没有严格意义的性别分工到完全的“男主外，女主内”再到男女分工的混合交织状态；女性从完全没有性别意识到烙有封建色彩的性别意识再到现代意味的性别意识；从朴实的家庭性别关系平等到严重的性别不平等再到一定范围内的性别平等。这种变迁是黎族人在历史文化、市场经济和旅游发展过程中传承、博弈、融合的一种适应性结果：从理论层面分析是资源理论和习俗文化规范理论共同作用的结果；从现实层面看是市场经济和性别资源整合的策略选择。

【参考文献】

[1] 孙绍先，欧阳洁．黎族女性文化专题研究[M]. 海口：南方出版社，2008：1.

[2] 海南省五指山市人民政府网[DB/OL]，http://www.wzs.gov.cn/.

[3] 张庆长．黎岐纪闻[M]. 广州：广东高等教育出版社，1992：12.

[4] 黎族简史编写组．黎族简史[M]. 广州：广东人民出版社，1982：56.

[5] 黎族简史编写组．黎族简史[M]. 广州：广东人民出版社，1982：23.

[6]《黎族社会历史调查》编写组．黎族社会历史调查[M]. 北京：民族出版社，1986：47.

[7] 董小俊．海岛五指山太平村黎族[C]，载《五指山脚下的耕耘》（海南省民族研究所编）．昆明：云南民族出版社，2004：31.

[8] 孙绍先，欧阳洁．黎族女性文化专题研究[M]. 海口：南方出版社，2008：11.

[9] 韩立收．黎族风俗习惯规则基本理念探讨[J]. 原生态民族文化学刊，2009，1（4）：50-56.

[10] 孙绍先，欧阳洁．黎族女性文化专题研究[M]. 海口：南方出版社，2008：2.

[11] 中南民族学院全书编写组．海南岛黎族社会调查[M]. 南宁：广西民族出版社，1992：83.

[12] 安东尼·吉登斯．现代性与自我认同［M］．赵旭东，方文，译．北京：生活·读书·新知三联书店，1998：23.

共融、平等、互助：基于个人叙述的中华民族共同体意识

于凤静 *

摘要：口述史是基于个人叙述的微观层面的历史。额尔登挂生前被誉为“鄂伦春族文化的活化石”。在额尔登挂老人关于个人的生活和工作经历、关于民族历史与文化的记忆及自我体验等的口述记忆中，鄂伦春族的历史文化充满了个性与感性的意蕴，体现出其个人对中华民族共同体的独特体验、认知与理解，丰富、活化了中华民族共同体意识的抽象历史表述，其口述的历史镜像透视出中华民族共同体意识的历史渊源。

关键词：额尔登挂；口述史；中华民族共同体意识

习近平总书记于2022年3月5日在参加十三届全国人大五次会议内蒙古代表团审议时强调，要紧紧抓住铸牢中华民族共同体意识这条主线，深化民族团结进步教育，引导各族群众牢固树立休戚与共、荣辱与共、生死与共、命运与共的共同体理念，不断巩固中华民族共同体思想基础。

口述史是基于个人叙述的微观层面的历史。因为微观，故而可以更加生动、细腻、可感地反映着历史镜像。

额尔登挂是鄂伦春自治旗鄂伦春族非遗项目“赞达仁”的国家级传承人，

---

* 于凤静，博士、教授，武汉东湖学院文法学院特聘教授。本文在《共融·平等·互助：中华民族共同体意识的记忆——基于对国家级非遗传承人额尔登挂的口述史访谈》（《中国妇女报》2023年3月21日第6版）的基础上补充相关内容。

生前被誉为“鄂伦春族文化的活化石”。2014—2019年，课题组通过长期深入的访谈，对额尔登挂老人的生活和工作经历、关于民族历史与文化的记忆及自我体验等的口述做了全面翔实的记录、整理和注释，形成了几十万字的口述历史文本。额尔登挂自幼失去双亲，被鄂伦春族人和猎民养大，虽然童年饱经磨难，但耳濡目染了鄂伦春人原汁原味的民族文化，她谙熟北方世居民族的生存和发展轨迹，精通鄂伦春族很多文化技艺。作为鄂伦春族第一代接受中国共产党领导下的良好现代教育的有为青年，她的一生中先后在乡镇基层单位和多个政府行政机关担任过领导职务，拥有从氏族生活时期到日伪统治时期，再到东北光复、参加新中国建设、直至当代改革开放时期全景式的社会阅历和丰富而深刻的感受。在额尔登挂的口述记忆中，鄂伦春族的历史文化充满了个性与感性的意蕴，体现出其个人对中华民族共同体的独特体验、认知与理解，丰富、活化了中华民族共同体意识的抽象历史表述，其口述的历史镜像透视出中华民族共同体意识的历史渊源。“多民族一家亲”“兼和相融”的共同体意识贯穿于额尔登挂老人的口述历史中。

一、多元一体的共融意识

口述史不同于记录集体记忆的社会历史，它突出的一般是个人的见闻、经历和体验。这些看似琐细的事件和独具个性的阅历，在集体行为和社会发展的宏观背景中，生动地折射着历史与文化的丰富意蕴和基本认知。

甫一见面，额尔登挂老人就开门见山：“我原来的姓氏是‘柯尔德耶勒千’，但为了与其他民族包括汉族交流，就学了汉族的习惯，起了一个汉姓——何。这个‘额尔登挂’是以后的名字，以前我的乳名叫天梅。天梅（这个名字）是我爸爸的朋友——汉族人给起的。我在扎兰屯上学以后，师生中有蒙古（族）人、达斡尔族人、鄂温克族人和汉族人，‘额尔登挂’就是一名蒙古族同学给起的，就是一个人有智慧、有能量、有知识的意思。”老人自豪地说："一听我的名字，就知道了我们多民族一家亲啊！"

1931 年，额尔登挂出生在大兴安岭绰尔河畔的鄂伦春氏族村落，她的祖辈、父辈都是鄂伦春族猎民。1948 年，17 岁的额尔登挂作为第一批走出氏族村落的鄂伦春族学生，来到当时中国共产党在内蒙古扎兰屯举办的青年班参加培训学习。自此，她的眼前打开了一个崭新的世界。额尔登挂既受到了原汁原味的鄂伦春民族文化的熏染，又见证了本民族文化的发展进步，对多民族的多元一体的共融场景有深刻的记忆。

额尔登挂说，"民族一家亲"不是一句空洞的说教和理论，对祖辈、父辈有关民族迁徙和融合的讲述，她都有着深刻的记忆、理解。"我们氏族在黑龙江北的时候，居住在石勒喀河。康熙年间，我们都往黑龙江南面跑。一看草地那儿蒙古人过得挺好，一些人就留在那儿了，不走了。蒙古草地那儿扔下了不少人。什么叫扔啊？——路过了某个地方，他就找朋友：这个地方挺好，我就留在这儿，我不跟你们走了——这叫扔。往黑龙江这块儿搬来的时候，两三万鄂伦春人啊，到了甘河、诺敏河[①]的才一千多人——（那些人）都融进当地的人口里去了。"她说，她们的氏族在往草原和大兴安岭地区迁徙的过程中，一些人早就与蒙古族、鄂温克族和赫哲族的民众融合在了一起。"不管是放牧的蒙古族人、种地的达斡尔族人、养'四不像'的鄂温克人，还是会捕鱼的赫哲人，我们都是邻居，谁也离不开谁的。"

口述史作为个人的口述记录，既是个人生动、琐碎的亲身经历，也包含对先辈的历史记忆的传承。额尔登挂口述的经历和传承的记忆，带有鲜明的个性特征，同时也折射着鄂伦春族的集体记忆和社会记录的色彩，是反映着民族和历史的生动镜像。1988 年 4 月，费孝通先生在大兴安岭鄂伦春自治旗考察拓跋鲜卑族最初居住的石室旧墟嘎仙洞时曾触景生思：我国历史上南下的北方民族可能有不少像鲜卑族一样，"他们从森林里狩猎开始，下到草原上

① 甘河是嫩江的较大支流，发源于大兴安岭山脉东，于黑蒙交界处附近汇入嫩江。诺敏河是嫩江西岸支流，发源于大兴安岭支脉东南麓，在黑龙江省甘南县附近注入嫩江。此二河流域是当时大兴安岭地区鄂伦春族重要的聚居地。

放牧，壮大后驱骑南下，入驻农区，然后在中原文化的大熔炉里化成其他民族的一部分”。额尔登挂老人以其口述的记忆印证了费孝通先生的论断。额尔登挂老人认为，鄂伦春族人从黑龙江以北南下的时候，尽管驻足于大兴安岭与小兴安岭，但其大部仍与蒙古族、鄂温克族、满族、达斡尔族和后来入关的汉族等民众融为一体，形成了水乳交融、多元一体的民族格局。

二、和睦相处的平等意识

美国口述史专家唐纳德·里奇认为，口述历史及其个人记忆能够为历史提供新的维度。因为其他的史料都只能提供历史上的人物、事件、时间、地点，但口述历史访谈却能在“为何”和“如何”上提供更丰富的见解和内涵。

作为鄂伦春族民歌“赞达仁”的国家级非遗传承人，额尔登挂毫不掩饰自己对本民族民歌的喜爱。她说：“这民族有民族感情，听到自己民族的民歌的时候，绝对是有感情。但是（对我来说）最好听的歌里还有：一个是写蒙古人的，一个是藏族人的。那歌好听，悠远、辽阔，你草地里头唱也行，你高山里头唱也行，那歌确实是好听。”老人丰富的人生阅历令她开阔了眼界。她说：“上学的时候，（班里）有朝鲜族人，有蒙古族人，有汉族人。汉族人的歌、蒙古歌、朝鲜歌啦，你随便唱。新疆歌曲、草原歌曲、蒙古歌曲我都会。”2006年，当时已75岁的额尔登挂随内蒙古呼伦贝尔五彩合唱团先后到过北京、上海、深圳、香港、台湾等地区演出。她熟练地用鄂伦春语、鄂温克语、达斡尔语和蒙古语演唱民族民歌，引起轰动。她说：“我不感到陌生、隔阂，我一样感到亲切和自豪，因为我从小就会唱这些歌。”是党的领导、党的政策、党对鄂伦春族的关照，为热爱鄂伦春民歌的额尔登挂创造了接触其他民族民歌的机会，额尔登挂又在党的引领下，以其个人的努力广泛传唱多民族民歌，在其歌声中飘荡着民族平等、民族和睦的旋律，在中华民族大家庭中发挥个人对民族平等、民族和睦的促进作用。

其实通过口述的记忆和历史传承，额尔登挂老人对多民族和睦相处的平等意识还有着自己更独特、更生动的记忆和理解。她说，（鄂伦春族和别的民族最大区别）：我们是猎民，以打猎为生，跟其他民族的利益没有冲突。其他民族在草原的地方可以养羊，在河流旁边也可以种地，“这对于我们来说，都是不相关的地方。我们各自安然相处”。古时鄂伦春人就有“五兄弟说”，即满族人、鄂温克人、锡伯人、鄂伦春人和赫哲人是平等的“五个兄弟”。“（比如）你们上海人、北京人、这儿人、那儿人的，虽都是汉族人，可分散（各地）时间一长就各有各的方言了，广东、广西不是都各有各的方言了吗？世界上也各有各的语言了，鄂伦春人也是那样。过去人说，鄂伦春人曾经是哥五个。哥五个里头谁老大？有的人说满族人是老大，因为他（做过）皇帝你认为他是老大，那不可能！满族人、鄂温克人、锡伯人、鄂伦春人，还有赫哲族人都是北方少数民族。所以，这哥五个地位是平等的。”

额尔登挂老人的口述，体现了个体经历中个人对民族平等、民族和睦等理论和行为在“为何”和“如何”上的独特认知和阐释，这种认知和阐释渗透着民族文化和民族性格的典型性。这是口述史独有的历史和学术魅力。

三、休戚与共的互助意识

在额尔登挂老人的口述记录中，鄂伦春族民众与北方其他少数民族休戚与共的互助活动对她影响巨大，记忆也十分深刻，因此她关于这方面的口述记录丰富多彩、鲜明生动，这对民族公共记忆的累积和形成意义十分重大。

老人说，新中国成立前她们的民族社会实行的是猎物均分共享制，每个居住点、狩猎点附近的山上还都要留有食物或生活工具，以便迁徙时后来者使用。“鄂伦春人山上都有仓库——呢胡，山上冬天用的东西都往那里存，咸盐、粮食、干肉那里头啥都有。谁有路过的时候，谁都可以吃——吃的东西绝对开放。吃完了，你回家时告诉那个主人就行了。”鄂温克族、汉族，甚至是俄罗斯的猎人都曾光顾他们家的“呢胡”，她的爸爸也因此结识多个不同民族的好朋友。老人告诉我们，经常在树林子里头靠打猎生活的，一个是鄂伦春人，另一个是鄂温克人。鄂伦春族人尽管在树林里驰骋往来，但从不单打独斗，鄂伦春族也与其他民族团结协助、互通有无。老人告诉我们：种地的达（斡尔）族人也打猎。他们打猎的时候，不单独出去，一般跟鄂伦春人合到一块儿。他们需要鄂伦春人猎获的动物皮毛，鄂伦春族人也需要他们的黑茶、烟叶、黍米、棉线等。至于马匹、食盐、烟斗等也常与蒙古族人、鄂温克族人互通有无。

这种多民族休戚与共的互助行为既体现着传统民族的共享共存观念，也显示着族群（人际）交往的友爱与诚信。老人讲道，他们当时吃的是蒙古炒米（用糜子经过蒸、炒、碾等多道工序加工而成的，再兑上奶茶和白糖等搅拌而食）那种东西。“我家这边儿口人，我需要多少粮食，这烟一年我要抽多少套，多少咸盐，多少套棉花线都计算好，与达（斡尔）族人订好‘合同’。”这个“合同”其实就是口头协议，与达斡尔族商人——鄂伦春族人叫“安达”——约定交易的时间、地点、货物等，风雪不误，童叟无欺。

久经历史的个人阅历、记忆和口传，积淀成了鄂伦春与北方少数民族之间的共同享有、信守承诺的社会意识和文化心理，慢慢地就会形成影响深远的公共记忆。因此，口述史对公共记忆的建构具有不可替代的作用。近年来，有关鄂伦春族的口述史论著多有面世，仅《鄂伦春族口述家族史》（吴亚芝，2016)、《山上啊，山上！——鄂伦春猎民口述史》（于硕、赵式庆，2017)、《山上，山下——大兴安岭鄂伦春人的口述与青年学生的感悟》（何文珍，2018）三本著述，就记录了近九十位鄂伦春族人有关社会变迁和自己心路的发展、成长历程，展示出鄂伦春族与其他东北少数民族休戚与共的互助关系，体现了口述史作为公共记忆的深度和广度，为社会历史贡献了“公共记忆的统计学真相”，也为中华民族共同体意识的历史渊源做了生动的诠释。

在口述史的记录中，老人多次强调：“呼伦贝尔的少数民族，不管是‘三少民族’[①] 还是其他少数民族，（现在过上了）天堂一般的生活，社会和谐，我们都团结。”“社会和谐啊，民族团结啊，这两个词语是伟大的。这个民族和谐了，共同建设中国，大家都享受。哎，落后你可以帮助它，让它共同一起（发展）起来。”额尔登挂的口述，既是其个人对鄂伦春族历史独特而鲜明的经历与体验，还能通过挖掘与恢复可能被书面记录忽视或排除在外的个人的声音和观点，在众声喧哗的记忆纷争中逐渐显露公众生活历史的真相，大大增强人们的公共意识及其集体认同，对民族优秀传统文化的挖掘和传承，促进新时代的文化自觉、文化认同和文化自信，进一步铸牢中华民族共同体意识大有裨益。

【参考文献】

[1] 费孝通 . 行行重行行——中国城乡及区域发展调查（上）[M]. 北京：群言出版社，2014：380.

[2] 唐纳德 · 里奇 . 大家来做口述历史 [M]. 王玉芝，姚力，译 . 北京：当代中国出版社，2006：2.

[3] 杨祥银 . 口述史在调查研究和公共政策中的价值 [N]. 中国青年报，2023-04-18（10）.

① 内蒙古自治区的“三少民族”多指鄂伦春族、鄂温克族和达斡尔族。

第四章

妇女口述史文献的收集与整理

民族文化传承视域下土家族挑花口述历史研究

彭 燕 刘梦婷 周 冰*

摘要：土家族挑花不仅是我国非物质文化遗产，也是土家族女红文化的优秀代表，但在经济全球化的冲击下濒临绝迹。在民族文化传承发展视域下，应用口述历史对少数民族濒危口传文化进行抢救性研究已刻不容缓。文章分析了土家族挑花的传承现状，阐述了吉首大学图书馆应用口述历史研究土家族挑花的必要性与措施，并探讨了该馆口述历史工作的未来设想，以期为图书馆在民族口述历史研究中的实践提供有益探讨和尝试。

关键词：文化传承；土家族挑花；图书馆；口述历史

一、引 言

民族文化是某一民族在漫长的生产生活中创造出来的具有本民族特色的精神和物质文化的总和，是极其珍贵的文化遗产。但在经济全球化的冲击下，

* 彭燕，女，土家族，湖南张家界人，吉首大学图书馆工作人员，研究员，硕士生导师，主持国家社科、教育部及湖南省社科等课题十余项，发表学术论文三十余篇，研究方向为少数民族口述历史与图书馆文献学。刘梦婷，女，汉族，吉首大学旅游学院2021级图书情报专业硕士，河南焦作人，研究方向为少数民族口述历史与图书馆文献学。周冰，女，汉族，吉首大学旅游学院2021级图书情报专业硕士，河南商丘人，研究方向为少数民族口述历史与图书馆文献学。本文为2020年度国家社会科学基金一般项目《武陵民族地区濒危传统技艺口述史料采辑与保护利用研究》（项目编号：20BTQ037）的阶段性成果。

很多优秀的民族文化逐渐被淡化、替代，面临着失传与消失的危机。近年来，在民族文化传承发展的视域下，土家族散落在民间的濒危文化在较大程度上得到了挖掘和保护，但作为土家族女红文化重要组成部分的挑花，一直没有受到足够的重视，目前面临着失传的险境。土家族无文字，挑花的技艺是以口传心授的方式传承，一旦掌握该技艺的传承人离世，他们所承载的技术与文化信息也将随之消失，抢救性保护研究已刻不容缓。

口述历史作为一种跨学科研究方法，以系统收集、记录与阐释口述史的特性，被广泛应用于人类学、民族学与图书馆学等领域。图书馆界应用口述历史记录和抢救濒于失传的民族文化由来已久，笔者在此不再复述图书馆与口述历史研究的缘起、发展和宽泛层面上的意义，这些主题目前已爬梳出颇为清晰的脉络。[1] 本文以民族文化传承为背景，结合吉首大学图书馆对土家族挑花口述历史研究的实践，探寻土家族挑花的保护与传承之路，以期为图书馆在民族口述历史研究中的实践提供有益探讨和尝试，以推动图书馆特色资源建设。

二、土家族挑花的溯源与现状

（一）土家族挑花的溯源

挑花是因技法特殊而从刺绣中分离出来的一种工艺。土家族挑花（土家语：布拉丝卡普①）俗称挑纱（卡普突）、数纱（卡普嘿）或扯扯花（卡普迟），主要是在直纹棉布上，按照布纹的经纬十字交点，用对比度较高的棉线挑绣成各种不同的图案。挑花制品曾广泛用于土家人的铺盖、手帕、帐檐、服饰

① 本文土家语注释均由龙山县州级土家语传承人彭英子翻译。彭英子，1955 年出生，湖南龙山县人，1978 年开始研究土家族语言，在坡脚乡担任土家语言地区首个实验教学老师，是创办“汉语、土家语双语双文接龙教学”班的成员之一。

与花带等日常生活用品中，其质地结实、画面布局精巧匀称，彰显着浓郁的民族特色。土家族挑花起源于何时，因土家族无文字，且1957年才被认定为单一民族，笔者经查众多史籍没有相关定论，但从一些古籍与考古中找到了一些痕迹。据《永顺县志》载：土司时期男女服饰一式，头裹刺（刺即挑）花布巾，穿衣裙且刺花边；[2] 清代诗人彭秋潭在《竹枝词》中道："溪州女儿最聪明，描锦挑丝最有名；[3]1988年，永顺老司城考古发现八块人物造像砖雕，雕像中清晰可见古人服饰上的挑花图案……[4] 由此可见，土家族挑花至今已有1000多年历史，曾在明清广为流传。

（二）土家族挑花的现状

土家族挑花不仅是土家人一种生活用品和民俗的载体，还充分体现了土家妇女的聪明智慧和审美情操。但在现代化背景下，土家族许多人尤其是年轻一代更是推崇现代的技术和文化，[5] 使挑花技艺逐渐被忽视、遗忘。其原因主要有：第一，土家挑花纯手工制作，与现代机械生产的同类产品相比价格不菲，使其生存空间日渐萎缩；第二，挑花制作耗时、收入低，使很多土家人不愿居住在闭塞的山沟里学此技艺，更愿外出择业；第三，挑花传承人大多年事已高，挑花制作已力不从心，而年轻一代不愿学此技艺，从而导致挑花传承后继乏人。

为了解土家挑花的研究现状，笔者以中国知网（CNKI）对"土家挑花"进行检索，结果为无对应的分组数据。通过互联网搜索"土家挑花"，仅找到几张土家族挑花图片和几家网站同时转载《土家织锦》中田明对土家挑花略有提及的短文，[6]56 暂无其他相关研究。更为遗憾的是，国内部分网站竟将土家织锦与土家挑花混为一谈，如将土家族织锦被面称为土家族挑花被面[7]，对不熟悉土家挑花的浏览者造成了严重误导。

三、图书馆应用口述历史研究土家族挑花的必要性

（一）保护与传承土家挑花技艺的迫切需要

口述历史在图书馆界最早是用来搜集、保存人类口述的资料，而口述史料以独特的地域性与原生性迅速成为不同区域图书馆的特色馆藏资源。土家族世代居住在湘、鄂、渝、黔毗连的武陵山片区，有自己的语言但没有文字，其文化传承依靠口传心授。土家族挑花颇具特色（2016 年被列入湖南省非物质文化遗产名录），民族学家彭武一曾这样描述：土家族工艺美术有两朵花，一为打花（织锦，2006 年被列入首批国家非物质文化遗产名录），一为挑花；打花取色浓重、豪放，挑花取色恬静、淡雅……[7] 可见土家挑花与土家织锦曾异曲同工，相辅相成，为同根异株的两朵民族工艺奇葩。但目前土家挑花技艺仅掌握在少数高龄传承人的记忆中，如再不应用口述历史对他们的口述信息进行挖掘，土家挑花必将面临“人亡艺绝”的宿命。吉首大学图书馆作为武陵山片区的文化信息资源中心，理应责无旁贷地担负起保护、传承与弘扬土家族挑花的历史使命。

（二）建设与完善图书馆特色资源的必要举措

图书馆作为信息资源的收藏单位，以往的工作重点大都放在文献史料的收藏上，对口述史料的收藏则关注不多。目前，我国图书馆口述历史研究体系主要由资源建设与重大历史事件组成，如国家图书馆以重要事件、人物为专题的中国记忆项目和湖南图书馆对抗战老兵进行的口述历史研究等。而对少数民族尤其是土家族口述历史，却涉及不多。用口述历史记录民族的历史，特别是用来抢救民族濒危口述史料，已成为国外很多机构口述历史研究的重要组成部分。如苏格兰国家博物馆“苏格兰：不断发展的民族”展厅通过口述历史方法的合理运用，生动且全面地展现了本土近现代民族史。[8] 吉首大

学图书馆自2011年申报的民族口述历史研究项目获教育部基金立项后，一直致力于武陵山区民族口述历史的研究，已形成了以民族口述历史为特色的馆藏体系。应用口述历史对土家族挑花进行研究，不仅能抢救、传承土家族挑花技艺，搜集、保存土家族濒危口述史料，更能建设、完善吉首大学图书馆民族口述历史特色资源。

四、吉首大学图书馆土家族挑花口述历史研究的实践

（一）土家族挑花口述史料的搜集

1. 联系各界，广泛搜集土家族挑花文献史料

图书馆开展口述历史研究工作，离不开社会各界的支持。少数民族地区民委、非遗中心等单位及民族专家长期从事地方文化研究，可为我们研究民族口述历史提供重要的信息资源。为此，吉首大学图书馆土家族挑花口述历史研究项目组（以下简称项目组）于2015年6月至9月，先后对土家族集聚区的湘西州、恩施州、张家界市各级非遗中心、民委、文物局与博物馆等单位进行了走访调查，采访了罗仕松、向光清等土家族研究专家12人。获土家族挑花简介7篇、图片38张、挑花实物拍照109张并提供了9位挑花人信息。所获文献史料虽极其有限，但为项目组提供了珍贵的搜集线索，并对我们今后的工作提出了很多宝贵的建议。

2. 田野调查，选定土家族挑花口述访谈对象

为挖掘土家族挑花第一手史料，项目组根据社会各界提供的土家族挑花

人信息，再于2015年10月至2016年5月，对土家族集聚区的十多个村寨进行了田野调查，访问了30多位土家挑花知情人，如永顺县对山乡的张家英现年90岁，曾是湘西土家族有名的挑花女，现因视力与记忆力衰退已不能进行挑花制作。经知情人引荐与项目组成员实地核实，共找到5位还能进行挑花制作的人，其概况整理见表1。

表1　土家族挑花制作人概况

姓名概况	籍贯	出生时间	所获荣誉	与挑花的渊源
佘爱群	永顺	1956年	2012年被评为“湘西州土家族挑花传承人”；2015年作为土家挑花主要传承人被永顺县非遗中心申报湖南省非物质文化遗产名录获批准；土家挑花作品：《土家迎亲图》获2012中国工艺美术博览会银奖，《福禄双全》获博艺杯工艺美术精品展金奖等	从事土家挑花50余年，收藏挑花作品百余件；目前从事土家挑花的制作与传承工作
刘代娥	龙山	1955年	2006年被龙山县政府评为“优秀工艺大师”；2007年被授予土家织锦“中国非物质文化遗产传承人”；制作的挑花服饰1998年在“中国民族服饰博览会”上获“优秀奖”	从小学织锦，后来学挑花；认为土家族挑花很有特色，很想将土家织锦与挑花相结合创新；现偶尔挑花，收藏挑花作品30余件
刘代英	龙山	1960年	2002年被评为“湘西州土家族织锦传承人”；制作的挑花服饰1998年在“中国民族服饰博览会”上获“优秀奖”	会挑花、织锦，现偶尔挑花；收藏挑花作品5件
程远英	龙山	1966年	2006年被授予“中国优秀织锦工艺传承人”称号	会挑花、刺绣、织锦，收藏挑花作品3件；现偶尔挑花
张绣云	张家界	1966年	2013年被评为“湖南刺绣工艺大师”	会挑花，刺绣、织锦，收藏挑花作品50余件；现偶尔挑花

由表1可以看出：佘爱群为土家族挑花目前最具权威的传承人；刘代娥虽是土家织锦国家级非遗传承人，但挑花技艺同样精湛，对土家挑花颇有关

注。为此，项目组选定余爱群与刘代娥为土家族挑花主要口述访谈对象。

3. 口述访谈，获取土家族挑花口述史料

口述访谈是口述史料搜集的基本方法，也是口述历史研究的基本前提。当土家族挑花主要访谈对象确定后，项目组为余爱群与刘代娥各建立了一份档案，分别记录她们的简历与联系方式等信息，并根据个人情况针对性地设计了访谈提纲。2016 年 8 月至 2017 年 2 月，项目组先后对刘代娥与余爱群进行了 16 次的口述访谈，取得了珍贵的挑花口述史料，汇总统计见表 2。

表 2　刘代娥、余爱群土家族挑花口述访谈所获史料汇总表

次数	访谈时间	访谈对象、访谈地点	访谈提纲	访谈主要内容	拍照数量（张）	现场录音与视频时长	笔记与文字转录字数（字）
1	2016 年 8 月 1 日上午	刘代娥、龙山县惹巴拉刘代娥家中	家庭情况、从事土家织锦与挑花的经历；个人了解的土家族挑花传承现状	1955 年出生，童年家庭条件困难，11 岁学土家织锦，之后学挑花；20 世纪 80 年代后一直从事织锦，偶尔挑花；现周围无人挑花，想将两者结合创新	28	1 小时 39 分	8368
2	2016 年 8 月 1 日下午	同上	制作土家挑花的工具、原材料的制作及挑花的针法	挑花的制作工具：针、棉线与土布；详述了原材料的制作步骤及染料的获取方法；介绍了土家挑花的针法	25	2 小时	6153
3	2016 年 8 月 2 日上午	同上	演示土家挑花的各种针法	演示了挑花的十字针、一字针等针法，重点介绍了湘西土家独有的“拉花”针法	32	1 小时 52 分	5874
4	2016 年 8 月 2 日下午	同上	土家族挑花图案的题材与寓意	图案题材有动物鸟兽、植物花卉与生活用品等，对常见图案的寓意进行了阐述	15	2 小时	6312
5	2016 年 8 月 3 日上午	同上	土家族挑花的颜色及搭配技巧	多以黑、白、红色为底布，配线以具有对比度的暖色为主，配色多依个人爱好搭配	60	1 小时 42 分	4536

续表

次数	访谈时间	访谈对象、访谈地点	访谈提纲	访谈主要内容	拍照数量（张）	现场录音与视频时长	笔记与文字转录字数（字）
6	2016年8月3日下午	同上	土家织锦的制作步骤、土家织锦与挑花的区别	介绍了土家织锦的制作工具与步骤，取出了珍藏的土家族挑花与织锦实物多件，就两者区别进行了详细说明	239	2小时	6543
7	2016年11月24日上午	余爱群、吉首市文艺路余爱群家中	个人经历、生活现状及对土家族挑花传承现状的了解	1956年出生，父亲为南下干部，从小随外婆学挑花、刺绣；现在北京从事土家文化传承工作，会挑花；介绍了两次申报挑花传承人的经过	49	2小时	6287
8	2016年11月24日下午	同上	土家挑花的制作工具、原材料的制作及挑花针法	挑花的制作工具针、棉线与土布；介绍了棉线、土布的制作、染色过程及土家挑花的多种针法	20	1小时58分	7674
9	2016年11月25日上午	同上	演示土家挑花的针法	详细演示了土家挑花十字针、一字针、回复针和逗花针的针法	68	2小时	4653
10	2016年11月25日下午	同上	土家族挑花图案的题材、构成及其寓意	图案有几何纹、天象地物、文字、动植物与生活器物等；图案由抽象、具象与意象式构成；阐述了部分图案的寓意	32	1小时49分	7674
11	2016年11月26日上午	同上	土家族挑花的色彩及配色技巧	土家族挑花分彩挑和素挑，拿出自己的作品对两者的区别、用色、配色技巧进行了详细介绍	127	1小时56分	6964
12	2016年11月26日下午	同上	土家挑花与刺绣区别，对其收藏的实物进行拍照	刺绣工具：绷子、丝绸、丝线与针，演示了土家刺绣的针法；取出了珍藏多年的土家族挑花与刺绣实物多件	480	2小时	5436
13	2016年10月16日上午	刘代娥、龙山县惹巴拉家中	对上次访谈转录的文字稿进行确认、签名认可	对转录的文字稿进行了仔细核对并签名认可，对挑花图案与拉花针法进行了补充	35	1小时26分	2963

续表

次数	访谈时间	访谈对象、访谈地点	访谈提纲	访谈主要内容	拍照数量（张）	现场录音与视频时长	笔记与文字转录字数（字）
14	2016年10月16日下午	同上	个人对土家挑花传承与保护的建议	建议：以政府为主导、提高传承人待遇、多宣传土家挑花等，再次拿出几件精美的土家挑花实物	198	2小时	3543
15	2017年2月15日上午	余爱群、吉首市文艺路家中	对上次访谈转录的文字稿进行确认、签名认可	对转录的文字稿进行了仔细核对并签名认可，对挑花的针法与配色部分进行了补充	30	2小时	3939
16	2017年2月15日下午	同上	对土家挑花传承与保护的建议	建议：政府重视、加强宣传与传承人培养，对挑花产品进行创新等	28	1小时39分	4421
	合计				1466	30	91340

访谈时，项目组4名成员[①]分工合作：彭燕负责访谈、现场笔记及用录音笔记录现场的声音；余弦、何艳群负责照相，用相机对访谈对象与挑花实物进行多角度多维拍照；李良嘉负责摄影，运用环境远景与人物访谈近景等对访谈现场进行了综合摄像。访谈时访谈者一般根据访谈提纲的顺序进行逐条询问，并做简短的访谈笔记。为保证口述资料的品质与原始性，每次访谈时间控制在2小时内，访谈对象口述时不打断她们的叙述。

① 彭燕，土家族，吉首大学图书馆研究员，主持国家社科、教育部及湖南省社科等课题十余项，研究方向为少数民族口述历史与图书馆文献学。余弦，苗族，吉首大学图书馆助理馆员。何艳群，吉首大学图书馆副研究馆员。李良嘉，吉首大学外国语学院讲师。

（二）土家族挑花口述史料的整理

1. 将挑花访谈资料转化为文本形式

通过口述访谈获取了访谈笔记、照片、音频与视频等土家挑花资料后，项目组首先要做的是对访谈笔记进行逐页审查与补充、核实记录的完整性，以防时间过长而遗忘。然后对收集到的每一份资料进行详细的馆藏登记、分类归档并添加文字说明。最后将音、视频逐字逐句地转录为文字（对受访者要求不能公开的段落要做标记），为保持口述史料的"原始性"，不进行归纳与概括。访谈时受访者一般使用方言口述（少量土家语），在译为文本时对外人难以理解的话语要进行注释，如布拉丝卡普（土家族挑花）、巴舍儿（背心）、嘎婆（外婆）等，以避免口语信息的流失。

2. 查证口述访谈内容的真实性

口述史料整理时要将整个口述访谈内容作一整体分析、诠释，当访谈内容出现特定名词或涉及人物、事件时，一定要求证口述人、知情人或查询文献史料核实。如刘代娥说："拉花是湘西土家族独有的一种技艺"，项目组为此求证了在土家族文化研究上颇有建树的两位专家，永顺县原文物局局长向某和原民委干部罗某，通过访谈证实了刘代娥的说法正确。访谈内容如下：

问（彭）：向局长您好！我有几张龙山刘代娥提供的"拉花"图片，想请您确认一下这是什么针法？

向：花里装花，叶子上也可以装花，这是土家族的一大特色。早年我见过，我们这边一般叫扯扯花，龙山那边叫拉花，都是挑花的一种回复针法，只是叫法（说法）不同。

问：刘代娥说在国内各种会展上没见过这种针法，说这可能是湘西土家族特有的一种技艺，你们认为这种说法对吗？

向：少少少，这种的确很少。以前土家族的那些妇女并不懂什么针法，都是自己发挥，觉得哪种针脚好看、耐用就延续下来了。这个以前在我们浪溪与对山乡出现过。

罗：挑花针法有好多种，她这种跟着线任意走的应该是扯扯针。永顺对山与龙山靛房交界，这种针法可能当时在那边比较盛行，在别的地方（指湘西以外的土家族地区）我也没有见过。

3. 照片与音、视频的整理保存

照片是口述史料的历史见证。整理时，首先按不同内容进行分类，每幅照片配以文字说明，并按拍照的时间顺序以图文形式展示；其次对一些具有特殊载体的照片进行单独逐一编号保存，依序储存在特定文件中；最后将所有图片采用 JPG、BMP、PNG 等格式进行数字化存后者。

录音与视频转换成文字记录是为了读者便捷地利用。整理时，首先，将每段音、视频上传至电脑，注明编号、访谈时间、受访者与访谈地点等；其次，按访谈内容和时间顺序进行归类整理，对受访者要求不对外公开的片段进行适当剪辑；最后，将编辑整理好的音、视频采用 MP3、WMA、WMV、AVI 等格式进行数字化存储，再上传至本馆口述历史特色资源库共享。

五、少数民族口述历史研究工作的未来设想

（一）成立少数民族口述历史研究室，研发特色资源建设体系

以搜集到馆的少数民族口述史料为基础，依托本馆口述历史基金项目与

馆藏丰富的地方文献，成立少数民族口述历史研究室。从事地方民族濒危口述史料的征编与研究工作，研发出以土家族口传文化、口述史料为代表的民族口述历史资源建设、收藏和服务体系，并制定出统一的编辑、著录和检索标准。借助吉首大学民族研究的学术力量，使其成为一个集民族学术研究、口传文化保护与特色资源建设等功能于一体的学术机构和信息资源共享服务平台。

（二）加强民族口述史料数字化建设，促进特色资源共建共享

互联网的数字化技术因在信息转换、存储与传播等方面享有的无限优势，越来越为社会各领域所应用。数字化技术极大地改善了口述史料收藏的利用率，使口述历史的文本与影像等记录的全球性传播成为可能。为使收集到的民族口述史料能广泛地传播与利用，吉首大学图书馆应加强口述史料的数字化建设，将收集到的图片、实物与音、视频等口述资料转化成为计算机可识别的二进制编码进行系统操作，利用多媒体、数据库等技术为读者呈现多样化的民族口述史料，以促进该馆特色资源的共建共享。

（三）加大口述史料的理论诠释，构建口传文化学术研究体系

近年来，国内不少图书馆已介入了口述历史研究领域，但很多人对口述历史的理解还停留在简单的录音整理阶段，这种误解将极大弱化口述历史成果的价值。[9] 口述历史的研究方法，最基本的是运用访谈获取口述史料，而最主要的则是依据口述史料做出相应的理论诠释。[10] 为此，吉首大学图书馆对民族口述史料的理论诠释不能停留于口传文化与口述访谈资料的简单整理与概括上，而应深入口述体系的内部，在实证基础上作整体提炼、解析与探究。构建既有利于口传文化保护，又符合数字时代图书馆特色资源建设的学术研究体系，为其他图书馆少数民族口传文化与口述历史理论和实践研究提

供一定的参考案例。

【参考文献】

[1] 肖鹏，张衎．溯洄的突围：图书馆学与信息科学视野下口述历史的纠葛、误区与可能[J]. 高校图书馆工作，2016，36（04）：3–7，17.

[2] 杨安位．永顺县志[M]. 长沙：湖南出版社，1995：544.

[3] 杨发兴．彭勇行诗注[M]. 北京：中国三峡出版社，1997：186.

[4] 雷家森．民族文化理论与实践[M]. 北京：民族出版社，2005：651.

[5] 彭燕，田进婷．土家族滴水牙床的传统技艺与文化蕴含——基于传承人陶代荣的研究[J]. 广西民族大学学报（哲学社会科学版），2012，34（06）：98–103.

[6] 田明．土家织锦[M]. 北京：学苑出版社，2008：56.

[7] 国家民委政府网：《土家族挑花被面》[EB/OL].[2011–12–01].http://www.seac.gov.cn/art/2011/12/1/art_5296_144271.html.

[8] 彭武一．土家族心理特质初探[J]. 吉首大学学报（社会科学版），1988（02）：41–46.

[9] 盛卿，肖鹏．口述历史在图书馆、档案馆和博物馆展示设计中的应用研究——以苏格兰国家博物馆"苏格兰：不断发展的民族"展厅为例[J]. 高校图书馆工作，2016，36（5）：19–24.

[10] 周雪松，杨勤．民族文化传承与图书馆[J]. 兰台世界，2013（29）：133–134.

中国女性图书馆妇女口述资料建设的实践与思考

李慧波　崔海莲　王　玥*

摘要：中国女性图书馆妇女口述资料建设工作是在不断探索中进行的，其项目制的运作方式，推荐制招募访谈员，“中期辅导”和“个性化”管理，收集、研究和出版同步，伦理规范与法律规范并行等特色保证了妇女口述资料收集工作的科学性、专业性和可持续性。该机构在妇女口述资料建设工作中遇到的一些问题也值得进一步探索和思考。

关键词：中国女性图书馆；妇女口述资料；访谈员；利用率

中华女子学院中国女性图书馆于2011年12月27日挂牌成立，是集妇女／社会性别研究的学术性纸质图书、期刊、电子文献、多媒体音像资料、专业网站于一体，并以现代信息管理系统作为技术支撑的阅读和研究场所，所有资源都免费为读者开放。其愿景是倡导和传播先进的性别文化，其使命是搜集、整理和保存女性／社会性别信息资源，开展具有倡导性和学术性的活动，为研究者和实务工作者提供支持和服务。妇女口述资料是中国女性图书馆的馆藏亮点。在财政部专项和相关基金的资助下，2011年至今，中国女性图书馆已培养7批300余名访谈员，他们在全国各地进行妇女口述资料收集整理工作。目前已完成400余篇妇女口述史访谈，包括妇女生命史、女知

* 李慧波，馆员；崔海莲，馆员；王玥，馆员，均在中华女子学院图书馆工作。本文转自《高校图书馆工作》2018年第6期。

青、妇女活动家、积极老龄化女性、受暴妇女、失独家庭妇女等主题，其中妇女生命史访谈的受访对象年龄均在70岁以上，有参加过革命战争的女性、妇联领导干部、教育工作者、法律工作者、医疗工作者、铁路工程师、支援新疆建设的女青年、居委会女干部、女家属工、大庆石油会战女性、农村妇女等。收集的访谈资料包括原始录音、逐字稿、整理稿和访谈记录表，生命史访谈还附有老照片和家谱图。

中国女性图书馆在实践中不断探索妇女口述历史资料规范的收集方式和管理制度，以保证此项工作的科学性、专业性和可持续性。

一、中国女性图书馆妇女口述资料建设的主要特点

（一）以项目制方式运作

项目制以其完善的监督机制、明确的用途及属性优化了财政预算的支出能力，并提高了资金的使用效率。为了保证妇女口述资料收集的时效性和集中性，中国女性图书馆妇女口述资料收集工作采用项目制的方式来运作。中国女性图书馆每年向学校科研处提交“妇女口述资料收集项目申请书”，科研处根据学校实际情况和项目需求划拨经费，项目执行时间一般在每年的3～11月，年底进行验收。其间项目组要完成访谈员培训，进行访谈，并对录音／录像资料的转录和整理等流程（见图1），并要求每位访谈员提交至少两位受访者的访谈，每篇访谈资料整理稿平均字数在2万字左右，平均录音时长在3小时左右。

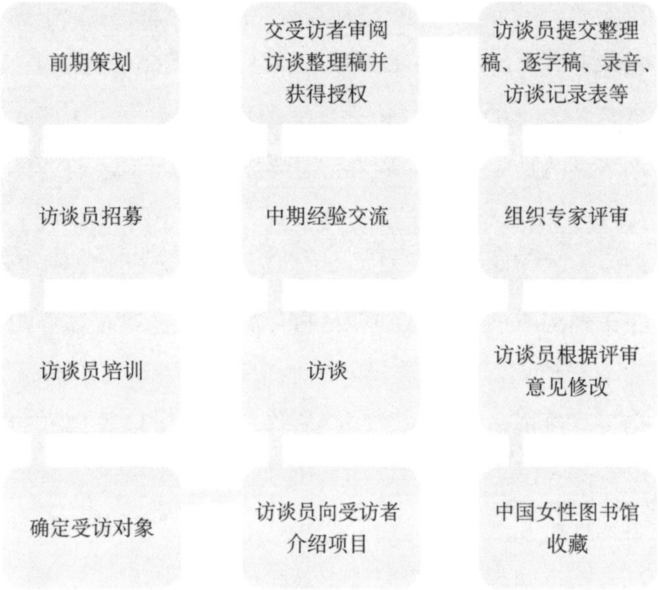

图 1　妇女口述资料收集流程图

（二）访谈员的招募和管理

1. 招募“合适”的访谈员

访谈员是妇女口述资料的主要提供者之一。中国女性图书馆每年从全国各地招募 50 名左右的访谈员，他们以高校教师、硕士生和博士生等人员为主。访谈员都是在自主、自愿的基础上参与中国女性图书馆妇女口述史项目的。访谈员与中国女性图书馆之间存在一种“需求满足”，即一方面中国女性图书馆可以利用访谈员来收集丰富的妇女口述资料，另一方面鼓励并支持访谈员结合自己的专业特点对收集来的访谈资料进行学术研究。这种方式的优点是可以保证妇女口述资料的丰富性和多元性，但也存在一定的风险，因为访谈员与中国女性图书馆之间不存在明确的雇佣关系，相互之间也没有明显的权利和义务关系，访谈员是在学习工作之外的业余时间进行访谈资料的收集，可能存在无法如期完成口述资料收集的情况。因此，对中国女性图书馆而言，选择合适的访谈员是顺利开展妇女口述资料收集的必要条件。

为了保证每一年度的妇女口述史收集项目顺利完成，中国女性图书馆采取导师／前期培训的访谈员／“熟人”（有影响力的学者）推荐的办法来招募“合适”的访谈员。在不断实践的基础上，中国女性图书馆认为一个合格的访谈员应具备相应的要素和能力（见图 2）。主要包括访谈员要对口述史具有浓厚的兴趣，能在规定时间内完成访谈任务的行动力，拥有足够的时间和精力完成访谈、转录和整理，具有较强的文字功底，具备口述访谈的专业知识，以及认真、吃苦、热情、责任感、团队协作、配合管理等良好的职业道德和操守。

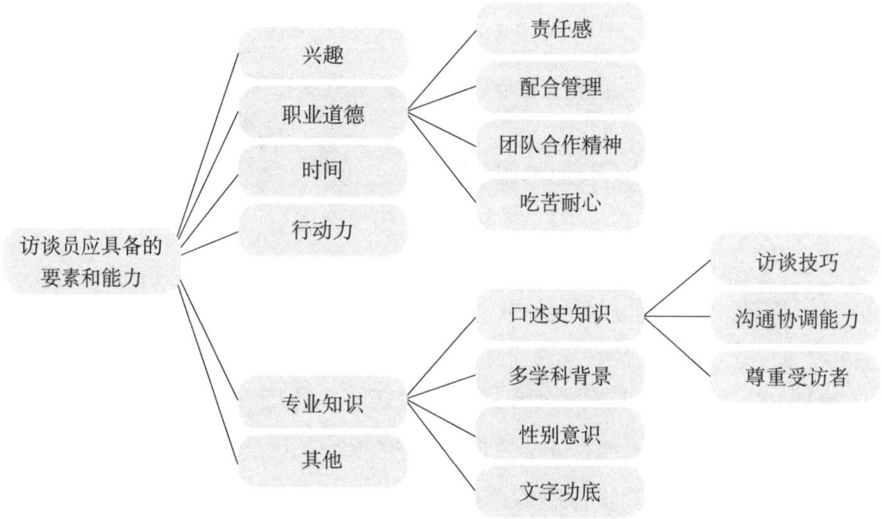

图 2　访谈员应具备的要素和能力

2. 对访谈员的“中期辅导”和“个性化”管理

除了在访谈之前对所有访谈员进行访谈方法技巧、法律伦理、专题知识（针对不同主题开展，如女知青专题、积极老龄化女性专题、失独家庭妇女、受暴妇女专题等）、妇女运动史、社会性别意识、摄影知识等集中培训外，中国女性图书馆还实行项目进展过程中的“中期辅导”和“个性化”管理方式，即在项目进行过程中，根据访谈员遇到的具体问题而进行有针对性的指导。在访谈过程中，访谈员可能会遇到各类问题。如在挖掘不同类型女性故事背后的故事中会面临着如何进行深度访谈的问题，再如在访谈前或访谈中会遇到受访者对访谈员的不信任，突然中断访谈或不同意授权等问题，又如访谈员在沉重的学业或工作压力下面对杂乱无序的口述资料如何进行有序整理的烦躁心理等问题……所以，“访谈资料收集过程中的个性化管理、督促与指导、经验交流、绩效评估、反馈与跟进等个性化的管理方式和措施都是非常必要的”[1]。在项目进展中，中国女性图书馆的工作人员会定时让访谈员汇报访谈进度及所遇到的问题，对遇到问题的访谈员及时通过电话、电子邮件、QQ、微信等方式进行沟通，共同商量解决办法。

（三）妇女口述资料的收集、研究和出版同时进行

中国女性图书馆一方面通过出版书籍（见表1）、网络推送等方式主动为读者提供妇女口述资料，另一方面，“中华女子学院中国妇女口述历史研究中心”挂靠于中国女性图书馆，致力于对妇女口述资料的研究。该中心申请的项目有2010年申请获批的财政部专项“中国女性图书馆资源建设项目”，2012年与英国苏塞克斯大学合作的“Hearing her：Oral histories of women’s liberation in China and the United Kingdom”项目，2013年和2016年分别申请获批的校内专项“口述历史收集模式探索”和“口述历史资源在图书馆特藏库中的管理和使用研究”等。此外，中国女性图书馆通过举办研讨会、沙龙等活动（见表2），聚焦于妇女口述史发展的趋势和前沿以及妇女口述资料的分析与研究。

表 1　中国女性图书馆出版的妇女口述历史著作

主题	书名	出版社	出版年份
妇女生命史	《追寻她们的人生》第 1—5 卷	中国妇女出版社	2014
	《妇女口述历史丛书》第 1—4 卷		2015
	《妇女口述历史丛书》第 7 卷		2017
妇女活动家	《记录她们 20 年的行动足迹》第 7—9 卷	中国妇女出版社	2015
	《记录她们 20 年的行动足迹》第 6 卷	中国妇女出版社	2016
女知青	《妇女口述历史丛书》第 8 卷	中国妇女出版社	2018
妇女口述史研究	《女性人生价值的诠释及口述史本土化探究》第 10 卷	中国妇女出版社	2016

表 2　中国女性图书馆所举办的妇女口述史研究相关活动

类别	主题	举办时间
学术会议	妇女口述史项目经验分享会议	2012 年 6 月 9 日
	倾听、记录与呈现——妇女口述史国际研讨会	2013 年 7 月
	妇女口述历史资料使用与研究	2014 年 6 月 5 日
	重温 ’95 历程　传承 ’95 精神	2014 年 11 月 15 日
	全球背景下的妇女口述历史研究	2015 年 5 月 19 日
	本土视域下的妇女口述历史研究	2017 年 10 月 12 日
学术沙龙	如何分析质性资料	2012 年 12 月 6 日
	Doing Oral History	2015 年 6 月 1 日
	Life writing with the dead and dying	2016 年 6 月 21 日
	口述历史选题与应用案例分析	2017 年 4 月 20 日

（四）伦理规范与法律规范并行

有学者说：“从口述历史资料的形成开始就有必要通过协商就各主体的权限和利益作具体的界定，并以书面合约的形式相对固定下来，进行备案，以寻求各权益主体间的平衡。”[2] 尽管这些原则与标准烦琐，但它是一种保护。中国女性图书馆在项目开始前就与访谈员签署协议，明确访谈成果的完成时间、所有权、著作权及访谈员的署名权等事项。在访谈结束后，与受访者采取书面约定的方式，即法律授权书来明确受访者的隐私权，中国女性图书馆的保密义务，访谈成果的所有权、著作权、隐私权等事项。

在公布口述资料之前，要检查受访者同意的口述资料是否侵犯了他人的权益，公布的口述资料若涉及受访者之外的其他人的内容则做谨慎处理，以预防各种纠纷的发生。公布于网站的妇女口述资料，通过技术手段做出的访问限制，使用者需作出书面说明，即承诺其使用妇女口述资料的目的是用于学术研究或促进社会发展等非营利性用途，后台认证通过后才可获取相关资料。在重视法律规范的同时，中国女性图书馆注重运用良好的伦理规范来处理妇女口述资料收集过程中的各种关系。无论是在访谈前还是在访谈中，甚至是在访谈后，都积极地为访谈员提供帮助。除了对访谈员所遇到的问题进行积极、耐心、及时的解答外，中国女性图书馆还主动为访谈员承担起评价和推荐义务的责任，如为访谈员申请奖学金或应聘提供参加妇女口述史项目实践证明，当访谈员出色地完成任务后，收集机构会对访谈员作出书面评价，并告知其导师／领导或所在部门。同时还为访谈员优先利用妇女口述资料进行研究提供相应便利，以此来激励访谈员，增加其完成访谈的信心。

另外，中国女性图书馆重视与受访者之间关系的处理，并特别告诫访谈员，访谈虽然结束，但关系并没有就此终止。每逢节假日都提醒访谈员为受访者送上一份温暖的祝福和问候。当受访者的访谈录出版后，中国女性图书馆都会及时地把它送到受访者手中，虚心听取其提出的建议和意见。因为她们是妇女口述资料的主要提供者，当她们决定把人生中的喜悦和悲伤与访谈员一起分享的时候，实际上就是把访谈员和收集机构作为真诚的倾听者和知音。

二、中国女性图书馆妇女口述资料建设中遇到的问题

蔡屏在《我国图书馆在现有条件下开展口述历史工作的局限》一文中提到:“口述历史工作的开展需要多方面要素的支持，这些要素可归纳为两大类，即理论与现实条件。口述历史工作得以顺利开展需要系统理论的指导，需要雄厚的资金作为后盾，需要具备一定专业修养、心理素养和社会影响力的采访人承担采访任务等。对于我国大多数图书馆而言，这些重要要素基本上都不具备，因此，在相当长的时间内不适宜开展口述历史工作。”[3] 虽充满悲观情绪，但其中提到的一些问题的确是目前图书馆开展口述史工作所不能回避的。中国女性图书馆在开展妇女口述资料建设工作中也遇到一些问题，主要包括以下方面。

（一）部分访谈员无法按照要求完成访谈

中国女性图书馆要求参与妇女口述史项目的每位访谈员至少完成三篇访谈，并且要求访谈员在参加项目的第一年内至少完成两篇访谈。尽管所有访谈员都做了承诺并签署协议，但个别访谈员由于学习压力繁重或其他因素而无法完成访谈。有的访谈员虽然在规定的时间内提交了访谈资料，但存在访谈深度不够或访谈整理稿逻辑结构混乱、语言不流畅等问题。

（二）访谈员流失现象严重

尽管中国女性图书馆鼓励访谈员在完成规定的三篇访谈任务后可持续性地为中国女性图书馆提交妇女口述资料，但绝大多数访谈员在完成后，很少再继续进行妇女口述资料的收集工作。据统计，在中国女性图书馆培养的300余名访谈员中，在完成三篇访谈资料的任务后，能坚持进行访谈，并每年至少为中国女性图书馆提交一篇或以上妇女口述资料的访谈员仅十余人。

（三）部分受访者不接受访谈或收集机构无法获得授权

在妇女口述资料的收集过程中，受访者往往会对萍水相逢关系不信任，甚至在访谈过程中反悔、怕涉及个人隐私和敏感问题无法得到保密而不愿意授权。如一名法律工作者，访谈员第一次对她顺利进行了访谈，但当再次见面准备对其进行访谈时，受访者突然向访谈员提出要当面删除对其的第一次访谈的全部资料，并表示不愿再接受访谈。再如一位受访者，她同意访谈，当访谈完毕，访谈员将访谈整理稿给受访者过目，并希望获得授权时，遭到受访者子女的一致反对，收集机构最终无法获得授权。

（四）妇女口述资料的利用率较低

早在 1978 年，Baum 就对口述历史的公众获取问题提出了批评，他指出，“访谈不断产生并存放在图书馆、档案馆，然后却迷失了，变得不可用、不可获取”[4]。据统计，2011 年以来，使用中国女性图书馆妇女口述资料进行研究并在公共刊物发表的文章仅 20 篇左右。究其原因，除了宣传力度不够、完全公开受限制等因素外，还有一个很重要的原因就是对妇女口述资料的内容揭示做得不够，无法为用户提供准确、便捷的检索通道。

目前，中国女性图书馆的妇女口述资料只按主题分类的方式来存放，如“ZQ”“SM”“HD”分别代表女知青口述史、妇女生命史、妇女活动家口述史主题，字母后面用阿拉伯数字作为排序序号，这种分类方式保证了在某个主题相关妇女口述资料的聚合的前提下，描述了妇女口述资料的存取和获取的位置。虽然它也作为后期编目的检索点，但是存在一些缺点，如每个主题之间可能会有一些属性上的重叠，比如现有的知青史、生命史、妇女活动家相关资料中，可能会出现某一位女知青，同时也是一位著名的妇女活动家，但是在收藏资料时，只能按照一种属性收藏，而忽略另一种主题特征。这些就给妇女口述资料的编目和标引提出了较高的要求，使妇女口述资料科学有效地收藏并为读者所用，已经成为亟待解决的问题。

三、未来应重视的方向

（一）争取让访谈员以一种主人翁的姿态参与到妇女口述资料的收集中

为了让访谈员按时并保质保量地完成妇女口述资料的收集工作，中国女性图书馆需采取多种激励措施激发访谈员的兴趣。比如可以尝试组织访谈员以“参与式”的方式进行经验分享与交流，让所有参与的访谈员以一种主人翁的姿态将自我的访谈经验与他人的访谈经验进行交流和整合，进而形成新的访谈知识和体验，以增强其圆满完成妇女口述资料的信心。

（二）针对某些特定主题，尝试与相关机构 / 团体联合培养访谈员

为了减少访谈员流失现象，中国女性图书馆正在尝试与相关机构 / 团体合作，联合培养访谈员。如与黑龙江妇联共同收集大庆油田会战女性口述资料，与宝泉茶舍共同收集女知青的资料，因为这些机构 / 团体长期从事某些特定的主题或活动，为持续性地为中国女性图书馆提供该主题的妇女口述资料提供了可能。

（三）做好与受访者及其家人的沟通工作

人与人的沟通非常重要，很多矛盾和误解可以通过沟通来化解，互相之间如果沟通顺畅，还可以增进感情和信任。所以，中国女性图书馆需要充分意识到与受访者及其家人沟通的重要性，只有在充分沟通的基础上，才能有的放矢地找出应对受访者要求的办法。

（四）重视妇女口述资料的可获取问题

因为图书馆不同于纯粹的科研机构或其他教育机构或学术机构，其开展

口述历史工作应更为重视对口述历史资料的有序组织。只有这样，才能使口述资料得到更进一步的挖掘和利用。文献编目的基本功能之一就是"'查找'功能，即满足用户的特定检索需求"[5]。所以，中国女性图书馆的妇女口述史项目组团队亟待专业的编目人员的加入。

总之，中国女性图书馆妇女口述资料的建设工作还在逐步探索中进行，其中积累的一些经验对于收集机构科学、专业和可持续地收集口述资料具有借鉴意义，但是在一些方面遇到的问题还有待于继续探索。

【参考文献】

[1] 李慧波．口述历史资料持续性收集模式的探究 [J]. 兰台世界，2014（17）：89.

[2] 郑松辉，陈俊华．图书馆口述历史工作的伦理问题初探 [J]. 四川图书馆学报，2009（4）：70.

[3] 蔡屏．我国图书馆在现有条件下开展口述历史工作的局限 [J]. 图书馆建设，2012（1）：39.

[4]Baum W K. The Expanding Role of the Librarian in Oral History//Wire C. Library Lectures. Baton Rouge: Louisiana State University Library, 1978: 33-43.

[5] 尹培丽．口述档案编目问题初探 [J]. 高校图书馆工作，2018（1）：26.

后　记

党的二十大报告指出，加快构建中国特色哲学社会科学学科体系、学术体系、话语体系。新时代以来，中国特色哲学社会科学开启了繁荣发展的新局面。妇女口述史是中国特色哲学社会科学的重要组成部分，加强其理论探索和实践研究对于构建新时代中国马克思主义哲学学科体系、学术体系、话语体系具有重要意义。本书旨在探索新时代十年来中国本土妇女口述史的理论与实践，主要包括妇女口述历史理论和方法研究、妇女口述历史相关书籍的评论、妇女口述历史的多元利用以及妇女口述历史的收集和整理研究。这些成果既包括已经公开发表的学术成果，也包括中华女子学院举办历届妇女口述史研讨会的部分学术成果。

因为版权要求，每位作者须签署授权书并提供身份证号等个人信息，对于已经发表的文章还需要期刊社提供授权书。当我们提出请求后，各位作者以及相关期刊编辑部给予了大力支持并及时提供相关资料，让我们深受感动，也再一次坚定了我们在妇女口述史道路上继续前行的信心和决心。在此向本书各位作者及相关期刊社的大力支持表示衷心的感谢！向中国妇女出版社一如既往的支持表示衷心的感谢！